Main Huong Nguyen

Eins mit allem

Main Huong Nguyen

Eins mit allem

Drei Wege in dein achtsames und bewusstes Leben

HERDER

FREIBURG · BASEL · WIEN

Die diesem Buch zugrunde liegenden Forschungsergebnisse und die Empfehlungen wurden sorgfältig erarbeitet und geprüft. Eine Gewähr kann jedoch nicht übernommen werden. Ebenso ist eine Haftung der Autorin bzw. des Verlags für Personen- oder Sachschäden ausgeschlossen. Die in diesem Buch vorgestellten Übungen und Informationen ersetzen nicht eine psychotherapeutische Behandlung.

www.herder.de

Illustrationen: Sabine Hanel, Gestaltungssaal, Rohrdorf
Satz: Carsten Klein, Torgau
Herstellung: Graspo CZ, Zlín

Printed in the Czech Republic

ISBN Print: 978-3-451-60123-1
ISBN E-Book (EPUB): 978-3-451-83120-1

Uống nước nhớ nguồn.
Wenn du Wasser trinkst, erinnere dich an die Quelle.
(Vietnamesisches Sprichwort)

Với niềm biết ơn dành cho Ba Mẹ và Sư Ông.
In Dankbarkeit für meine Eltern und
Zenmeister Thích Nhất Hạnh.

Inhalt

Einleitung

Liebe Leser:innen,
ich möchte dieses Buch mit dem Zitat einer jungen Patientin von mir einleiten, die im Laufe ihrer Psychotherapie die Achtsamkeitspraxis für sich entdeckte:

> *»Wann hält man denn im Leben schon an? Man lebt einfach so vor sich hin. Ich habe mich früher nie auf den Moment eingelassen, habe mir nie eine freie Minute genommen und saß immer nur am Handy oder habe etwas anderes gemacht. Achtsamkeit fühlte sich anfangs unnatürlich an. Es ist so komisch, das zu sagen, weil Achtsamkeit eigentlich der natürliche Zustand ist.«*

In dieser kurzen Aussage steckt sehr viel: Dass die Schnelllebigkeit unserer Gesellschaft es uns erschwert, aus dem Hamsterrad der Verpflichtungen auszusteigen. Dass es besonders in der Rushhour des Lebens – wenn sich wichtige Lebensereignisse überschlagen – nicht einfach ist innezuhalten. Aber auch, dass Achtsamkeit uns genau dabei helfen kann. Und dass sie eine Fähigkeit ist, die *wir alle in uns* tragen.

Achtsamkeit

Das deutsche Wort *Achtsamkeit* ist eine Übersetzung des Pali-Wortes *sati* und des Sanskrit-Wortes *smrti*.[1] Es bedeutet, sich an etwas zu *erinnern*. Genauer: sich daran zu erinnern, in den gegenwärtigen Moment zurückzukehren. Zenmeister Thích Nhất Hạnh (2007) schreibt:

> *»Achtsamkeit ist das Gewahrsein dessen, was in uns und um uns herum im gegenwärtigen Moment geschieht. Sie erfordert ein Innehalten, tiefes Schauen und Erkennen sowohl der Einzigartigkeit dieses Moments als auch seiner Verbindung zu allem Vorausgegangenen und allem Zukünftigen.«*

1 Pali ist eine mittelindische Sprache, Sanskrit ist eine altindische Sprache.

Wenn wir achtsam sind, nehmen wir uns bewusst Zeit, um innezuhalten. Denn nur dann können wir beobachten, was in uns und in unserer Umwelt geschieht. Indem wir unser Bewusstsein nach innen richten, können wir unsere Gedanken, Gefühle, Körperempfindungen und unser Verhalten bewusst wahrnehmen. Ebenso können wir unsere Achtsamkeit nach außen richten, um zu beobachten, was in unserer Umwelt geschieht. Wenn wir tief schauen, erfahren wir auch unsere Verbundenheit miteinander.

Ursprünge und Kontext der Achtsamkeit

Achtsamkeit ist nichts Neues, im Gegenteil. Mir ist es wichtig, diesen Punkt zu unterstreichen, denn in westlichen Gesellschaften hat die Praxis noch keine lange Tradition und steht immer wieder im Verdacht, nur ein »neues Selbstoptimierungswerkzeug«[2] im Dienste des Kapitalismus zu sein. Das wird der reichen Achtsamkeitstradition nicht gerecht. Ihre Ursprünge liegen im Buddhismus, der vor 2500 Jahren begründet wurde. Mit 29 Jahren verließ Prinz Siddharta Gautama seine Familie und sein luxuriöses Palastleben und machte sich auf, um zu lernen, wie er sein eigenes Leiden und das anderer Menschen beenden konnte. Nach sechs Jahren fand er schließlich Antworten auf seine Fragen. Dieser Moment wird als die Erleuchtung des Buddhas bezeichnet. Die Achtsamkeitspraxis ist im Buddhismus in ein ethisches System[3] eingebettet. *Rechte Achtsamkeit* wird praktiziert, um so zu denken, zu sprechen und zu handeln, dass wir unser eigenes Leid und das anderer verringern können. Es geht also nie nur um einen Selbst, sondern immer um die Verbundenheit mit anderen und der Welt. In zwei Lehrreden[4] beschreibt der Buddha konkret, wie Achtsamkeit während der Meditation kultiviert werden kann.

Eine Patientin erzählte mir nach dem letzten Treffen einer Achtsamkeitsgruppe:

---

2 https://www.theguardian.com/lifeandstyle/2019/jun/14/the-mindfulness-conspiracy-capitalist-spirituality

3 Der edle achtfache Pfad

4 Das *Anapanasati Sutra* (Lehrrede über das Bewusstsein des Atems), Majjhima Nikaya, Sutta 118 und das *Satipatthana Sutra* (Lehrrede über die vier Verankerungen der Achtsamkeit), Majjhima Nikaya, Sutta 10

»Ich hatte so ein oberflächliches Verständnis von Achtsamkeit. Ich dachte, es bedeutet, man schaut aus dem Fenster und achtet auf die Sinne … was man hört und sieht. Aber nach unserer Gruppentherapie weiß ich nun, dass es so viel mehr bedeutet.«

Auch das chinesische Schriftzeichen für Achtsamkeit zeigt, dass mehr als ein individuelles Aufmerksamkeitstraining gemeint ist. Es setzt sich zusammen aus den Worten »Jetzt« und »Herz/Geist« und beschreibt einen Zustand, bei dem wir »mit Herz und Geist im Hier und Jetzt« sind beziehungsweise mit Mitgefühl in den gegenwärtigen Augenblick zurückkehren und in Verbindung mit anderen und der Umwelt treten. Achtsamkeit benötigt auch immer ein Objekt. Wir sind immer achtsam *auf etwas,* zum Beispiel auf unseren Körper, unsere Gewohnheiten oder unsere Gefühle. Die Liste könnte endlos fortgeführt werden, denn wir können alles in unserem Leben mit Achtsamkeit berühren.

Eins mit allem

In diesem Buch werden wir gemeinsam herausfordernde Alltagssituationen im Licht der Achtsamkeit betrachten, um einen besseren Umgang mit ihnen zu finden. Wir gehen dabei drei Wege: *Teil I: Achtsam mit mir* handelt davon, wie wir mit uns selbst achtsamer umgehen können. In *Teil II: Achtsam mit dir* geht es darum, wie wir in unseren unmittelbaren Beziehungen einen achtsameren Umgang finden können. Mithilfe von *Teil III: Achtsam mit allem* bringen wir die Achtsamkeit in unsere Umwelt. Alle drei Teile sind verbunden und beeinflussen sich gegenseitig: eben *eins mit allem.* Für Ihre Achtsamkeitspraxis finden Sie zahlreiche Übungen und auch Audioübungen, die Ihnen zum Download bereitstehen.

Ich wünsche Ihnen, dass dieses Buch Ihnen dabei hilft, im Alltag immer wieder innezuhalten und nachzuspüren, wie es Ihnen und Ihrer Umwelt wirklich geht. Mein tiefster Wunsch ist, dass die Achtsamkeitspraxis Ihnen und Ihren Liebsten viel Freude, Liebe, Frieden und Trost schenkt.

Ich wünsche Ihnen viel Freude beim Lesen und Üben!
Main Huong Nguyen

Wie Sie dieses Buch für Ihre Achtsamkeitspraxis nutzen können:

Übungen und Meditationen erkennen Sie an diesem Symbol.

Alle Audioübungen und weiteren Zusatzcontent findest du unter: *www.herder.de/extras* beziehungsweise unter diesem QR-Code:

TEIL I

Achtsam mit mir

Tut es mir gut? Unheilsame Gewohnheiten ablegen

Jeden Morgen ist es das Gleiche: Nach dem Aufwachen greift Emilia direkt zum Handy und checkt erst einmal alle ihre Social-Media-Feeds. Warum sehen die anderen so glücklich aus? Alles läuft bei diesen Menschen besser: Sie trainieren offenbar täglich, während Emilia sich kaum überwinden kann, überhaupt ins Fitness-Studio zu gehen. Die anderen tragen einen Kleiderstil, den Emilia trotz ihrer vielen Klamotten nicht nachstylen kann, ihre Wohnungen sind perfekt und doch individuell eingerichtet und ihre Tage scheinen gefüllt mit wichtigen, kreativen, erfüllenden Aktivitäten … Das zu sehen, gibt Emilia kein gutes Gefühl. Seit Monaten möchte sie deshalb weniger Zeit auf Social Media verbringen und bestimmten *Influencern* nicht mehr folgen. Auch die vielen Nachrichtenmeldungen belasten Emilia: Es ist doch irre, schon am Morgen Katastrophenbilder aus aller Welt zu sehen! Obwohl Emilia weiß, dass sie ihren Medienkonsum reduzieren sollte, fällt es ihr sehr schwer, das umzusetzen.

Wir alle haben Wünsche und Bedürfnisse, die wir uns erfüllen möchten. Für die eine ist es eine bessere Gesundheit, der andere möchte sich öfter mit Freunden treffen. Wir haben ein Idealbild, was wir erreichen möchten, und sind entsprechend enttäuscht, wenn wir sehen, dass wir uns unserem Ziel nicht nähern. »Ich weiß doch eigentlich, was ich tun muss. Doch die Umsetzung fällt mir so schwer!« – Wie oft habe ich diesen verzweifelten Ausruf schon von meinen Patient:innen gehört (und kenne ihn auch selbst zu gut). Es scheint auf den ersten Blick doch so einfach: Wir alle wissen, dass es gut ist, sich gesund zu ernähren, ausreichend zu bewegen und unser Stresslevel möglichst zu minimieren, und trotzdem klaffen Theorie und Praxis oft auseinander. Gerade weil Veränderungen auf einer theoretischen Ebene so einfach wirken, reagieren wir oft mit Selbstvorwürfen und verzeihen uns nicht. Deshalb die Frage: Was hilft *wirklich* dabei, unerwünschte Gewohnheiten abzulegen?

Gewohnheiten und ihre Funktion

Unter Gewohnheiten versteht man wiederholte Verhaltensweisen, die gelernt und unbewusst ausgeführt werden. Durch Wiederholungen und belohnende Erfahrungen (sogenannte *positive Verstärkung*) kommt es zu einer Gewöhnung, sodass die Gewohnheiten zunehmend automatisch ablaufen. Neben Verhaltensgewohnheiten wie Zähneputzen, Rauchen oder die Art und Weise, einen Streit zu führen, können auch Gedanken, Einstellungen und Emotionen eine Gewohnheit darstellen. Ausgeprägter Pessimismus kann z. B. eine *Denk*gewohnheit sein oder das wiederkehrende Erleben von Wut eine *Emotions*gewohnheit.

Gewohnheiten verfolgen das Ziel, dass wir Energie und Zeit sparen. Stellen Sie sich vor, Sie würden jeden Morgen aufs Neue die Vor- und Nachteile des Zähneputzens abwägen. Das wäre bestimmt ganz schön anstrengend! Forschende der Duke University haben herausgefunden, dass ca. 45 Prozent unserer täglichen Verhaltensweisen als Gewohnheiten ausgeführt werden (Neal, Wood & Quinn, 2006). Dieser Segen eines entlastenden Automatismus kann jedoch auch zum Fluch werden: die Chips zum Filmabend, stundenlanges Scrollen am Handy – all das sind automatisierte Gewohnheiten, die nur schwer abzulegen sind, gerade weil wir uns ihrer nicht bewusst sind. Es gibt übrigens keine genaue Angabe, wie lange es dauert, bis sich eine neue Gewohnheit etabliert. Im Durchschnitt geht man von ca. 2 Monaten aus (Lally et al., 2010; Keller et al., 2021).

Heilsame und unheilsame Gewohnheiten

Ich finde es nicht hilfreich, einzelne Verhaltensweisen direkt zu verteufeln. Mir fällt dabei meine frühere Chemielehrerin ein, die zu sagen pflegte: »Die Dosis macht das Gift.« Chips können uns sehr glücklich machen, jedoch nicht, wenn wir im Autopilotmodus eine Tüte nach der nächsten verputzen, ohne noch wahrzunehmen, wie viel wir essen. Wie bereits erwähnt, sind Gewohnheiten ein Mechanismus, um Zeit und Energie zu sparen. Deshalb greift unser Gehirn besonders dann gerne auf sie zurück, wenn wir gestresst und erschöpft sind. Damit

Sie später erkennen können, welche Gewohnheiten »hilfreich« oder »weniger hilfreich« sind, ist der erste Schritt, sich Zeit zu nehmen und zu beobachten, welche Gewohnheiten in Ihrem Leben überhaupt vorhanden sind. Dabei ist es wichtig, dass sie die Verhaltensweisen zunächst nur sammeln und sie nicht direkt bewerten. Fokussieren Sie sich nacheinander auf einzelne Bereiche Ihres Lebens: von Ernährung über Medienkonsum … Vielleicht merken Sie beim bloßen Beobachten und Dokumentieren schon, dass Ihnen bestimmte Gewohnheiten negativ auffallen?

Gewohnheiten erforschen

Beobachten Sie sich eine Woche lang mit den Augen einer Forscherin oder eines Forschers: Notieren Sie möglichst alle Verhaltensweisen, die Sie an sich feststellen. Stellen Sie sich vor, dass Ihre Notizen in ein Drehbuch für einen Dokumentarfilm einfließen: Sie sollten so genau sein, dass man sich bildlich vorstellen kann, was Sie gemacht haben. Verhalten ist alles, was man beobachten kann. Zum Beispiel »Ich stehe auf und mache mir einen Kaffee« oder »In der S-Bahn schaue ich auf mein Handy«.
Eine Vorlage finden Sie hier: *www.herder.de/extras*

Aufgabe für Streber: Neben Ihren Verhaltensweisen notieren Sie auch *Denk*gewohnheiten oder *Emotions*gewohnheiten.

	Montag	Dienstag	…	Sonntag
früher				
6 Uhr				
7 Uhr	Scrolle im Bett 20 Minuten durch Social Media.	Schreibe Textnachrichten im Bett.		
8 Uhr	Esse im Bus stehend Schokocroissant.	Frühstücke zuhause Porridge.		
9 Uhr				Gehe ins Fitness-Studio und in die Sauna.
10 Uhr				
11 Uhr				Schreibe To-do-Liste für die nächste Woche.
12 Uhr	Hole Pizza und esse am Schreibtisch.	Esse vorgekochtes Essen im Kreis von Kolleginnen.		Treffe Freundin zum Brunch.
…				
18 Uhr	Kaufe auf Heimweg eine Falaffel.	Besuche Yoga-Kurs.		Bestelle mir eine Pizza und esse sie während ich einen Film gucke.
19 Uhr	Esse Falaffel, während ich eine Serie schaue.	Schaue eine Serie, während ich einen Salat vorbereite.		Mach Abendspaziergang.
…				
23 Uhr		Schaue vor dem Schlafen Serie weiter.		
später				

Wochenplan: Tragen Sie Ihre Verhaltensweisen und Gewohnheiten in einen Wochenplan ein, ohne sie zu bewerten.

Nachdem Sie fleißig Ihre Verhaltensweisen der vergangenen Woche notiert haben, schauen Sie sich den gesamten Wochenplan noch einmal in Ruhe an. Gewohnheiten sind Verhaltensweisen, die sich *wiederholen*. Können Sie ein Muster sehen? In unserem Bespiel sieht man z. B., dass die Person zum Yoga, ins Fitness-Studio und Spazieren geht. Bewegung ist für sie also eine Gewohnheit. Die Person verbindet Essen mehrmals mit Serienschauen – auch das ist eine Gewohnheit.

Nun stellt sich die wichtige Frage, welche Gewohnheiten heilsam oder unheilsam sind. Überlegen Sie, ob Ihnen die Gewohnheit *langfristig* körperlich und mental guttut. Oft ist es so, dass Dinge, die kurzfristig unangenehm sind (z. B. Muskelkater nach dem Training), langfristig dazu beitragen, dass Sie zufriedener und gesünder sind.

Neben dem individuellen Wohlbefinden führen heilsame Gewohnheiten auch dazu, dass wir in unseren Beziehungen glücklicher sind. Ich denke, sie wirken sogar positiv auf unsere Umwelt und Gesellschaft. Wenn Sie sich gut um sich selbst kümmern können (gute, gesunde Ernährung und regelmäßige Bewegung …), profitieren auch Ihre Partnerschaft und Familie davon, weil Sie froh und entspannt sind. Wenn Sie bei Ihren Lebensmitteln auf Nachhaltigkeit achten und mit dem Rad statt dem Auto einkaufen, dann hat auch die Umwelt gewonnen.

Warum ist es so schwer, Gewohnheiten zu verändern?

Es erfordert großen Mut, sich seiner unheilsamen Gewohnheiten bewusst zu werden und sich ihnen zu stellen. Wenn Sie die Übung *Wochenplan der Gewohnheiten* gemacht haben, seien Sie stolz und gratulieren Sie sich. Sie haben einen blinden Fleck ausgeleuchtet und damit den ersten und wichtigsten Schritt zu einer positiven Veränderung gemacht. Aber meine ursprüngliche Frage, »Was hilft *wirklich* dabei, unerwünschte Gewohnheiten abzulegen?« ist damit noch nicht beantwortet.

Dass es so schwierig ist, Gewohnheiten zu ändern, liegt an unserer menschlichen Informationsverarbeitung. Stellen Sie sich vor, Sie gehen im Wald spazieren. Plötzlich hören Sie ein lautes Rascheln dicht neben sich und im Augenwinkel sehen Sie ein schlauchartiges, eingerolltes Etwas. Vermutlich werden Sie zur Seite springen und wahrnehmen, dass ihr Herz schneller schlägt. Erst nach dieser Schreckreaktion schauen Sie noch einmal genauer hin. Sie sehen nun, dass es sich statt um eine drohende Natter um ein altes, mit Moos bedecktes Stück Seil handelt und daneben ein Buchfink auf Futtersuche im Laub raschelt. Sie beruhigen sich, weil es ein falscher Alarm war.

Im Gegensatz zu plötzlichen Reaktionen kennen Sie sicherlich auch Situationen, in denen Sie lange abwägen. Wenn Sie z. B. überlegen, welche Vor- und Nachteile ein neues Laptop-Modell hat, das Sie anschaffen wollen.

Hier zeigen sich zwei unterschiedliche Informationsverarbeitungsprozesse (Eysenck & Keane, 2020): Die Schreckreaktion im Wald ist ein Beispiel für die sogenannte *Bottom-up*-Verarbeitung, bei der Reize (z. B. Geräusche, visuelle Signale) aus den tieferen Hirnschichten direkt in Gehirnareale geleitet werden, die für die emotionale Verarbeitung zuständig sind, unter anderem die *Amygdala*. Der Vorteil von Bottom-up ist der kurze, schnelle Verarbeitungsweg, der Nachteil, dass dabei manchmal Details übersehen werden. Aber nicht nur potenzielle Gefahrensituationen werden über den Bottom-up-Weg verarbeitet, sondern auch Reize, die Lust und Vergnügen versprechen (z. B. Chips, Schokolade, sexuelle Reize). Noch hinzu kommt: Je häufiger wir ein Verhalten mit einer Belohnung koppeln (z. B. Fernsehen + Chips = Glück), desto tiefer verankert sich diese Gewohnheit und wird zukünftig eher über diesen kurzen Weg verarbeitet.

Im Gegensatz dazu können Informationen auch über den längeren, bewussten *Top-down*-Weg verarbeitet werden wie beim Kauf eines neuen Laptops. Die Reize werden dann zum *präfrontalen Kortex* weitergeleitet, der unter anderem für bewusste Entscheidungen und Planung verantwortlich ist, wobei die Reize auch mit Vorerfahrungen abgeglichen werden. Das alles dauert natürlich länger (folglich denken Sie wochenlang über das richtige Laptopmodell nach).

Die »magische Pause«

Nun, da wir gesehen haben, dass es bestimmte Situationen (Reize) gibt – z. B. Gefahr, Stress, Belohnung –, bei denen wir eher der Bottom-up-Verarbeitung und einer schnellen Reaktion verfallen, können wir uns dieses Wissen zunutze machen, indem wir zwischen dem Reiz und der Reaktion eine »magische Pause« einführen. Diese Pause kann alles verändern, was unsere Gewohnheiten angeht. Denn sie macht den Unterschied aus, ob wir automatisch und unbewusst handeln oder ob wir eine bewusste Entscheidung treffen.

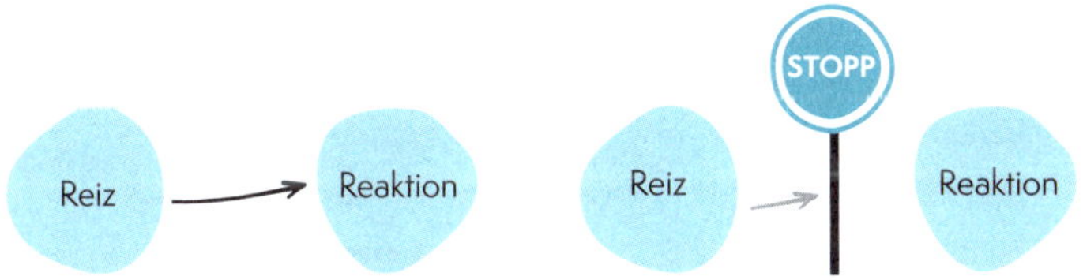

Links sehen Sie, wie unmittelbar auf einen Reiz eine Reaktion folgt. Ihr Handy vibriert (Reiz) und Sie greifen direkt danach (Reaktion). Rechts sehen Sie eine »magische Pause« zwischen dem Reiz und der Reaktion. Ihr Handy vibriert (Reiz) und Sie halten erst einmal inne (Reaktion). Vielleicht atmen Sie drei tiefe Atemzüge und fragen sich: »Möchte ich jetzt aufs Handy schauen? Kann es warten?« Dann entscheiden Sie erst. Die »magische Pause« gibt Ihnen bewussten Handlungsspielraum.

Unsere Verhaltensweisen (Reaktionen) folgen also immer auf bestimmte Reize. Wir bezeichnen diese im Weiteren als *Auslöser*. Oft können z. B. körperliche Zustände wie Müdigkeit oder Gefühle wie Einsamkeit oder Trauer Auslöser für unheilsame (in der Psychologie sagt man *dysfunktionale*) Gewohnheiten sein. Auslöser sind sehr individuell. Gehen Sie deshalb auf die Suche: Erkennen Sie Ihre potenziellen Auslöser.

Auslöser für unheilsame Gewohnheiten finden

Nehmen Sie sich Ihren Wochenplan zur Hand (siehe S. 18). Notieren Sie nun rückblickend für Ihre *unheilsamen Gewohnheiten*, ob es Auslöser für Ihr Verhalten gab, z. B. ob das abendliche Fernsehritual ein Auslöser ist, nach Chips zu greifen?
Hier eine Liste mit Beispielen für Sie:

Auslöser	**Gewohnheit**
Langeweile	Auf Social Media scrollen
Unzufriedenheit	Online shoppen
Müdigkeit, Erschöpfung	Snacks (Chips, Süßigkeiten)
Stress, Druck, Angst, Überforderung	Rauchen, Alkoholkonsum
Zeitmangel	Essen bestellen, ungesunde Ernährung, wenig schlafen
Konflikte	Nägel kauen
…	…

Hilfen gegen unheilsame Gewohnheiten – Perspektiven aus der buddhistischen Psychologie

Nachdem Sie ehrlich und mutig beobachtet haben, welche Ihrer Gewohnheiten Ihnen guttun und welche nicht, möchte ich mit Ihnen eine Übung aus der buddhistischen Psychologie[5] teilen, die für mich ein »Game-Changer« im Umgang mit Gewohnheiten war.

5 Buddhismus ist nicht nur eine spirituelle Praxis oder Philosophie, sondern auch ein Geistestraining. In der buddhistischen Psychologie werden praktische Übungen für ein solches Bewusstseinstraining praktiziert.

Nahrungsentzug für unheilsame Gewohnheiten[6]

1. Unheilsame Gewohnheiten und ihre Nahrung

Listen Sie alle Ihre unschönen, unheilsamen Gewohnheiten auf. Thích Nhất Hạnh schreibt, dass alles, was auf der Welt existiert, Nahrung benötigt bzw. Bedingungen, damit es wachsen und fortbestehen kann. Welche Nahrung benötigt Ihre unheilsame Gewohnheit?

Beispiel

Unheilsame Gewohnheit: Zu häufige Social-Media-Nutzung und zu viel *Binge-Watching* von Serien.

Nahrung für diese Gewohnheit: Langeweile, Einsamkeit, schnelle Verfügbarkeit des Handys (ist immer da), FOMO (engl.: *fear of missing out*, Angst, etwas zu verpassen).

2. Achtsamkeit für unheilsame Gewohnheiten und Nahrungsentzug

Um etwas ändern zu können, müssen Sie es zunächst erkennen und beim Namen nennen. Wenn sich Ihre unliebsame Gewohnheit das nächste Mal zeigt, werden Sie sich Ihrer bewusst und nehmen zunächst einfach nur wahr, dass sie da ist. Das ist Achtsamkeit. Als Nächstes entziehen Sie allmählich ihrer unheilsamen Gewohnheit ihre Lieblingsnahrung.

Beispiel:

Achtsamkeit für Gewohnheit: »Ich nehme wahr, dass ich gerade den Impuls verspüre, zum Handy zu greifen. Hallo, Handy-Sucht! Dich kenne ich doch.«

Nahrungsentzug: Durch den Vergleich mit anderen entstehen unrealistische Ansprüche an mich selbst. Ich entfolge bestimmten Social-Media-Profilen für die nächsten drei Monate und minimiere

6 Diese Übung wird im Buddhismus als »Vierfache rechte Anstrengung« bezeichnet. Die rechte Anstrengung (Pali: sammappadhāna; Sanskrit.: Samyak-Pradhāna oder samyakprahāna) ist eine Praxis aus dem edlen achtfachen Pfad (die vierte der vier edlen Wahrheiten) mit praktischen Übungen, um einen Zustand von Wohlbefinden und Glück zu erreichen.

meine Nutzungszeit der App auf eine Stunde pro Tag (Einstellung am Handy).

3. Heilsame Gewohnheiten und ihre Nahrung

Schreiben Sie eine Liste mit Gewohnheiten, die Sie mögen und die bei Ihnen Freude entfachen. Ergänzen Sie, welche Nahrung bzw. Bedingungen Ihre heilsamen Gewohnheiten benötigen, um existieren zu können.

Beispiel:

Heilsame Gewohnheit: Freund:innen treffen (wirkliche soziale Kontakte), in die Natur gehen.

Nahrung für diese Gewohnheit: zeitlich Freiräume schaffen, feste Verabredungen etablieren, Spaziergänge wie andere To-dos einplanen.

4. Heilsame Gewohnheiten aufrechterhalten und füttern

Nehmen Sie es im Alltag bewusst wahr, wenn eine heilsame Gewohnheit gerade in diesem Moment vorhanden ist, und versuchen Sie, diese so lange wie möglich aufrechtzuerhalten.

Beispiel:

Heilsame Gewohnheit: Ich merke, dass ich gelassen in der Kassenschlange stehe und nicht wie sonst ungeduldig reagiere. Zunächst freue ich mich darüber und fasse dann den Entschluss, diese Gelassenheit bis zum Schlafengehen beizubehalten, indem ich Singletasking übe und alles etwas langsamer tue als sonst. Dabei habe ich ein leichtes Lächeln auf meinen Lippen.

Nudging

Als der Flughafen Schiphol Amsterdam in den 1990er-Jahren Einsparungen bei den Reinigungskosten vornehmen wollte, kam eine sehr wirksame psychologische Methode zum Einsatz: Nudging. Um die Treffsicherheit von Männern auf der Herrentoilette zu erhöhen, wurde in jedem Pissoir das Abziehbild einer Fliege angebracht. Durch den spielerischen Anreiz angespornt, die Fliege abzuschießen, konnten die Urinreste auf dem Boden um 80 Prozent gesenkt werden.

Nudging (engl.) bedeutet »stupsen« oder »schubsen« und wird vom amerikanischen Wirtschaftswissenschaftler Richard Thaler in seinem Buch *Nudge* (2009) als eine Möglichkeit bezeichnet, die das Verhalten von Menschen auf eine vorhersehbare Weise verändert, ohne den Einsatz von Verboten und Vorschriften. Beim Nudging werden in Entscheidungssituationen Umweltreize auf subtile Weise so verändert, dass Gewohnheiten in eine positive Richtung gelenkt werden. Weitere Beispiele für Nudges sind Aufsteller in Hotelzimmern, die daran erinnern, dass Handtücher nur auf explizite Bitte täglich ausgetauscht werden. Die meisten Gäste verwenden so nur ein Handtuch-Set während ihres Aufenthalts. Oder es wird statt Süßigkeiten frisches Obst an der Mensa-Kasse präsentiert. Schon kleine Veränderungen können gesunde, positive Verhaltensweisen auslösen und so die Ausprägung heilsamer Gewohnheiten unterstützen!

Heilsame Gewohnheiten anstupsen

Nun ist Ihre Kreativität gefragt! Wie können Sie sich in kritischen Entscheidungssituationen im Alltag daran erinnern, Ihren heilsamen Gewohnheiten nachzugehen? Je spielerischer Sie dabei vorgehen (denken Sie an die Fliege im Pissoir), desto eher wenden Sie heilsame Gewohnheiten an – und desto lustiger wird Ihr Alltag. Wollen Sie Ihren Sportkurs endlich regelmäßig besuchen? Dann packen Sie sich schon am Vorabend Ihre Sporttasche, stellen diese direkt vor die Tür und legen noch einen lustigen Spruch auf einem Zettel dazu. Oder gehen Sie mit Sportkleidung zu Bett, um am nächsten Morgen direkt mit dem Training zu starten. Nudges sollten positiv sein, und Sie an Ihre Werte erinnern (mehr dazu ab S. 121).

Auch kleine Schritte führen zum Ziel

Anfangs sind wir meist motiviert, wenn es um Veränderungen geht. Doch schnell verblasst unser Elan. Viele Menschen nehmen sich viel vor und schaffen es dann nicht, diese großen Veränderungen im Alltag aufrechtzuerhalten. Genau deshalb ist es essenziell, dass Sie möglichst *klein anfangen.* Je winziger die Schritte, mit denen Sie neue Gewohnheiten einführen, desto besser. Getreu dem Sprichwort »Steter *Tropfen* (nicht Starkregen!) höhlt den Stein«. Am besten koppeln Sie Ihre neuen Miniverhaltensweisen mit bereits bestehenden Gewohnheiten.

Stellen Sie sich vor, Sie möchten ab morgen überhaupt keinen Zucker mehr essen. Eine große Veränderung, die auf Dauer wohl den wenigsten gelingt. Stattdessen könnten Sie sich vornehmen, in Ihrem Kaffee nur noch einen statt zwei Löffel Zucker zu nehmen. Diese Miniveränderung dürfte Ihnen leicht gelingen. Der Erfolg motiviert Sie vielleicht nun, den Zucker im Kaffee ganz wegzulassen. Und auf ein Jahr gerechnet macht der kleine tägliche Verzicht schon einen größeren Unterschied. Auch wenn Sie, statt unheilsame Gewohnheiten abzulegen, heilsame, positive hinzugewinnen möchten, ist es so: Die ungeduldige Stimme in Ihnen wird vielleicht meckern, weil Sie nach fünf Minuten Sitzmeditation noch keine wesentliche Veränderung spüren. Doch bleiben Sie dabei, jeden Tag ein kleines bisschen, und Sie werden mit Geduld (siehe S. 184 f.) an Ihrem Ziel ankommen täglich länger zu meditieren und insgesamt achtsamer mit sich zu sein.

Nachdem Sie nun wissen, wie Gewohnheiten entstehen, wie sie ausgelöst und aufrechterhalten werden, geht es in den folgenden Kapiteln um die Veränderung von konkreten Lebensbereichen. Es werden Möglichkeiten beschrieben, anhand derer Sie Ihren Alltag *achtsamer* gestalten können, um alte Gewohnheiten zu verändern und neue, heilsamere Gewohnheiten einzuführen.

Auf einen Blick

- Gewohnheiten sind Segen und Fluch zugleich. Einerseits sparen sie Zeit und Energie, wir müssen uns nicht über jede Kleinigkeit den Kopf zerbrechen. Andererseits erhält dieses automatische Handeln »schlechte« Gewohnheiten aufrecht.
- Menschen verarbeiten Informationen auf zwei Arten: schnell und emotional (*bottom-up*) oder langsamer und bewusst (*top-down*). Gewohnheiten sind schwer zu durchbrechen, da sie durch wiederholte Kopplung mit Belohnungen tief verwurzelt sind und über den Bottom-up-Pfad verarbeitet werden.
- Koppeln Sie neue Gewohnheiten mit bereits bestehenden Routinetätigkeiten und achten Sie darauf, zunächst nur minimale Veränderungen einzuführen. Wenn Sie mit regelmäßigen Minimeditationen einsteigen, werden Sie eine längere tägliche Meditation eher zur Gewohnheit machen, als wenn Sie mit einem intensiven Wochenendretreat starten.

Übungen in diesem Kapitel

- **Gewohnheiten erforschen**: Sie listen alle Ihre Gewohnheiten in einem Wochenplan auf.
- **Auslöser für unheilsame Gewohnheiten finden.** Sie ergänzen Ihren Wochenplan mit den Auslösern für Ihre Gewohnheiten.
- **Nahrungsentzug für unheilsame Gewohnheiten:** Sie entziehen unheilsamen Gewohnheiten die Nahrung und füttern heilsamen Gewohnheiten.
- **Heilsame Gewohnheiten anstupsen**: Sie führen kleine Erinnerungen für kritische Entscheidungssituationen ein.

Kennen wir uns? Die Sache mit der Körperwahrnehmung

Die Patient:innen gucken etwas betroffen auf den Boden, nicken aber zustimmend. In der Gruppentherapie geht es um das Thema »Im Körper zu Hause sein«. Ich habe gerade ein Zitat von Jon Kabat-Zinn vorgelesen, in dem das Paradox beschrieben wird, dass unsere Gesellschaft einerseits besessen von dem körperlichen Erscheinungsbild ist und andererseits das Gefühl für den eigenen Körper oft verloren gegangen ist. Eine Patientin erzählt, dass sie es sich niemals vorstellen könne, ungeschminkt und mit ungewaschenen Haaren aus dem Haus zu gehen. Es sei für sie jedoch kein Problem, für eine Hausarbeit eine Nacht durchzumachen oder aufgrund von Zeitmangel Chips statt einer ausgewogenen Mahlzeit zu sich zu nehmen.

Eigentlich wissen wir alle, dass wir nur *diesen einen* Körper haben. Und trotzdem fällt es den meisten Menschen schwer, auf die Stimme ihres einzigartigen, wertvollen Körpers zu hören und ihm das zu geben, was *er* braucht – und damit, was *wir* brauchen. Wir sind durch unsere To-dos, Verpflichtungen und Vergnügungen stark abgelenkt und hören Warnsignale von Krankheit oder Überlastung häufig erst, wenn es längst zu spät ist: dann, wenn sich Migräne, Schlafstörungen, chronische Schmerzen oder auch psychische Erkrankungen schon bei uns eingerichtet haben.

Wie können wir auch an einem stressigen Tag oder während längerer herausfordernder Phasen diesem wundervollen Körper zuhören, den wir nur zeitlich begrenzt beheimaten dürfen, und wirklich für ihn und uns sorgen? Lassen Sie uns gemeinsam dieser Frage auf den Grund gehen.

Die Signale des Körpers

Noch bevor wir gelernt haben zu sprechen, konnten wir als Babys unserer Umwelt signalisieren, was unser Körper benötigt: Essen, Trinken oder den liebevollen Körperkontakt unserer wichtigsten Bezugspersonen. Ein hilfloses Baby ist darauf angewiesen, dass die Umwelt seine Bedürfnisse zu lesen versteht. Je älter und selbstständiger wir aber werden, desto mehr liegt es an uns selbst, auf die Signale unseres Körpers zu hören, sie einzuordnen und zu erfüllen. In der Psychologie wird der Begriff *Interozeption* verwendet, um die Wahrnehmung und Verarbeitung von Signalen aus dem Körperinneren zu beschreiben (Craig, 2003). Die Interozeption ist einerseits entscheidend, um unsere körperlichen Bedürfnisse und Grenzen zu erkennen, gleichzeitig bildet sie aber auch die Grundlage für unsere Emotionswahrnehmung und -regulation. Deshalb steht eine gestörte Interozeptionsfähigkeit auch im Zusammenhang mit verschiedenen psychischen Erkrankungen wie Anorexia nervosa, Angststörungen oder Depressionen (Fischer, Messner & Pollatos, 2017).

Dem Körper achtsam zuhören

Um erneut ein Gefühl für unseren Körper zu bekommen, ist es wichtig, dass wir immer wieder zu ihm zurückkehren und ihm zuhören. Dabei kann uns die Achtsamkeit helfen. Achtsamkeit auf den Körper bedeutet, dass wir *stoppen*[7] und unsere Aufmerksamkeit nach innen richten. Wir fühlen all unseren Empfindungen in verschiedenen Körperbereichen nach, die wir im gegenwärtigen Moment wahrnehmen können. So, wie wir einer guten Freundin zuhören, sind wir ganz präsent und für alles offen, was unser Körper uns zu erzählen hat, ohne mit kritischen Urteilen und Kommentaren zu reagieren. Wichtig ist auch, dass wir nicht über unsere Körperempfindungen nachdenken, sondern sie unmittelbar *fühlen*.

Neuere Studien konnten zeigen, dass eine regelmäßige Achtsamkeitspraxis die Interozeptionsfähigkeit verbessern kann (Farb, Segal & Anderson, 2013). Die Achtsamkeit auf den Körper kann auch stressreduzierend wirken. In einer Untersuchung von Schultchen et al. (2019) wurden Studierende in eine Achtsamkeitsgruppe und eine Kontrollgruppe aufgeteilt. In der Achtsamkeitsgruppe führten die Studierenden über acht Wochen täglich einen 20-minütigen Body-Scan durch, eine klassische Achtsamkeitsübung. Die Kontrollgruppe hörte

7 Zu *stoppen* bedeutet, unsere Tätigkeiten (bzw. unser Denken) wirklich zu unterbrechen – wie ein Auto, das seine Fahrt an einem Stoppschild unterbricht – und unsere Aufmerksamkeit auf den Körper zu lenken (bzw. uns bewusst zu werden, dass wir gerade im Gedankenkarussell fahren).

über denselben Untersuchungszeitraum jeden Tag für 20 Minuten ein Audiobuch. Die Ergebnisse zeigten, dass sich zwar beide Gruppen subjektiv entspannter fühlten, doch nur in der Achtsamkeitsgruppe reduzierte sich das Stresshormon Cortisol signifikant.

Der Body-Scan

Der Body-Scan ist eine klassische Achtsamkeitsübung, um unsere Körperwahrnehmung zu schulen. Sie nehmen dazu eine bequeme Position im Liegen oder Sitzen ein. Dann werden Sie angeleitet, mit Ihrer Aufmerksamkeit durch verschiedene Körperregionen zu gehen und alle Körperempfindungen – sowohl angenehme als auch unangenehme – von Kopf bis Fuß zu beobachten, ohne die Empfindungen zu verurteilen. Im Body-Scan üben Sie sich auch darin, Ziele loszulassen, z. B. Entspannung oder Schmerzfreiheit erlangen zu wollen. Die Dauer und die Genauigkeit, mit der die Körperregionen betrachtet werden, kann von Übung zu Übung variieren. Im Internet finden Sie zahlreiche Anleitungen für einen Body-Scan.

In Bezug auf den Body-Scan (und die Meditationspraxis) bekomme ich immer wieder Fragen von Patient:innen, die in der Ausführung Schwierigkeiten erleben. Hier einige Tipps und Erfahrungen, die ich gerne mit Ihnen teilen möchte:

Wie gehe ich mit Müdigkeit um?

Im Unterschied zur Tiefenentspannung (mehr dazu auf S. 52) sollen Übende beim Body-Scan nicht einschlafen – schließlich sollen verschiedene Körperregionen ja mit einer *Wach*heit beobachten werden. Sollten Sie bemerken, dass Sie beim Body-Scan häufig schläfrig werden, können Sie die Übung im Sitzen durchführen oder Ihre Augen leicht geöffnet lassen.

Ich schaffe es einfach nicht, bei der Sache zu bleiben. Was ist, wenn ich ins Grübeln komme?

Diese Rückmeldung erhalte ich sehr oft. Zunächst möchte ich Sie gerne daran erinnern, dass es normal ist abzuschweifen, da unser Gehirn dazu neigt, sehr viele Gedanken zu produzieren (mehr dazu ab

S. 76). Es ist kein Grund, sich zu sorgen oder zu ärgern. Wenn Sie *bemerken,* dass Ihre Gedanken auf Wanderschaft gehen, ist dies ein magischer, achtsamer Moment, denn Sie sind sich dessen *bewusst.* Und genau das ist die Achtsamkeitspraxis: Sie verlassen den Autopilotmodus und haben ein Gewahrsein für all das, was in Ihnen vorgeht. Deshalb schlage ich Ihnen vor, dass Sie sich beglückwünschen, wann immer Sie bemerken, dass eine neue Fahrt im Gedankenkarussell losgeht: »Super! Fantastisch, ich habe gerade gemerkt, dass ich ins Grübeln gekommen bin. Ich mache alles richtig!« Dann kehren Sie mit Ihrer Aufmerksamkeit zur Übung zurück.

Wie gehe ich damit um, wenn ich während des Body-Scans kaum Körperempfindungen spüre?

Wenn wir lange Zeit unserem Körper nicht mehr zugehört haben, kann es sehr ungewohnt sein, sich für 20 bis 40 Minuten intensiv mit ihm auseinanderzusetzen. Wenn Sie während des Body-Scans kaum etwas spüren, empfehle ich Ihnen, sich vor dem Body-Scan aufzuwärmen. Machen Sie ein paar Hampelmänner oder einige Liegestütze. Die Bewegungen aktivieren Ihren Körper, erhöhen den Puls und helfen Ihnen dabei, während des Body-Scans stärkere körperliche Empfindungen wahrzunehmen. Mit der Zeit brauchen Sie die Aufwärmübungen nicht mehr.

Achtsames Atmen

Auf dem Weg, unseren Körper besser kennenzulernen, darf die Begegnung mit unserem Atem nicht fehlen. Der Atem begleitet uns vom Anfang bis zum Ende unseres Lebens. Schon im alten buddhistischen *Anapanasati Sutra* (Lehrrede über das Bewusstsein des Atems) wird in konkreten Übungen beschrieben, wie Meditationspraktizierende ihre Aufmerksamkeit auf die Atmung lenken können, um Achtsamkeit für ihren Körper, ihre Gefühle und ihren Geist im gegenwärtigen Moment zu kultivieren. Ich bekomme Gänsehaut, wenn ich daran denke, dass schon vor 2500 Jahren Menschen die gleichen Übungen praktizierten, die auch heute noch aufgrund ihrer positiven Effekte weltweit geübt werden.

Der Atem eignet sich gut als »Objekt der Meditation«, weil er immer in der Gegenwart geschieht. Er kann nicht in der Vergangenheit oder in der Zukunft geschehen. Er passiert immer nur jetzt, in diesem Augenblick. Sobald Sie Ihre Aufmerksamkeit auf Ihre Atmung richten, sind Sie ebenfalls in der Gegenwart angekommen und Ihr Bewusstsein ist mit Ihrem Körper wieder verbunden. Achtsames Atmen bedeutet, dass Sie sich Ihrer Atmung bewusst werden. Das hört sich einfach an, doch wann haben Sie heute wirklich darauf geachtet, wie Sie ein- und ausatmen? Vielleicht ist Ihre Atmung Ihnen das letzte Mal aufgefallen, als Sie eine Erkältung hatten. In solchen Momenten ist es nicht einfach zu atmen. Dann bemerken wir, wir kostbar eine funktionierende Lunge ist, und können leichter dankbar für so etwas Basales wie die Atmung sein.

Tief (und langsam) durchatmen

Wenn wir in eine stressige Situation geraten, wird eine körperliche Stressreaktion ausgelöst (siehe S. 44 f.). Erhöhter Herzschlag, Schweißausbrüche und Muskelverspannungen können die Folge sein. Diese Reaktion läuft unwillkürlich ab, das bedeutet, wir können nun nicht einfach direkt »beschließen«, dass unser Herz jetzt bitte wieder langsamer schlagen soll. Es gibt allerdings einen Trick, wie wir unseren Körper trotzdem beruhigen können: Wenn wir nur langsamer atmen und unsere Ausatmung verlängern, ist es indirekt möglich, das parasympathische Nervensystem anzuregen, das für die Entspannung unseres Körpers zuständig ist. In einer Übersichtsarbeit konnten Forschende zeigen, dass langsames Atmen (weniger als zehn Atemzüge pro Minute) mit positiven körperlichen und psychischen Veränderungen im Zusammenhang stand (Zaccaro et al., 2018).[8] In den aufgeführten Studien konnte gezeigt werden, dass die langsame

8 In dieser Meta-Analyse wurden 15 Studien eingeschlossen. Die Übungsdauer und Intensität der Übungseinheiten, in denen die Proband:innen langsam atmen sollten, unterscheidet sich in den einzelnen Studien sehr und reichen von 10-minütigen bis zu 20- bis 30-minütigen Übungen über mehrere Wochen. Die Ergebnisse bedeuten nicht, dass Sie für den Rest Ihres Lebens immer langsam atmen müssen. Versuchen Sie, das langsame Atmen als regelmäßige Routine in Ihren Alltag einzubauen.

Atmung mit einer erhöhten Herzratenvariabilität[9], mehr Entspannung, Wohlbefinden und weniger Ängstlichkeit und Depressivität im Zusammenhang stand. An dem allseits beliebten Spruch zur Beruhigung »Atme tief durch!« ist also durchaus etwas dran.

Atemübungen

Atemmeditation

Lernen Sie Ihren Atem kennen und freunden Sie sich mit Ihrer Atmung an. So, wie ein Thermometer Ihnen Auskunft über die Temperatur geben kann, können Sie über den Rhythmus und die Qualität Ihrer Atmung Rückschlüsse auf Ihr Wohlbefinden ziehen. Ihre Atmung wird Sie immer wieder sanft in den gegenwärtigen Moment zurückführen.

Eine angeleitete Atemmeditation finden Sie hier: *www.herder.de/extras*

Box-Atmung

In stürmischen, stressigen Zeiten kann diese langsame Atmung ein wahres Wundermittel sein. Falls Sie einen Fitnesstracker haben, können Sie ein kleines Experiment machen und beobachten, wie schnell Ihr Puls vor der Übung und nach der Übung ist. Sie werden erstaunt sein!

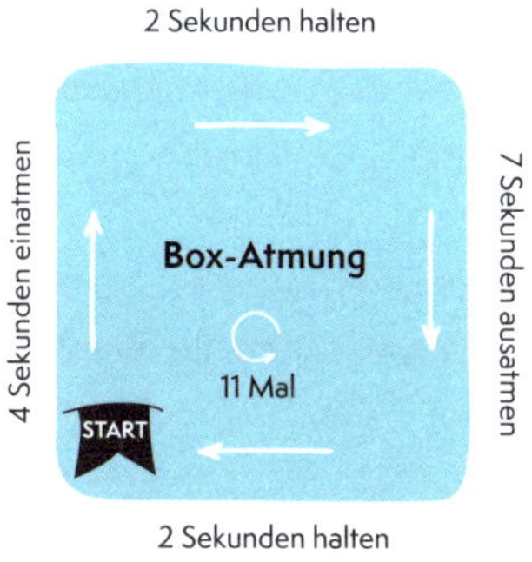

9 Die *Herzratenvariabilität* (HRV) ist die Fähigkeit des Herzens, sich an verschiedene Anforderungen anzupassen, indem die Frequenz der Herzschläge variiert wird. Eine höhere Herzratenvariabilität steht im Zusammenhang mit einer besseren körperlichen Fitness.

Starten Sie, indem Sie vier Sekunden lang einatmen. Halten Sie dann für zwei Sekunden die Atmung an. Über die nächsten sieben Sekunden atmen Sie aus. Dann erneut zwei Sekunden die Luft anhalten. Nachdem Sie so einmal »um das Viereck herum« geatmet haben, wiederholen Sie die Übung circa 11-mal oder so lange, bis Sie merken, dass Sie ruhig geworden sind. Anfangs kann es ungewohnt sein, so lange auszuatmen. Tasten Sie sich an die sieben Sekunden heran.

Lippenbremse

Um die Ausatmung zu verlangsamen und Ihren Körper zu beruhigen, können Sie auch die Lippenbremse anwenden. Lassen Sie Ihre Lippen locker aufeinanderliegen (keinesfalls zusammenpressen) und atmen Sie durch den Mund aus. Da die Luft durch den verengten Mundschacht entweichen muss, atmen Sie länger aus. Ich stelle mir dabei vor, dass der Atem wie durch das offene Ventil einer Luftmatratze ausströmt.

Atmung verbindet

Der Journalist James Nestor stellt in seinem Buch *Breath – Atem* fest, wie verbindend die Atmung ist.

> *»Atmen bedeutet, uns in das, was uns umgibt, zu absorbieren, kleine Teile des Lebens aufzunehmen, sie zu verstehen und Teile von uns selbst wieder abzugeben; Atmung ist in ihrem Kern eine Reziprozität.«*

Diese Beobachtung fasziniert und berührt mich sehr. Wenn wir mit anderen Menschen in einem Raum sind, tauschen wir ständig Teilchen voneinander aus und sind durch unsere Atmung tief miteinander verbunden. Unsere Verbundenheit reicht aber über die mit unseren Mitmenschen hinaus und umfasst auch das Zusammenspiel mit der Natur. In Japan gibt es die achtsame Übung »Shinrin-yoku« (Waldbaden). Bei diesen heilsamen Waldbesuchen atmen die Besucher:innen die frische Waldluft bewusst ein. Studien (Li, 2010) haben gezeigt, dass intensives Waldbaden und das Einatmen der ätherischen Öle, die die Bäume zur Abwehr von Schädlingen aussondern (sogenannte *Terpine*), mit einer Stärkung des Immunsystems im Zusammenhang stehen.

Atmen bedeutet, im ständigen Austausch mit der Innen- und Außenwelt zu sein. Wir erfahren so immer wieder, dass wir Teil der Natur und Umwelt sind und diese auch in uns ist (mehr dazu ab S. 191). Unsere Verbundenheit mit der Umwelt bedeutet auch, dass wir nicht von Umweltbelastungen und -katastrophen unberührt bleiben können. In einer großen Stadt atmen wir Smog ein und erleben ähnlich wie die Erde negative Auswirkungen auf unsere Gesundheit. Diese Erkenntnis kann schmerzvoll und traurig sein. Doch sie bedeutet auch, dass wir als Individuen und Gemeinschaft nicht die Augen vor der Zerstörung unserer Umwelt verschließen können und handeln müssen. Wie ich bereits in der Einleitung betonte, ist (rechte) Achtsamkeit keine egoistische Angelegenheit. Das Bewusstsein für den gegenwärtigen Augenblick mit all seinen Wundern und schwierigen Herausforderungen kann uns dazu motivieren, aktiv zu werden.

Achtsames Sitzen

Ein Mönch im Lotussitz ist wahrscheinlich eines der ersten Bilder, das die meisten Menschen vor Augen haben, wenn sie an Meditation denken. Viele denken sogar, dass Meditation *nur* im Sitzen funktioniert, doch wir können natürlich auch im Liegen (Body-Scan) oder beim Gehen und auch bei anderen Aktivitäten meditieren. Trotzdem ist die Sitzmeditation eine der beliebtesten Meditationsübungen, da man im Vergleich zur Meditation im Liegen nicht so leicht einschläft und im Vergleich zum Stehen nicht so schnell ermüdet. Aus der *Embodiment-Forschung* – die sich mit dem Zusammenspiel von Körper, Psyche und Umwelt befasst – wissen wir, dass die Körperhaltung Einfluss auf unsere Stimmung und Wahrnehmung hat. In der Sitzmeditation hält Ihr gesamter Körper inne, und somit geben Sie auch Ihrem Geist die Möglichkeit zu stoppen, um sich in den gegenwärtigen Moment zu verankern. Durch eine aufrechte Kopf- und Oberkörperhaltung können Sie für Ihre Meditationspraxis eine Intention setzen und auf eine gefestigte, stabile Art und Weise Ihre Gedanken, Gefühle und Körperempfindungen betrachten.

Voller Lotussitz

Halber Lotussitz

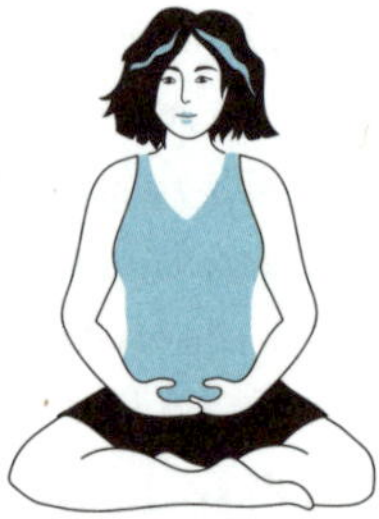
Burmesische Haltung

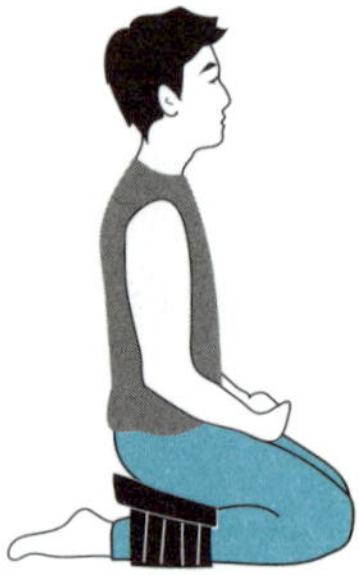
Auf einem Bänkchen

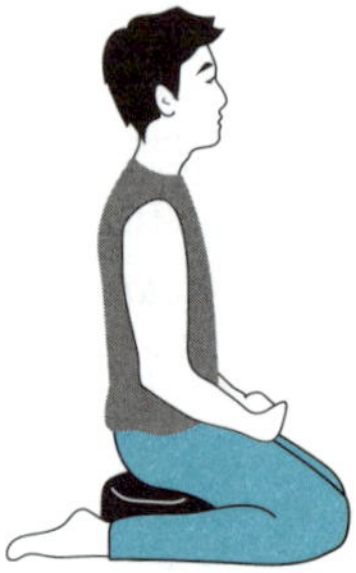
Auf einem Kissen

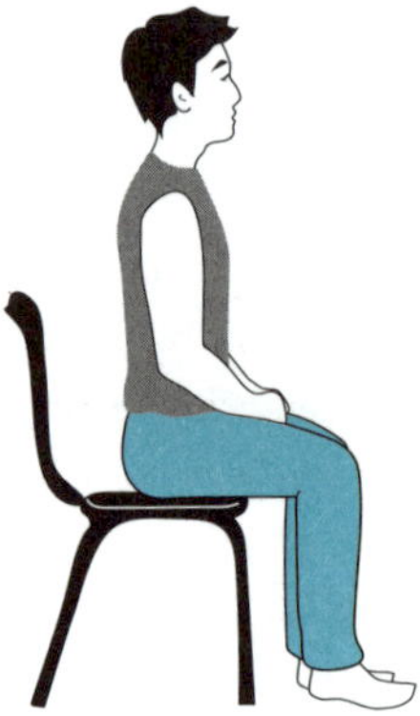
Auf einem Stuhl

Es gibt Sitzpositionen für eine Meditation. Durch die Höhe Ihres Sitzkissens oder einer Bank können Sie Ihre Sitzhöhe so anpassen, dass Ihre Knie optimalerweise den Boden berühren. Diese Hilfsmittel sollen es Ihnen erleichtern, eine stabile Position zu finden, damit Sie für eine längere Zeit schmerzfrei sitzen können. Ich empfehle Ihnen, im vorderen Drittel Ihres Sitzkissens oder Stuhls zu sitzen. In der nächsten Abbildung können Sie sehen, wie durch eine aufrechte Sitzposition auch Ihr Steißbein eine stehende Position einnimmt. Folgende Beschreibung finde ich sehr treffend: »Sitzmeditation ist nicht nur sitzen, sondern auch äußeres und inneres Stehen.« (Jo, 2019). Ihre Hände können Sie entweder auf Ihre Knie legen (die Handfläche nach oben oder unten gerichtet) oder sie in Ihrem Schoß aufeinander ruhen lassen. Wenn es für Ihre Armlänge angenehmer ist, legen Sie sich ein gefaltetes Handtuch als Stütze unter. Das Wichtigste ist, dass Sie sich in der Sitzposition wohlfühlen!

Eine C-förmige Körperhaltung mit gekipptem Steißbein vs. eine aufrechte Körperhaltung.

Achtsames Sitzen im Alltag

Drei-Minuten-Meditation

Die meisten Menschen scheitern bei der Etablierung einer regelmäßigen Meditationsroutine daran, dass sie sich am Anfang zu viel vornehmen. Fangen Sie zunächst mit einer dreiminütigen Sitzmeditation am Morgen oder am Abend an. Morgens können Sie sich während der Meditation eine Intention oder ein Ziel für den bevorstehenden Tag setzen (z. B. »Möge ich heute geduldig mit mir sein, indem ich drei Atemzüge mache, bevor ich eine Entscheidung treffe«). So starten Sie den Tag besonders bewusst. Abends können Sie den Tag abschließen, indem Sie sich mit einer Erfahrung verbinden, für die Sie dankbar sind.

Eine angeleitete Drei-Minuten-Meditation finden Sie hier: *www.herder.de/extras*

Achtsamkeitsglocke

Wenn wir im Rahmen unserer Arbeit viel sitzen, neigen wir dazu, unseren Körper im Lauf des Tages zu vergessen. Stellen Sie sich einen Wecker oder fügen Sie eine »Achtsamkeitsglocke« (engl. *mindfulness bell*) in Ihren Internetbrowser ein, damit Sie regelmäßig (alle 30 bis 40 Minuten) daran erinnert werden, sich wieder mit Ihrem Körper zu verbinden. Nehmen Sie wahr, wie Sie sitzen, und nähren Sie sich mit drei Atemzügen. Der Klang der Glocke kann Sie aber auch daran erinnern aufzustehen und sich kurz zu strecken.

Sitzmeditation in Bus und Bahn

Wagen Sie einen revolutionären Akt und zücken Sie nicht gleich Ihr Handy, während Sie in den öffentlichen Verkehrsmitteln sitzen. Gerade an stressigen Tagen kann eine solche kleine Pause von äußeren Einflüssen, gepaart mit einer einfachen Minimeditation, eine Möglichkeit für Sie sein, Kraft zu tanken. Sitzen Sie einfach nur da und beobachten Sie Ihre Atmung.

Achtsames Gehen

Ähnlich wie das Atmen ist das Gehen eine Routine, die wir meist unbewusst ausführen und der wir wenig Aufmerksamkeit schenken. Die ersten Schritte eines Kindes betrachten wie als Meilenstein und stolze Eltern versuchen oft, diesen besonderen Moment zu dokumentieren. Gehen ist schließlich eine hochkomplexe Meisterleistung, die wir im Kleinkindalter lange trainieren mussten. Doch je älter wir werden, desto mehr vergessen wir, was für ein Wunder es ist, gehen zu können. Erst wenn wir aufgrund von Krankheit oder Alter Schwierigkeiten beim Gehen bekommen, wird es uns wieder bewusst.

Überlegen Sie einen Moment, was unser Körper bewerkstelligen muss, damit wir uns auf zwei Beinen durch die Welt bewegen können: das Gleichgewicht halten, die eigene Position im Raum kontinuierlich wahrnehmen, »berechnen«, wie hoch wir unseren Fuß heben und wann wir ihn absetzen müssen, und sich währenddessen der ganze Oberkörper und die Arme geschmeidig mitbewegen. Meistens laufen diese Bewegungen so reibungslos, dass wir nicht bemerken, welche Leistung unser Körper bei jedem einzelnen Schritt vollbringt. Uns ist wohl auch kaum gegenwärtig, wie gut uns diese so gewohnte Bewegung tut. Studien haben gezeigt, dass regelmäßiges Gehen sowohl für unsere körperliche als auch für unsere psychische Gesundheit wichtig ist. Unser Herz-Kreislauf-System funktioniert besser, auch kognitive Funktionen wie z. B. Gedächtnis und Konzentration und eine verbesserte Kreativität wurden mit regelmäßigem Gehen in Zusammenhang gebracht (O'Mara, 2020). Gehen hat auch eine stimmungsaufhellende Wirkung und zeigte positive Effekte in der Behandlung von Depressionen (Robertson et al., 2012).

Ein alltägliches Wunder

Achtsamkeit kann uns im Alltag immer wieder daran erinnern, dass selbst die einfachsten Abläufe und Handlungen etwas Einzigartiges sind. Ich möchte Ihnen von einer Situation erzählen, die ich vor einigen Jahren in einem vollen Berliner Café erlebt habe:

Ich unterhielt mich mit einer Freundin, als ich im Augenwinkel einen kleinen, etwa einjährigen Jungen sah. Er wirkte winzig, die Füßchen glichen denen einer Puppe. Mit großen, wachen Augen blickte er um sich und nahm die Gäste und das Geschehen um sich herum auf. Er setzte neugierig einen Fuß vor den anderen, langsam, manchmal etwas holprig, aber mit strahlender Zuversicht, jeder Schritt ein Wunder, eine neue Welt, die sich ihm eröffnete.

Dann erreichte er die Stufe zur unteren Ebene des Cafés. Ich hielt die Luft an. Würde er fallen? Der Absatz war halb so hoch wie er – ein regelrechter Abgrund. Behutsam blickte er auf die Stufe. Er hielt inne, legte seine zierlichen Händchen auf den Boden, setzte sich hin, rutschte erst mit einem Fuß hinab und zog den anderen Fuß nach, sodass der ganze kleine Körper sanft die Schwelle nahm. Jede Bewegung führte er mit Hingabe und Aufmerksamkeit aus. Voller Freude und Stolz, dass er sein Hindernis überwunden hatte, setzte er seine Entdeckungsreise erhobeneren Hauptes fort. Ein erwachsener Mann zeigte den Daumen hoch und sagte: »Das ist ein Profi!«

In dieser kurzen Situation gibt es mehrere Dinge, die mich berühren. Erstens das Maß an Bewusstheit und Intentionalität, mit dem dieses Kind durch den Raum ging. Ich konnte sehen, dass sein ganzer Körper mit Achtsamkeit durchzogen war. Er ging, um zu gehen. Und er ging mit Neugierde und frei von Angst. Mit jedem Schritt, den er machte, konnte ich seine Freude und seinen Stolz spüren. Und zweitens sein Umgang mit dem Hindernis der Stufe. Wenn wir durch die Welt (und das Leben) gehen, wissen wir, dass früher oder später Hürden auf unserem Weg stehen werden. Doch wie gehen wir mit diesen Hindernissen um? Können wir ruhig und besonnen bleiben wie der Junge, um dann Lösungen und Alternativen zu finden, oder lassen wir uns von Ängsten und Sorgen vereinnahmen? Ich war und bin dankbar, dass ich in diesem Moment genug Präsenz und Achtsamkeit hatte, um dieses *einfache Wunder* wirklich mitzuerleben. Diese Begegnung erinnert mich immer wieder daran, dass Wunder in kleinen Dingen stecken und wir ihnen jederzeit begegnen können. Es ist die Qualität des Gehens, die Liebe und die Hingabe, mit der wir jeden Schritt machen, was zählt, nicht, wie viele Kilometer wir wie schnell zurücklegen können.

Gehmeditationen

Gehen, Atmen, Zählen, Lächeln

Machen Sie sich mit dem Ablauf dieser Meditation an einem ruhigen Ort zu Hause oder in der Natur vertraut. Erinnern Sie sich daran, dass es bei dieser Übung kein Ziel gibt. Sie gehen nicht, um irgendwo anzukommen. Vielmehr geht es darum, sich jeden Schrittes bewusst zu werden und mit jedem Schritt bei sich zu sein. Es kann helfen, deutlich langsamer zu gehen als Ihr gewöhnliches Schritttempo.

Diese Gehmeditation beinhaltet folgende vier Grundelemente (Hanh & Nguyen, 2008):

1. Schritte – 2. Atem – 3. Zählen – 4. Lächeln

1. Machen Sie langsame Schritte. Wenn Sie nicht viel Platz haben, gehen Sie einfach im Kreis.

2. Richten Sie Ihre Aufmerksamkeit auf Ihre Atmung. Werden Sie sich bewusst, wie Sie ein- und ausatmen.
3. Nach einer Weile beginnen Sie zu zählen, wie viele Schritte Sie während der Ein- und wie viele Sie während der Ausatmung machen. Das Zählen verbindet Ihre Schritte und Ihren Atem und hilft Ihnen dabei, Ihre Konzentration und Ihre Achtsamkeit aufrechtzuerhalten.
4. Zuletzt laden Sie ein leichtes Lächeln auf Ihre Lippen ein. Es kann sowohl ein Ausdruck tiefer Dankbarkeit und Wertschätzung für unseren Körper darstellen und auch ein Ausdruck tiefer Akzeptanz sein. Wir akzeptieren alles, was in diesem gegenwärtigen Moment da ist, auch die schwierigen Empfindungen – was nicht bedeutet, dass wir resignieren.

Spaziergang für starke Emotionen

Wenn wir eine starke Emotion empfinden, kann es schwer sein, sich auf eine Sitzmeditation oder einen Body-Scan einzulassen. In solchen Momenten kann eine Gehmeditation heilsam und hilfreich sein. In dem Wort Emotionen steckt das Wort *motio* (lat.) – *Bewegung*. Durch Emotionen wird Energie freigesetzt, die uns dazu auffordert zu handeln. Statt impulsiv etwas Unüberlegtes zu tun, bewegen Sie sich bewusst und kümmern sich damit um die Emotionen, statt sie zu unterdrücken. Vielleicht merken Sie am Anfang der Gehmeditation noch die physiologischen Veränderungen (z. B. ein starkes Herzklopfen, ein Unwohlsein in bestimmten Körperregionen). Doch mit der Zeit werden Sie wahrnehmen, wie diese Empfindungen abnehmen. Benennen Sie Ihre Emotionen (»Hi Wut, ich weiß, dass du da bist, und ich sehe dich. Wir gehen jetzt zusammen eine Runde!«).

Gehend liebende Güte üben

Während Ihrer Gehmeditation können Sie mit jedem Schritt auch Wünsche der *liebenden Güte* (*Metta*) an andere Menschen richten, z. B. »Mögest du sicher sein« oder »Mögest du glücklich sein«.

Eine angeleitete Metta-Gehmeditation finden Sie hier:
www.herder.de/extras

Gehen verbindet

Wir gehen nicht alleine durch diese Welt. Der Neurowissenschaftler Shane O'Mara schreibt in seinem Buch *Das Glück des Gehens*:

> *»Im Grunde hat Gehen eine zutiefst soziale Funktion. Wir gehen zusammen um eines Ideals willen; wir gehen zusammen, um Nahrung aufzutreiben, die wir miteinander teilen werden; wir gehen zusammen, um die Welt zu erproben und zu verändern; wir gehen zusammen, um für uns selbst und füreinander ein besseres Leben zu finden.«*

Vielleicht haben Sie auch schon bemerkt, dass sich Ihre Schrittgeschwindigkeit automatisch anpasst, wenn Sie eine Weile neben einer anderen Person gehen. Dieses Phänomen wird als *interpersonale Synchronisation* bezeichnet. Laut O'Mara führt diese Anpassung auch dazu, dass sich unsere Atmung und Herzfrequenz ebenfalls synchronisieren. Wir sind also auf einer körperlichen Ebene miteinander verbunden. Beim Gehen können Sie sich bewusst machen, dass Sie sich in diesem Moment auf diesem kostbaren Planeten befinden. Jeder Schritt ermöglicht es Ihnen, in Kontakt mit den verschiedenen Elementen der Umwelt zu treten: Erde, Wasser, Feuer und Luft. Sie können die Erfahrung machen, dass diese Elemente auch in Ihnen lebendig sind und Sie somit eine tiefe Verbindung zu allem um Sie herum haben Dadurch wird jeder Schritt zu einer Erfahrung der tiefen Verbundenheit.

Auf einen Blick

- In der Psychologie werden die Wahrnehmung und Verarbeitung von Signalen aus dem Körper als *Interozeption* bezeichnet. Diese Fähigkeit ist notwendig, um unsere Bedürfnisse und Grenzen zu erkennen. Eine regelmäßige Achtsamkeitspraxis kann die *Interozeptionsfähigkeit* verbessern.

- Indem Sie Ihre Atmung verlangsamen, können Sie Ihr Beruhigungs- und Entspannungssystem aktivieren, indem Sie den Parasympathikus stimulieren.
- Probieren Sie die unterschiedlichen Positionen zur Sitzmeditation aus. Das Wichtigste ist, dass Sie sich dabei wohlfühlen.
- Um die Signale Ihres Körpers besser zu verstehen, bedarf es keiner komplexen Methoden. Bereits einfache Meditationsübungen wie der Body-Scan im Liegen oder Sitzen, das bewusste Beobachten des Atems oder Gehen können hilfreich sein.
- Liegen, Atmen, Sitzen und Gehen sind nicht banal. Durch achtsames Ausführen können Sie einen tieferen Zugang zu Ihrem Körper erlangen und erleben, wie verbindend diese Handlungen sein können.

Übungen in diesem Kapitel

- **Atemübungen.** Sie lernen, sich und Ihren Körper mithilfe der Atmung zu beruhigen.
    - **Atemmeditation.** Auch als Audioübung.
    - **Box-Atmung**
    - **Lippenbremse**

- **Achtsames Sitzen im Alltag**. Sie setzen Tagesintentionen, lösen sich von äußeren Einflüssen und treten in Verbindung zu Ihrem Körper.
    - **Drei-Minuten-Meditation**
    - **Achtsamkeitsglocke**
    - **Sitzmeditation in Bus und Bahn**

- **Gehmeditationen**. Sie lernen einen neuen Umgang mit (starken) Emotionen und verbinden sich mit anderen.
    - **Gehmeditation**
    - **Mit starken Emotionen gehen**
    - **Gehend liebende Güte üben**

Stress lass nach! Achtsamkeit bei Dauerbelastung und Druck

In unserer heutigen Gesellschaft gibt es wahrscheinlich keinen einzigen Menschen, der sich nicht hin und wieder – oder vielleicht sogar dauerhaft – im Stress befindet. Entsprechend beschreiben wir unseren Alltag und unsere Arbeit als stressig und unser Befinden als gestresst. Doch was genau steckt eigentlich dahinter?

Wenn Menschen Stress erleben, können sie sich nicht vorstellen, dass dieses unangenehme Gefühl irgendwie hilfreich sein soll. Doch im Masterplan der Natur ist Stress tatsächlich als ein Hilfsmechanismus angelegt: Er ist eine natürliche Reaktion des Körpers auf eine Belastung, Herausforderung oder Bedrohung und soll uns optimal auf den Umgang mit diesen Situationen aufstellen.

Kampf – Flucht – Starre: die Stressreaktionen des Körpers

Die Stressreaktion eines Menschen, der im 21. Jahrhundert im Büro an einer Deadline verzweifelt, geht zurück auf unsere Vorfahren, die in gefährlichen Situationen schnell reagieren mussten, z. B. wenn sie von einem wilden Tier angegriffen wurden. Im Laufe der Evolution entwickelte sich daraus die sogenannte *Kampf-Flucht-Einfrieren-Reaktion* (engl. *fight-flight-freeze*). Vielleicht stellen Sie sich die berechtigte Frage: »Kämpfen oder fliehen ist sinnvoll, doch warum sollte man in einer gefährlichen Situation erstarren?« Folgendes hat sich die Natur dabei gedacht, was sich gut bei Tieren beobachten lässt: Wenn eine kleine Feldmaus von einem Bussard gejagt wird und merkt, dass es kein Versteck gibt, stellt sie sich tot, da der Raubvogel vor allem auf die Bewegungen seiner Beute reagiert. Wie clever! Andere Theorien gehen davon aus, dass im Angesicht des bevorstehenden Todes die Erstarrung mögliche Schmerzen hemmt.

Die Stressreaktion ist also vor allem mit körperlichen Reaktionen verbunden. Sobald wir eine akute Bedrohung wahrnehmen, wird das autonome (vegetative) Nervensystem aktiviert. Der Körper schüttet dann die Stresshormone Adrenalin und Cortisol aus. Das *autonome Nervensystem* besteht aus zwei Systemen: dem *Sympathikus,* der aktiviert, und dem *Parasympathikus,* der entspannt. (Im Studium habe ich die zwei immer verwechselt. Irgendwann habe ich mir dann *sympathische* Marathonläufer vorgestellt, die super schnell an mir vorbeilaufen.) Ähnlich wie Marathonläufer auf den Wettkampf bereitet sich unser Körper durch die Stressreaktion auf die anstehende Belastung vor, indem z. B. die Bronchien sich weiten (um besser atmen zu können), das Herz dann schneller schlägt (für eine gute Durchblutung), die Schweißproduktion angeregt wird (um einer Überhitzung vorzubeugen.

Auf Stress sollte Erholung folgen

Nach einer anstrengenden Stressphase übernimmt der Parasympathikus und leitet die Erholungsphase ein. Unser Körper wird dann wieder in seinen Normalzustand versetzt und kann entspannen. An sich ist Stress nichts Schlimmes, solange der Körper ausreichend Zeit bekommt, um sich wieder zu erholen. Wenn wir unserem Körper diese Möglichkeit verwehren und eine stressige Phase auf die nächste folgt, sprechen wir von *chronischem Stress*. In diesem Zustand ist u. a. das Immunsystem geschwächt, oder es treten vermehrt Muskelverspannungen und Rücken- oder Kopfschmerzen auf. Neben den körperlichen Erschöpfungserscheinungen können sich auch psychische Erkrankungen wie Depressionen oder Angststörungen einstellen.

Stressauslöser und wie wir sie bewerten

Im Alltag kann es viele verschiedene Auslöser für eine Stressreaktion geben, dennoch gewöhnen sich die meisten Menschen nicht daran. Warum löst ein volles E-Mail-Postfach, die anstehende Hausarbeit oder das Gespräch mit dem Chef eine Reaktion aus, die wir ebenso körperlich erfahren, als würden wir gerade von einem wilden Tier angegriffen? Schließlich befinden wir uns nicht in akuter Lebensgefahr.

Tatsächlich spielt die gedankliche Bewertung[10] einer Situation eine ausschlaggebende Rolle dabei, ob in unserem Körper eine Stressreaktion anspringt. Schauen wir uns dazu dieses Beispiel an:

Thảo Tiên und Mila haben einen Termin mit ihrer Dozentin. Sie haben gemeinsam ein Referat gehalten und sollen in dem Gespräch eine Rückmeldung mit einer Benotung für ihr gemeinsames Referat erhalten. Thảo Tiên ist gespannt auf den Termin und das Feedback und sieht ihn als Lernmöglichkeit an. Mila geht es ganz anders. Heute Morgen war ihr schon bei dem Gedanken an den Termin übel und ihr Herz hat geklopft. Sie macht sich darüber Sorgen, dass sie eine schlechte Note bekommen könnte und dass die Dozentin sie für inkompetent hält.

Sie sehen: Es ist die gleiche Situation, doch die gedankliche Bewertung ist eine ganz andere und geht dementsprechend mit anderen körperlichen Reaktionen einher. Mila hat sich vorgestellt, wie schlimm das Gespräch verlaufen könnte, und sich in ihren Sorgen verloren.

Entstehung einer Stressreaktion: Vom äußeren Reiz über die gedankliche Bewertung zur körperliche Reaktion.

10 Dabei muss die Bewertung nicht immer bewusst ablaufen. Völlig neutrale Reize können mit einem Gefühl von Stress bzw. einem stressassoziierten Gedanken gekoppelt werden und werden dadurch selbst zum Stressauslöser. Vielleicht gab es eine sehr belastende, arbeitsreiche Zeit, in der Sie mit E-Mails und Aufgaben überschüttet wurden, in der Sie dachten: »Ich werde das niemals schaffen.« Jede neue E-Mail wurde von einem Nachrichtenton begleitet. Der neutrale Reiz (Ton) wurde so mit dem Gedanken »Ich werde das niemals schaffen« und dem körperlichen Gefühl von Stress gekoppelt. Mag sein, dass Sie in zukünftigen Situationen zwar nicht bewusst den Gedanken haben, dass Sie Ihre Aufgaben niemals schaffen, doch allein der Ton wird Sie an das Gefühl erinnern.

Dass unsere Gedanken und Vorstellungen sich unmittelbar auf unseren Körper auswirken können, lässt sich an einem kleinen Experiment testen. Schließen Sie die Augen und stellen Sie sich vor, wie Sie in eine saftige Zitrone beißen. Malen Sie sich aus, wie sauer die Zitrone ist, wie sich der Saft in Ihrem Mund verteilt und wie Ihre Zunge sich etwas zusammenzieht. Merken Sie es? Obwohl Sie nicht wirklich in eine Zitrone beißen, berichten die meisten Menschen, dass sich in ihrem Mund Speichel angesammelt hat. Das ist eine sehr wichtige Information, denn es bedeutet, dass wir den Reizen unserer Umwelt nicht hilflos ausgeliefert sind. Ganz im Gegenteil: Wenn wir uns unserer Gedanken und Vorstellungen bewusst werden, können wir uns fragen, ob diese wirklich hilfreich sind.

Achtsamkeit und Stressbewältigung – was sagt die Forschung?

Zahlreiche Studien haben nachgewiesen, dass Achtsamkeit dabei helfen kann, Stress zu reduzieren (Khoury et al., 2015). Dabei sinkt nicht nur die eigene subjektive Bewertung des Stresslevels – es gibt auch biologische Marker, die diesen Zusammenhang belegen. Forschende des Leipziger Max-Planck-Instituts konnten anhand von Haaranalysen zeigen, dass eine langfristige, tägliche[11] Achtsamkeitspraxis den Cortisolspiegel, also das Stresslevel, um 25 Prozent senken konnte (Puhlmann et al., 2021). Diese Ergebnisse belegen auf wissenschaftlich fundierte Weise das, was Meditationspraktizierende schon seit Tausenden von Jahren selbst erfahren: Achtsamkeit und Meditation helfen uns dabei, mit dem Alltagsstress besser umzugehen.

Wie Achtsamkeit uns helfen kann

Doch *wie* hilft uns Achtsamkeit im Umgang mit Stress? Achtsamkeit kann zum einen präventiv dabei unterstützen, dass Sie gar nicht erst in starken Stress geraten. Durch die stetige Erinnerung, immer wieder in den gegenwärtigen Augenblick zu kommen, sich der Körperemp-

11 In der Studie absolvierten die Teilnehmer:innen drei Trainingsmodule über einen Zeitraum von neun Monaten mit einer täglichen Übungspraxis von 30 Minuten. Nach sechs Monaten Training zeigte sich eine deutliche Reduktion der Cortisolmenge in den Haaren der Proband:innen (Puhlmann et al., 2021).

findungen, Gedanken und Gefühle bewusst zu werden, spüren Sie in Alltagssituationen unmittelbar, ob sie gestresst sind, und können sich dann die notwendige Erholung geben. Sie warten nicht erst, bis Sie in chronischen Stress geraten, sondern schenken Ihrem Körper direkt die liebevolle Zuwendung, die er braucht.

Darüber hinaus helfen Ihnen Achtsamkeitsübungen (z.B. Atemmeditation, Tiefenentspannung, Gehmeditation) dabei, Ihr Beruhigungssystem (den Parasympathikus) zu aktivieren, damit Sie sich erholen können. Langfristig üben Sie sich auch darin, Gedanken und Empfindungen zunächst einfach wahrzunehmen und nicht sofort zu verurteilen. Sie werden gelassener und nicht bei jeder Kleinigkeit in Alarmbereitschaft versetzt. In der Psychologie sprechen wir davon, dass Ihre *Reaktivität* reduziert wird.

Im Alltag merken wir oft erst spät, dass wir stark gestresst sind. Vielleicht haben Sie auch häufig den Eindruck, dass Ihr Stresspegel von 0 auf 100 schießt. Tatsächlich ist es meist eher so, dass sich Belastungen und Anforderungen über längere Zeit wie kleine Wassertropfen in einem Fass sammeln. Wenn es uns gelingt, die Zeichen von Stress früh achtsam wahrzunehmen, können wir reagieren, ehe unser Fass überläuft. Dann sind wir noch in der Lage zu planen, was uns guttut. Die folgende Übung zeigt, wie Sie Ihren Stress achtsam beobachten und sich selbst wieder entspannen können.

Die Stressampel

Mit Ihrer persönlichen *Stressampel* können Sie in einem ruhigen Moment erarbeiten, wie Sie Stress bei sich erkennen und was Ihnen auf dem jeweiligem Stresslevel hilft. Tragen Sie die Antworten auf folgende Fragen in die Tabelle ein:

- Wie fühlt sich mein Körper an, wenn ich stark gestresst (rot) bin? Was denke und fühle ich? Gibt es irgendwelche Verhaltensweisen, die für diesen Bereich besonders sind? Was hat mir in der Vergangenheit geholfen?

- Wie fühlt sich mein Körper an, wenn ich im mittleren (gelben) Stressbereich bin? Was denke und fühle ich? Gibt es irgendwelche Verhaltensweisen, die für diesen Bereich besonders sind? Was hat mir in der Vergangenheit geholfen?
- Wie geht es mir, wenn es mir gut geht? Es ist wichtig zu wissen, wie Sie sich fühlen, wenn Sie entspannt sind, damit Sie diesen Zustand möglichst lang aufrechterhalten und immer wieder gezielt aufsuchen können.

Körper	Gedanken	Gefühle	Verhalten	Hilfen

Vom Multitasking zum Singletasking

Ich erinnere mich an eine Patientin, die ein kleines Kind hatte, gleichzeitig in Teilzeit arbeitete und einen Haushalt führte. Als ich ihr die Achtsamkeitspraxis vorstellte, wirkte sie anfangs skeptisch, fast schon hoffnungslos. »Wie soll ich mir jetzt auch noch Zeit für Achtsamkeitsübungen nehmen? Mein Alltag ist komplett voll. Da bleibt keine freie Minute.« Erinnern Sie sich an die Miniveränderungen (siehe S. 25 f.)? Sie haben dort gesehen, dass es wichtig ist, zunächst mit minimalen Veränderungen anzufangen, und diese nachhaltig in den Alltag zu integrieren. Dasselbe Prinzip habe ich der Patientin vorgeschlagen, damit sie zwischen ihren vielen Verpflichtungen auch Zeit für sich finden konnte.

Ein Beispiel für eine leicht umsetzbare Miniveränderung in Zusammenhang mit Stress ist das *Singletasking*: Wir haben es uns antrainiert, viele Dinge gleichzeitig zu erledigen: essen und dabei die E-Mails checken, den Podcast hören, während man schnell noch der Freundin auf die Handynachricht antwortet und die Spülmaschine ausräumt … Wir denken, dass wir dadurch effizienter seien. Doch unser Gehirn kann nicht endlos parallel stattfindende Aufgaben bearbeiten. Früher oder später merken wir, dass die Konzentration und die Aufmerksamkeit verloren gehen. »Wie soll ich das bloß schaffen, Frau Nguyen? Ich werde niemals mit dem Haushalt fertig, wenn ich nur eine Sache mache.« Ich habe meine Patientin ermutigt, ein Experiment zu wagen. Sie sollte sich eine Woche im *Singletasking* ausprobieren, also immer nur eine Tätigkeit auszuführen, anstatt mehrere Dinge gleichzeitig zu erledigen. Anstatt beim Saugen gedanklich die Einkaufsliste zu schreiben und sich Geschenke für den Geburtstag der Schwiegermutter zu überlegen, sollte sie einfach nur saugen. Das Bügeln ihrer Blusen für den Job war ab jetzt nicht mehr die Zeit, in der sie mit ihrer Tochter Vokabeln übte, usw. Sie sollte die Singletasking-Woche mit einer gewöhnlichen Multitasking-Woche vergleichen und prüfen, ob sie langsamer sein würde. Und voilà: ein paar Wochen später berichtete sie mir begeistert, dass sie sich viel erholter und ruhiger fühle und entgegen ihrer Erwartungen sogar *schneller* mit ihren To-dos im Haushalt fertig wurde.

Mich hat vor allem gefreut, dass die Patientin erholter war. Dass sie schneller fertig wurde, war zwar sehr schön – doch für mich ist das nicht entscheidend. Dinge dürfen dauern, wie lange sie dauern. Wenn ich selbst sehr schnell werde (schnell denke, spreche und auch handle), versuche ich mich daran zu erinnern, alles etwas langsamer zu machen. Ich denke dann an Beppo den Straßenkehrer aus *Momo* von Michael Ende:

> *»›Man darf nie an die ganze Straße auf einmal denken, verstehst du? Man muss nur an den nächsten Schritt denken, an den nächsten Atemzug, an den nächsten Besenstrich. Und immer wieder nur an den nächsten.‹ Wieder hielt er inne und überlegte, ehe er hinzufüg-*

te: ›Dann macht es Freude; das ist wichtig, dann macht man seine Sache gut. Und so soll es sein.‹ Und abermals nach einer langen Pause fuhr er fort: ›Auf einmal merkt man, dass man Schritt für Schritt die ganze Straße gemacht hat. Man hat gar nicht gemerkt wie, und man ist nicht außer Puste.‹«

Erholungsinseln im Alltagsstress

Viele Menschen warten sehnlichst auf ihren nächsten größeren Urlaub, nur um dann komplett erschöpft in den ersten freien Tagen krank zu werden. Die wohlverdiente Erholung können sie dann nicht genießen. Damit Erschöpfung sich nicht aufstaut und Sie weiterhin gesund Ihren Urlaub antreten können, erinnern Sie sich über das ganze Jahr hinweg daran, viele Miniurlaube in Ihren Alltag einzuplanen.

Ein Miniurlaub kann z. B. eine 20-minütige Tiefenentspannung sein. Ich übe sie selbst in meiner Mittagspause nach dem Essen, um dann Kraft für den weiteren Tag zu haben. Ähnlich wie einen großen Urlaub, den Sie auch im Voraus buchen, ist es wichtig, dass Sie Ihre Miniurlaube planen –, ansonsten vergessen wir sie im Alltag zu leicht. Hier einige Übungen für Miniurlaube, die Sie in Ihren Alltag einbauen können. Blättern Sie ruhig noch einmal zurück für Tipps, mit denen sich neue Gewohnheiten etablieren lassen (siehe S. 24 f.).

Anti-Stress-Übungen[12]

4-7-11 Atemübung

Sie atmen vier Sekunden ein und sieben Sekunden aus und wiederholen das 11-mal. Wie bei der Box-Atmung (siehe Seite 33) aktivieren Sie durch die längere Ausatmung Ihr Beruhigungssystem.

12 Die Übungen der Tiefenentspannung, Teemeditation und Gehmeditation habe ich von Zenmeister Thích Nhất Hạnh und den Mönchen und Nonnen der Plum Village Gemeinschaft gelernt. Ich habe die Übungen für dieses Buch angepasst. Weitere Beschreibungen über die Übungen finden Sie z. B. in *Achtsam arbeiten, achtsam leben* oder *Das Wunder der Achtsamkeit* von Thích Nhất Hạnh.

Tiefenentspannung

Erlauben Sie Ihrem Körper, bewusst alle Anspannung fallen zu lassen, um die Selbstheilungskräfte des Körpers wieder zu aktivieren.

Eine Lang- und eine Kurzanleitung der Tiefenentspannung finden Sie hier: *www.herder.de/extras*

Achtsame Tee-(oder Kaffee-)Meditation

Bereiten Sie sich einen Tee oder Kaffee zu und schenken Sie jeder einzelnen Handlung Ihre ganze Aufmerksamkeit. Trinken Sie den Tee (oder Kaffee) ganz bewusst, ohne etwas anderes zu tun.

Eine Meditationsanleitung finden Sie hier: *www.herder.de/extras*

Gehmeditation

Wählen Sie einen kurzen Streckenabschnitt auf Ihrem Weg zur Uni oder Arbeit, auf dem Sie eine Gehmeditation praktizieren (siehe S. 38 ff.). Durch das bewusste Gehen kommen Sie wieder in Kontakt mit Ihrem Körper und der Umwelt.

Waldbaden

Machen Sie einen achtsamen Spaziergang im Wald. Schalten Sie Ihr Handy aus und *erleben* Sie den Wald mit all Ihren Sinnen. Ich packe mir dazu gerne eine Thermoskanne, ein paar Kekse ein und meine faltbare Hängematte: Es gibt kaum Schöneres, als unter den Bäumen zu liegen und Tee zu trinken.

Bewegungshäppchen

Unser Körper ist nicht dafür gemacht, stundenlang zu sitzen. Wenn wir dann noch in Stress geraten – und die Stressreaktion unseren Körper auf einen Kampf oder eine Flucht einstellt –, ist das Verharren am Platz besonders schwer auszuhalten. Denn natürlich kämpfen wir nicht wirklich (was auch gut ist!) und die Energie bleibt in uns angestaut. Es kann helfen, stündlich aufzustehen. Stellen Sie sich einen Alarm und machen Sie einige Hampelmänner, Liegestütze, Kniebeugen oder marschieren Sie auf der Stelle. Eine Studie[13] hat gezeigt, dass solche kurzen intensiven körperlichen Übungen sogar das Risiko für einen Herzinfarkt verringern können (Ahmadi et al., 2022).

Auf einen Blick

- Stress ist eine natürliche Reaktion des Körpers auf eine bevorstehende Belastung. Dabei schüttet das autonome Nervensystem Stresshormone aus, damit unser Körper bereit für den Kampf oder die Flucht ist.
- An sich ist Stress nichts Schlimmes, doch auf die Anstrengung muss eine Erholungsphase folgen. Oft geben wir unserem Körper nicht mehr ausreichend Möglichkeit, sich zu erholen.
- Obwohl wir im Alltag kaum lebensgefährlichen Bedrohungen ausgesetzt sind, reagiert unser Körper, als wären wir es. Entscheidend ist unsere gedankliche Bewertung von Situationen: sie kann eine Stressreaktion auslösen – oder nicht.
- Die Studienlage ist deutlich: Achtsamkeit hilft, Stress zu reduzieren. Achtsamkeitsübungen können das Beruhigungssystem aktivieren und helfen zu entspannen. Langfristig werden Sie gelassener und sind nicht bei jeder Kleinigkeit alarmiert. Sie lernen, die Signale Ihres Körpers besser zu verstehen.

13 Australische Forschende haben herausgefunden, dass schon zwei intensive körperliche Bewegungseinheiten à zwei Minuten täglich das Risiko für Herzinfarkte, Schlaganfälle und Krebserkrankungen reduzieren. Intensiv bedeutet, dass ihr Herzschlag deutlich schneller sein sollte als Ihr Ruhepuls. Es sollte für Sie schwierig sein, sich währenddessen noch ruhig zu unterhalten. Gehen Sie z. B. schnell einige Stockwerke die Treppe hoch oder rennen Sie die letzten 200 Meter bis zur Bushaltestelle.

Übungen in diesem Kapitel

- **Die Stressampel:** Sie erkennen Ihre Stresssignale und werden aktiv, bevor Sie in den roten Bereich gelangen.
- **Anti-Stress-Übungen:** Sie finden kleine Inseln der Entspannung im Alltagsstress.
  - **4-7-11 Atemübung**
  - **Tiefenentspannung** (Audioübung)
  - **Achtsame Tee-(oder Kaffee-)Meditation** (Audioübung)
  - **Gehmeditation**
  - **Waldbaden**
  - **Bewegungshäppchen**

Du bist, *wie* du isst: Essen freudvoll genießen

Morgens hat Mai es wie immer sehr eilig. Sie saß die halbe Nacht an ihrer Hausarbeit. Jetzt bleibt nicht mehr viel Zeit bis zur Vorlesung. Auf dem Weg holt sie schnell beim Bäcker ein belegtes Brötchen. In der Straßenbahn checkt sie ihre Handy-Nachrichten, hört das neue Beyoncé-Album und isst nebenbei ihr Brötchen.

Abends kommt Mai nach einem langen Tag nach Hause. Im Kühlschrank sind noch Reste vom Vortag. Mai macht das Essen warm und wirft sich aufs Sofa. Eine Serie läuft bereits im Hintergrund, rechts von ihr leuchtet das Handy, auf dessen Bildschirm immer wieder neue Benachrichtigungen aufploppen. Jetzt kann sie endlich essen.

Nimmt Mai überhaupt wahr, was sie da isst, wie es schmeckt und woher die Lebensmittel kommen? Hand aufs Herz: Wie oft multitasken Sie, während Sie essen? Genau darum soll es nun gehen: *wie* wir essen. (Die Frage danach, *was* wir essen, beantworten ja unzählige andere Bücher.)

Achtsames Essen

Beim achtsamen Essen nehmen wir uns Zeit, um mit all unseren Sinnen den Geschmack, die Textur und den Geruch des Essens zu genießen. Durch das bewusste Essen können wir innehalten und nachspüren, wie es sich eigentlich anfühlt, hungrig oder satt zu sein. Oft essen wir gar nicht, weil wir hungrig sind, sondern um unangenehme Gefühle zu verdecken (z. B. Einsamkeit, Trauer, Langeweile). Wenn wir uns die Zeit nehmen und wirklich für das Essen präsent sind, können wir zudem betrachten, woher unsere Lebensmittel kommen und wer alles an dem Prozess beteiligt war, der sie letztlich bis auf unseren Teller gebracht hat. Dadurch kultivieren wir das Gefühl von Dankbarkeit und Verbundenheit mit anderen Menschen, anderen Lebewesen und natürlich auch mit unserer Erde, die uns reichlich beschenkt (Peitz, Schulze & Warschburger, 2021).

Die Verdauung lässt sich nicht hetzen

Der Verdauungsprozess beginnt nicht erst, wenn das Essen im Magen ist. Bereits in der *kephalen Phase* – wenn wir das Essen sehen, den Geruch der Nahrung wahrnehmen oder sogar nur daran denken – werden Signale an das Gehirn gesendet: Die Speichelproduktion wird erhöht und alle Organe, die an der Verdauung beteiligt sind, aktiviert. Das Essen wird im Mund nicht nur zerkleinert, sondern bereits mit Verdauungsenzymen vermischt, wodurch Kohlenhydrate aufgespaltet werden können (Michalsen, 2019). Ist das nicht faszinierend? Schlingen wir das Essen hinunter, ohne gut zu kauen und diese »Vorverdauung« stattfinden zu lassen, liegt es uns wortwörtlich schwer im Magen, da unser Verdauungssystem nun mehr Arbeit hat. Langsames Essen wurde in Studien auch mit einer geringeren Nahrungsaufnahme assoziiert (Robinson et al., 2014). In einer Vergleichsstudie zwischen normalem Essen (6 Minuten)[14] mit langsamem Essen (24 Minuten) berichtete die Gruppe, die sich mehr Zeit zum Essen nehmen durfte, von einem stärkeren Sättigungsgefühl. Darüber hinaus erinnerte sich die Gruppe genauer und lebendiger an die Mahlzeit und bei ihnen wurde eine stärkere Unterdrückung des Hormons Ghrelin festgestellt, welches appetitanregend ist (Hawton et al., 2019).

Sich Zeit nehmen und in Verbindung treten

Am Ende einer gruppentherapeutischen Einheit zum Thema Achtsamkeit bat ich die Patient:innen, zur Feier eine Kleinigkeit zu essen mitzubringen. Sie legten alles auf den Tisch und waren erwartungsvoll, wann sie endlich würden zugreifen dürfen. Statt aber alle auf einmal auf das Buffet loszulassen, lud ich die Patient:innen ein, im Kreis zu sitzen und jeweils nur *einen* Teller – beladen mit *einem* der mitgebrachten Snacks – reihum zu reichen. Die Person, die den Teller hatte, sollte zunächst bewusst hinsehen und würdigen, was sie in der Hand hielt, und dann drei Mal tief ein- und ausatmen. Danach konnte sie sich etwas vom Teller nehmen. Bevor sie den Teller weitergab, sollte

14 In einer Vorstudie hatten die Forschenden gemessen, wie viel Zeit die Proband:innen im Durchschnitt brauchten, um die Mahlzeit zu beenden. So kamen sie auf die 6 Minuten. Ich finde 6 Minuten sehr kurz!!!

sie die Person, die neben ihr saß, für einen bewussten Moment ansehen, würdigen, dass das Gegenüber da ist. Erst nachdem sich alle etwas genommen hatten, wurden die Köstlichkeiten in Stille gegessen und wir nahmen uns wirklich Zeit dafür.

Zunächst wurde viel gekichert und ich konnte den Patient:innen ansehen, wie ungewohnt das alles für sie war. Umso gespannter war ich auf die Rückmeldungen. Folgendes wurde mir unter anderem berichtet:

- »Durch diese Übung hatte ich viel mehr Achtung vor dem Essen. Es ist schade, dass wir uns im Alltag überhaupt nicht die Zeit dafür nehmen.«
- »Dadurch, dass wir das Essen herumgereicht haben, kam kein Lärm und Stress auf, wie wenn sich alle auf das Essen gestürzt hätten.«
- »Ich habe heute erlebt, wie verbindend Essen sein kann.«

Diese Erfahrungen stehen im Gegensatz zu dem, was die meisten Menschen im stressigen Alltag erleben. Essen-to-go und die Fastfood-Kultur haben uns antrainiert, dass wir im Stehen, im Gehen und nebenbei essen. Das gemeinsame Essen am Tisch scheint irgendwie uncool geworden zu sein. Dabei ist das *verbindende* Element von Essen etwas, was in allen Kulturen und Gesellschaften tief verankert ist. Wir können nicht nur in Verbindung mit den Menschen treten, die uns unmittelbar gegenübersitzen, sondern auch mit all jenen, die zu dieser Mahlzeit beigetragen haben.

Übung: Stoppen und verbinden

Diese Übung können Sie anwenden, wenn Sie gemeinsam mit anderen essen (dann erklären Sie den anderen vorab den Ablauf) oder wenn Sie für sich allein unter anderen Menschen essen (z. B. in einem Restaurant). Beobachten Sie, was Sie wahrnehmen.

- Betrachten Sie Ihr Essen zunächst und würdigen Sie es.
- Schauen Sie in die Augen der Menschen, mit denen Sie gemeinsam essen, und nehmen Sie die Präsenz des anderen bewusst wahr.
- Essen Sie die ersten ein bis zwei Minuten in Stille. Beobachten Sie, ob Sie in den Automatismus geraten, die Mahlzeit kommentieren und bewerten zu wollen (»Oh, das ist aber heute versalzen«).

Es ist für mich immer wieder spannend zu sehen, was passiert, wenn wir alltägliche Gewohnheiten aufbrechen und Entschleunigung und Achtsamkeit einführen. Das, was wir schon Tausende Male getan haben und dem wir wenig Aufmerksamkeit geschenkt haben, kann im Licht der Achtsamkeit eine ganz neue, tiefe Erfahrung sein.

Emotionales Essen: Essen Sie Ihre Mahlzeit oder kauen Sie Ihre Sorgen?

Sie kennen das bestimmt: Sie fühlen sich nicht gut, sind vielleicht frustriert, traurig oder unzufrieden und greifen dann zur Schokolade, Chips oder … Was ist Ihr »Frustessen«?

Essen kann eine Strategie sein, um mit Emotionen umzugehen, also eine Art *Emotionsregulationsstrategie*. Die Gewohnheit, aufgrund von Emotionen zu essen, wird auch als *emotionales Essen* bezeichnet. Das Problem ist, dass es nur kurzfristig für Ablenkung sorgt. Langfristig löst es weder Ihre Probleme und Emotionen noch dazu sorgt der Gang zur Waage bei den meisten für weitere schlechte Stimmung.

Ich erinnere mich an eine Zeit im Studium, in der ich stark gestresst war und mir viele Sorgen gemacht habe (vor allem über die Statistikklausuren!). In dieser Phase hatte ich wenig Appetit, besonders morgens schaffte ich es kaum, etwas zu essen. Im selben Jahr besuchte ich ein Meditationsretreat, um meine Praxis zu vertiefen. Dort nahmen wir uns für jede Mahlzeit mindestens 30 bis 40 Minuten Zeit, um gemeinsam in Stille zu essen. Mir fiel auf, dass ich schon am ersten Tag zum Frühstück wieder viel mehr aß und es auch deutlich mehr genießen konnte, obwohl das Angebot im Kloster eher simpel ist (Haferbrei, Nüsse, Brot und etwas Margarine). Es konnte also kaum an der Vielfalt des Essens liegen, dass ich mich so viel besser fühlte. Und dann hatte ich einen Aha-Moment: In meinem stressigen Studienalltag war ich gleich morgens in meinen To-dos gefangen und mit meinem innerlichen Druck beschäftigt, dass diese mich einfach gesättigt hatten. Ich hatte nicht mein Essen gegessen, sondern auf meinen Sorgen gekaut. Seither stelle ich mir nun die Frage: »Isst du deine Mahlzeit oder kaust du deine Sorgen?«

Auslöser für emotionales Essen ausbremsen

Bevor Sie ein Verhalten ändern können, ist es zunächst wichtig, es zu erkennen und genauer zu verstehen. Beobachten Sie Ihre Essgewohnheiten, indem Sie jeden Abend aufschreiben, was Sie wann gegessen haben und identifizieren Sie rückblickend die Auslöser für Momente, in denen Sie unbewusst emotional essen (siehe S. 22 ff.). Das können z. B. Konflikte, Langeweile oder Einsamkeitsgefühle sein. Beobachten Sie Ihre Essgewohnheiten mindestens eine Woche. Je länger Sie Ihre Gewohnheiten beobachten, desto eher werden Sie Zusammenhänge feststellen. Sie werden dann dazu in der Lage sein, nicht nur im Rückblick Ihre Auslöser zu erkennen, sondern auch im Moment mögliche Auslöser besser einordnen und sich schließlich anders verhalten zu können.
Wenn Sie beobachten, dass Sie unbewusst emotional essen:

- **Benennen** Sie Ihre Gefühle. Ganz getreu dem englischen Sprichwort »*Name it to tame it*« (»Benenne es, um es zu zähmen«).
- **Atmen** Sie drei bewusste, tiefe Atemzüge, um Ihr Beruhigungssystem zu aktvieren.

Erster Atemzug

Einatmend weiß ich, dass ich einatme.

Ausatmend weiß ich, dass ich ausatme.

Zweiter Atemzug

Einatmend nehme ich den Impuls wahr, etwas essen zu wollen.

Ausatmend spüre ich in meinen Körper. Ich erinnere mich daran, dass Impulse kommen und gehen.

Dritter Atemzug

Einatmend nehme ich die Gefühle wahr, die da sind.

Ausatmend umarme ich diese Gefühle. Sie dürfen da sein und ich sorge für sie.

- **Erinnern Sie sich freundlich** daran, dass es schwer ist, festgefahrene Gewohnheiten von heute auf morgen zu verändern. Seien Sie gut zu sich wie eine Freundin oder ein Freund (»Das ist jetzt ein schwerer Moment. Doch es ist super, dass du gerade versuchst, anders damit umzugehen!«).
- **Entscheiden** Sie sich für einen alternativen Weg. Hinter unseren Gefühlen steht immer ein Bedürfnis. Hinter Einsamkeit steckt oft der Wunsch, in Verbindung zu treten. Statt sich zu verstecken, könnten Sie eine Freundin anrufen oder eine E-Mail oder einen Brief schreiben.

Essmeditation

Meine erste Erinnerung daran, wie ich mit der Essmeditation in Kontakt kam, ereignete sich als Kind beim Abendessen mit meiner Familie. Meine Mutter erzählte von einem buddhistischen Mönch namens Thích Nhất Hạnh, der sagte, dass man dreißig Mal kauen solle, bevor man einen Bissen schlucke. Ich guckte meine Mutter ungläubig an: »Wie soll das gehen, Mama? Dafür brauche ich ja ewig. Und das Essen wird total matschig, das ist doch ekelig.« Wir haben gelacht und sie hat mir mehr über die Übung erzählt.

Warum sollten wir so oft kauen? Durch das langsame und bewusste Essen nehmen Sie sich wirklich Zeit. Zeit, in der Sie Ihr Essen genießen, neugierig mit Ihren Sinnen erfahren und so tief im Kontakt damit sein können. Wenn Sie auf diese bewusste Weise essen, sind Sie mit Ihrem Körper und Ihrem Geist im gegenwärtigen Moment verankert und offen für alle Erfahrungen. Wie bereits erwähnt, helfen Sie auch Ihrer Verdauung und können ein klares Sättigungssignal empfangen. Meinem jüngeren Ich würde ich heute übrigens antworten, dass wir uns zwar Zeit nehmen, es jedoch nicht »ewig« dauert. Es reicht schon eine halbe Stunde, in der Sie Ihre ganze Aufmerksamkeit dem Essen widmen. Schalten Sie dazu alle elektronischen Geräte aus. Am besten verstauen Sie Ihr Handy woanders, um erst gar nicht in Versuchung zu geraten.

Sich die Erlaubnis geben

Eine Patientin teilte mit mir ihre Gedanken, nachdem sie das erste Mal die Essmeditation durchgeführt hat. Sie erzählte mir, dass es sie wahnsinnig unter Druck setzen würde, »nur zu essen«. Für sie als effizienter, produktiver Mensch fühle sich das wie Zeitverschwendung an. »Ich denke dann, ich habe doch noch Augen. Die können doch in der Zwischenzeit etwas Nützliches machen.« Mir hat das wirklich sehr leidgetan. Dennoch weiß ich, dass das wahrscheinlich keine Einzelerfahrung, sondern eine weitverbreitete Überzeugung ist, die viele Menschen in dieser getriebenen Gesellschaft in sich tragen.

Eine Mahlzeit zu sich zu nehmen, bedeutet in erster Linie, dass wir uns stärken und unserem Körper Energie zuführen. Es ist eine Form der Selbstfürsorge und kann nicht nur eine körperlich nährende Zeit sein, sondern auch eine mentale, erholsame Pause darstellen. Bitte geben Sie sich die Erlaubnis zu essen, um einfach nur zu essen. Geben Sie sich die Erlaubnis zu genießen und mit Leichtigkeit eine Pause zu machen.

Essmeditation

Date mit Ihrem Essen

Nehmen Sie sich für diese Übung mindestens 30 Minuten Zeit, in denen Sie frei von Verpflichtungen sind und entspannt essen können.

- Schalten Sie alle elektronischen Geräte aus. (Das Handy legen Sie am besten in einem anderen Raum.)
- Betrachten Sie Ihre Mahlzeit genau und riechen Sie auch an Ihrem Essen.
- Kauen Sie jeden Bissen 20- bis 30-mal, bevor Sie schlucken.
- Folgende Fragen können Sie dabei unterstützen, noch tiefer in Kontakt mit Ihrer Mahlzeit zu kommen:
  - **Was esse ich**? Benennen Sie während des Essens, was Sie gerade essen (»Salatblatt«, »Reis«, »Möhre«).
  - **Woher kommt es?** Welche Reise hat Ihre Avocado hinter sich gebracht, damit Sie sie heute essen können?
  - **Wer war alles an dem Prozess beteiligt?** Wer hat die Samen Ihres Gemüses gesäht und es dann geerntet?
  - **Mit welcher Absicht essen Sie?** Was möchten Sie mit der Energie tun, die Sie durch diese Mahlzeit erhalten? Wie möchten Sie diese Energie weitergeben?

Eine angeleitete Essmeditation finden Sie hier:
www.herder.de/extras

Auf einen Blick

- Achtsames Essen bedeutet, mit dem ganzen Bewusstsein beim Essen zu sein. Sich Zeit zu nehmen und mit allen Sinnen jeden einzelnen Bissen wahrzunehmen.
- Wenn Sie langsamer essen und es nicht zwischendurch oder unterwegs tun, helfen Sie Ihrer Verdauung.
- Viele Menschen essen, obwohl sie keinen Hunger haben. Sie versuchen, mit dem Essen schwierige Emotionen zu verdecken. Stellen Sie sich die Frage: »Esse ich meine Mahlzeit, oder kaue ich meinen Sorgen?«
- Geben Sie sich selbst die Erlaubnis, einfach nur zu essen. Es ist eine Zeit, in der Sie Ihren Körper nähren und Ihrem Geist eine wohlverdiente Pause gönnen.

Übungen in diesem Kapitel

- **Stoppen und verbinden**. Sie würdigen Ihre Mahlzeit und verbinden sich mit den Menschen, die mit Ihnen essen.
- **Auslöser für emotionales Essen ausbremsen.** Sie identifizieren und benennen zugrunde liegende Emotionen, atmen und beruhigen sich und können sich für einen neuen Weg entscheiden.
- **Date mit Ihrem Essen**. Eine Essmeditation, die Sie auch als Audioübung finden.

Halb so wild? Unsere Wahrnehmung und die Wahrheit

»Den Teufel an die Wand malen«, »Aus einer Mücke einen Elefanten machen« oder »Das Haar in der Suppe suchen« – in der deutschen Sprache wimmelt es von Redewendungen, die Wahrnehmungsverzerrungen des Menschen beschreiben und seine (inzwischen auch wissenschaftlich belegte) Tendenz, sich eher auf das Negative zu konzentrieren. Wie können wir aus dieser tückischen Falle des »Schwarzmalens« herauskommen? Welche Möglichkeiten gibt es, unsere Aufmerksamkeit darauf zu lenken, dass die Suppe eigentlich köstlich schmeckt und mit sehr viel Liebe zubereitet wurde?

Wahrnehmung und Einflussfaktoren

Den Begriff *Wahrnehmung* kurz und prägnant zu definieren ist wahrscheinlich kaum möglich, da eine Definition von basalen Informationsverarbeitungsprozessen bis hin zu umfangreichen philosophischen Erörterungen reichen müsste. Für Sie habe ich hier eine Schnittmenge von verschiedenen Erklärungen zusammengetragen, die aus meiner Sicht hilfreich für die Achtsamkeitspraxis sind.

Wahrnehmung umfasst sowohl das, was wir wahrnehmen, als auch den Prozess, bei dem wir die Informationen unserer Sinnesorgane verarbeiten, um ein zusammenhängendes, sinnvolles Bild unserer Umwelt und unseres Selbst zu erhalten. Dabei gibt es immer jemanden, der wahrnimmt (Subjekt), und etwas, das wir wahrnehmen (Objekt).

Unsere Wahrnehmung wird von vielen Faktoren beeinflusst, z. B. persönlichen Erfahrungen, Erwartungen oder Vorwissen. Um die Komplexität der Wahrnehmung besser zu verstehen, nutzen Kognitionswissenschaftler die sogenannten »4E« (Hergovich, 2021):

1. Wahrnehmung ist ein aktiver, wechselseitiger Prozess zwischen dem Organismus und der Umwelt, bei dem wir nicht nur passiv

Informationen aufnehmen, sondern auch aktiv auf unsere Umwelt einwirken (*Enactive*).

2. Unsere Wahrnehmung ist immer verkörpert (*Embodied*), was bedeutet, dass sich Körperempfindungen und Wahrnehmungen gegenseitig beeinflussen. Wenn Sie z. B. Herzrasen spüren und kalter Schweiß über Ihren Rücken läuft, fühlen Sie sich auch ängstlich. Und eine aufrechte Körperhaltung kann zu mehr Selbstvertrauen führen.
3. Unsere Wahrnehmung ist in unserer Umwelt und einem kulturellen Kontext eingebettet (*Embedded*). Zum Beispiel haben Farben in verschiedenen Kulturen unterschiedliche symbolische Bedeutungen. In vielen westlichen Kulturen steht die Farbe Weiß für Reinheit und Unschuld, während in einigen asiatischen Kulturen wie Vietnam Weiß die Farbe der Trauer ist.
4. Zudem wird unsere Wahrnehmung durch neue Technologien ständig erweitert (*Extended*). Heutzutage navigieren wir uns mittels Google Maps durch die Welt oder dokumentieren persönliche Erinnerungen mit Fotos auf unseren Smartphones.

Übung: Meditation über die 4Es der Wahrnehmung

Damit die 4Es nicht nur eine theoretische Auflistung bleiben, lade ich Sie zu dieser Meditation ein. In dieser Übung richten wir unsere Aufmerksamkeit bewusst auf den Wahrnehmungsprozess. Dabei können Sie beobachten, wie Ihr Körper, Ihre Umwelt und die Technologien, die Sie benutzen, Ihre Wahrnehmung formen und beeinflussen. Unternehmen Sie für diese Mediation einen Waldspaziergang oder einen Spaziergang durch einen Park. Halten Sie immer wieder inne und stellen Sie sich folgende Fragen:

- Wie wirkt meine Umwelt auf mich ein und wie wirke ich auf sie ein? (*Enactive*)

- Wie wirkt sich meine Umwelt auf meinen Körper aus? Wie beeinflussen meine körperlichen Empfindungen meine Wahrnehmung über mich selbst oder meine Umwelt? (*Embodied*)
- Welchen Einfluss haben meine Sozialisation und mein kultureller Kontext auf meine Wahrnehmung und umgekehrt? (*Embedded*)
- Wie beeinflussen technische Geräte und deren Anwendungen wie Smartphones und Filtereinstellungen meine Wahrnehmung? (*Extended*)

Mit diesem Bewusstsein können Sie natürlich auch Ihren Alltag betrachten.

Eine angeleitete Meditation zum Waldbaden mit den 4Es finden Sie hier: *www.herder.de/extras*

Achtsamer Umgang mit kognitiven Verzerrungen

Unsere Gedanken, Gefühle und Erinnerungen können von sogenannten *kognitiven Verzerrungen* (engl. *cognitive bias*[15]) beeinflusst werden. Das sind systematische Fehler in unserer Wahrnehmung, die meistens unbewusst auftreten (u. a. Tversky & Kahneman, 1974 und u. a. Neal et al., 2022)[16].

Möglicherweise fragen Sie sich jetzt, was das mit Achtsamkeit zu tun hat. Lassen Sie mich noch einmal daran erinnern: Achtsamkeit bedeutet, sich bewusst zu sein, was in uns und um uns herum im gegenwärtigen Moment geschieht, ohne es zu verurteilen. In vielen Meditationen ist das Objekt Ihrer Achtsamkeit der Atem (»Einatmend bin ich mir bewusst, dass ich einatme«). Im Rahmen dieses Kapitels ist das Objekt Ihrer Achtsamkeit der Prozess, wie Sie wahrnehmen, denken und fühlen.

15 Das englische Wort *Bias* wird im Deutschen mittlerweile als Synonym für *kognitive Verzerrung* benutzt.

16 Es gibt mittlerweile sehr viele empirische Untersuchungen zu kognitiven Verzerrungen (u. a. Neal et al., 2022) und detaillierte Beschreibungen. Ich habe aus der Vielzahl hier exemplarisch nur zwei ausgewählt, die mir im therapeutischen Alltag oft begegnen.

Wenn Sie ein *Bewusstsein* dafür bekommen, durch welche Filter Sie sich selbst oder Ihre Umwelt wahrnehmen, können Sie üben, diese Wahrnehmungsfilter in jedem Moment des Alltags zu erkennen. Anstatt impulsiv zu handeln oder vorschnelle Urteile zu fällen, können Sie kurz innehalten und sich fragen: »Hmm, könnte es sein, dass hier gerade eine typische kognitive Verzerrung meinen Blick trübt?« Mit diesem Wissen betrachten Sie die Situation noch einmal mit einem frischen Blick und kommen möglicherweise zu einer ganz anderen Schlussfolgerung.

Nachdem nun die wichtige Frage geklärt ist, wie eng Achtsamkeit und Wahrnehmung verbunden sind, tauchen wir jetzt ein in die spannende Welt der kognitiven Verzerrungen.

Der Negativitäts-Bias

Alle unsere schönen Redewendungen vom Anfang des Kapitels lassen sich durch diesen Bias erklären. Er beschreibt die Tendenz des Menschen, negative Informationen stärker zu beachten und zu bewerten als positive Informationen.

Sie kennen das sicher: Sie erhalten für Ihren Vortrag reichlich Anerkennung und positives Feedback von Kolleg:innen und Vorgesetzten. Nur ein Kollege meldet Ihnen zurück, dass Sie zu schnell gesprochen haben. Und worüber denken Sie den ganzen Tag nach? Ihr Sprechtempo. Ein weiteres Beispiel: Der Urlaub mit Ihrer Partnerin war wunderschön. Sie haben viel erlebt, waren beide sehr entspannt. Doch am Ende hat es zwischen Ihnen richtig geknallt und statt an die wunderschönen Momente des Urlaubs zu denken, erinnern Sie sich an diesen letzten Konflikt. Es ist wirklich fies und mag auf den ersten Blick unlogisch wirken, dass unser Gehirn uns so austrickst. Doch wie bei der Stressreaktion steckt auch hier eine evolutionäre Funktion dahinter, die uns schützen möchte.

Tatsächlich handelt es sich bei dieser Form der *selektiven Aufmerksamkeit und Informationsverarbeitung* um eine Überlebensstrategie. Wir merken uns Gefahrensituationen aus der Vergangenheit besser, um daraus zu lernen und sie in der Zukunft zu vermeiden. Für unser Überleben spielen positive Erinnerungen eher eine nachgeordnete Rolle, da sie uns vor potenziellen Gefahren in der Zukunft nicht schützen können. Wenn Sie sich bedroht fühlen, versuchen Sie wahrscheinlich auch, mehr Informationen über die Situation zu erhalten, um besser mit ihr umgehen zu können (z. B. stundenlange Internetrecherchen über Symptome mit »Dr. Google«). Das ist ein sich selbstverstärkender Teufelskreis: Durch Ihre Recherchen wird Ihre Aufmerksamkeit noch selektiver. Sie selektiert dann noch mehr negative Informationen, wodurch das Gefühl der Bedrohung wächst.

An sich ist die Strategie clever. Doch die Nachteile liegen auf der Hand: Sie übersehen sehr viele andere Informationen (z. B. positive oder neutrale Informationen) und treffen Entscheidungen, basierend auf einer verzerrten Informationsgrundlage. Nicht nur Ihr Denken und Ihre Entscheidungen werden dadurch beeinflusst, sondern auch Ihre Emotionen. Wenn Sie nur noch durch negative Informationen und Worst-Case-Szenarien gesteuert werden, werden Sie ängstlicher, sorgenvoller, was sich natürlich langfristig auch auf Ihre Beziehungen auswirken kann.

Studie: Achtsamkeit kann den Negativitäts-Bias reduzieren

Eine Untersuchung von Kiken und Shook (2011) zeigte, dass schon eine 15-minütige Achtsamkeitsmeditation den Negativitäts-Bias reduzieren kann. In dem Experiment wurden 175 Studierende in zwei Gruppen eingeteilt. Beide Gruppen sollten in einem Computerspiel in eine Welt der Bohnen eintauchen. Die Hälfte der Bohnen waren »gute, hilfreiche« Bohnen, die die Punktzahl der Spieler erhöhten. Die andere Hälfte war »schlecht und schädlich«, da sie die Punktzahl der Spieler verringerte. Ob eine Bohne gut oder schlecht war, konnte anhand ihrer Form und Oberfläche erkannt werden (kreisförmige Bohnen = gut, hilfreich bzw. längliche = schlecht, schädlich). Die Aufgabe bestand darin, die Bohnen richtig zu erkennen und möglichst viele kreisförmige, hilfreiche Bohnen schnell zu identifizieren.

Vor dem Spiel führte eine Gruppe 15 Minuten lang eine Achtsamkeitsübung durch. Die Kontrollgruppe sollte in derselben Zeit einfach ihre Gedanken fließen lassen.
Erwartungen: Aufgrund des Negativitäts-Bias war zu erwarten, dass die Proband:innen vor allem schlechte Bohnen sehen. Falls Achtsamkeit wirklich den Negativitäts-Bias reduzieren könnte, dann würde dies bedeuten, dass die Achtsamkeitsgruppe mehr gute Bohnen sieht.

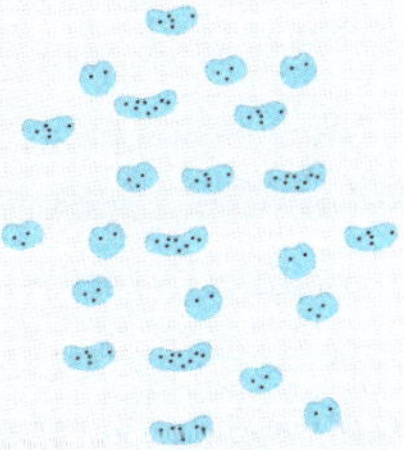

Das Ergebnis war verblüffend: Die Achtsamkeitsgruppe zeigte eine geringere Negativitätsverzerrung und eine genauere Klassifizierung der positiven Bohnen. Die Proband:innen in der Achtsamkeitsgruppe beschrieben sich auch als optimistischer als die der Kontrollgruppe. Laut den Forschenden können durch Achtsamkeit unsere Aufmerksamkeitsprozesse verändert werden, sodass Informationen weniger automatisch und gewohnheitsmäßig verarbeitet werden

Emotionale Beweisführung

»Obwohl mein Partner mir schon mehrmals beteuert hat, dass er treu ist, werde ich das Gefühl der Eifersucht nicht los. Da muss doch etwas dran sein. Er betrügt mich bestimmt.« Bei einer kognitiven Verzerrung wie dieser ziehen Menschen aus ihren Gefühlen Schlussfolgerungen und bilden eine Meinung über sich selbst oder die Umwelt. Dabei missachten sie Fakten oder rationale Argumente – nur ihr Gefühl zählt. Eine meiner Patientinnen ist Anwältin und ebenfalls in die Falle der emotionalen Beweisführung getappt. Daraufhin fragte ich sie: »Stellen Sie sich vor, einer Ihrer Mandanten würde sagen, dass er sich vollkommen unschuldig *fühle*. Würden Sie dann auch Ihre Arbeit einstellen und sagen: ›Ach so, na dann. Wenn Sie sich so fühlen, muss es ja die Wahrheit sein.‹« Daraufhin lächelte die Patientin und verneinte natürlich.

Aaron Beck, der Begründer der *kognitiven Therapie*[17], prägte den Begriff *emotionale Beweisführung* im Rahmen seiner Untersuchungen über kognitive Verzerrungen und Depressionen (Beck et al., 1979) ein. Viele Patient:innen, die an einer Depression oder anderen psychischen Erkrankungen leiden, haben eine verzerrte Wahrnehmung ihrer Selbst und ihrer Umwelt (Gara et al., 1993). Bei Angststörungen fühlen Patient:innen eine starke Sorge und denken deshalb, dass etwas Schreckliches eintreffen wird, obwohl es keine konkreten Anhaltspunkte dafür gibt. Patient:innen mit Zwangsstörungen fühlen sich manchmal tief schuldig, weil sie sich wiederholende Zwangsgedanken über Gewalt oder Gotteslästerung haben. Sie können sich einerseits nicht von der Vorstellung distanzieren, dass Gedanken nicht automatisch zu Handlungen führen (*Gedanken-Handlungs-Fusion*). Andererseits können ihre Schuldgefühle so stark sein, dass sie diese als Beweis dafür nehmen, dass sie schuldig sind. In der emotionalen Beweisführung konkurrieren Emotionen unmittelbar mit der Realität.

Mir ist es wichtig zu betonen, dass ich Emotionen nicht als etwas Schlechtes abtun möchte. Sie sind nicht schlecht und sogar sehr wichtig, weil sie oft ein Signal für unsere Bedürfnisse darstellen (mehr dazu ab S. 97). Doch Emotionen sind nicht immer der beste Ratgeber. Wir haben gut 6000 Gedanken am Tag (Tseng & Poppenk, 2020) und es ist eine Menge Quatsch dabei. Ähnlich ist es mit unseren Emotionen. Lassen Sie sich daher ein bisschen Zeit, bevor Sie von einer Emotion direkt zu einer Schlussfolgerung springen, und versuchen Sie, auch andere Aspekte in der Situation zu berücksichtigen.

17 Die kognitive Therapie, auch bekannt als kognitive Verhaltenstherapie (KVT), ist ein wissenschaftlich fundiertes psychotherapeutisches Verfahren, das darauf abzielt, dysfunktionale, negative Denkmuster und irrationale Überzeugungen zu identifizieren und zu verändern, um psychische Störungen dadurch zu behandeln. In der KVT spielt insbesondere die Interaktion von Gedanken, Gefühlen und Verhaltensweisen eine zentrale Rolle.

Ein Blick in die Vergangenheit

Gab es in der Vergangenheit Situationen, in denen Sie starke Emotionen hatten und aus diesen Gefühlen etwas geschlussfolgert oder sich eine feste Meinung gebildet haben?
Hier sind ein paar Beispiele:

- Sie fühlen sich *schuldig* oder haben ein *schlechtes Gewissen*. Deshalb denken Sie, dass Sie etwas falsch gemacht haben.
- Sie fühlen sich *dick und hässlich* und sind deshalb der festen Überzeugung, dass Sie nicht attraktiv seien, obwohl Sie immer wieder Komplimente bekommen.
- Sie fühlen sich *einsam und alleingelassen* und ziehen sich zurück, obwohl sie sehr liebevolle Menschen haben, die sich um Sie kümmern.
- Sie fühlen sich *unfähig und inkompetent* und denken deshalb, dass Sie nichts können.

Überlegen Sie nun, ob ihr Gefühl Sie auf eine falsche Fährte geschickt hat? War Ihre Schlussfolgerung richtig? Wie *könnte eine andere Schlussfolgerung lauten?*

- Sie fühlen sich *unfähig und inkompetent.* Sie überlegen, ob die vermeintlich schlecht erledigte Aufgabe überhaupt auf Ihrem Tisch gelandet wäre, wenn Sie nicht schon häufig gezeigt hätten, dass Sie fähig und kompetent sind. Sie stellen fest, dass Sie nur einen Fehler gemacht haben, der nicht Ihr gesamtes Wissen und all Ihre Fähigkeiten infrage stellen sollte.

Es gibt noch weitere sehr spannende kognitive Verzerrungen und viele Bücher, die nur diesem Thema gewidmet sind (Hell, 1993; Wenski, 2022). Die folgende kleine Übersicht bildet nur einen Ausschnitt dessen ab, wie uns unser Gehirn an der Nase herumführen kann, wenn wir nicht bewusst und achtsam sind.

Kognitive Verzerrung	Erklärung	Beispiel
Sunk-Cost-Effekt	Ein Vorhaben wird trotz seiner Nachteile fortgesetzt, weil bereits Ressourcen aufgewendet wurden.	Der Kinofilm gefällt Ihnen nicht, doch Sie bleiben sitzen, weil Sie für die Kinokarte schon bezahlt haben.
Verfügbarkeitsheuristik	Die Häufigkeit oder Wichtigkeit von Ereignissen wird überschätzt, weil die Information mental leichter zugänglich ist.	Menschen neigen dazu, die Häufigkeit von Flugzeugabstürzen zu hoch zu schätzen, weil sie sich leicht an Flugzeugunglücke erinnern können.
Halo-Effekt	Einzelne Merkmale einer Person werden im Vergleich zu anderen Merkmalen überbetont und führen zu einer falschen Beurteilung.	Attraktive Bewerber:innen werden als kompetenter bewertet.
Self-Serving-Bias (Selbstwertdienliche Verzerrung)	Erfolge und positive Ergebnisse werden der eigenen Person (Fähigkeiten, Talent) zugeschrieben, während Misserfolge anderen Personen und externen Ursachen zugeschrieben werden, um den eigenen Selbstwert aufrechtzuerhalten.	Für eine Gruppenarbeit bekommt die ganze Gruppe eine gute Note. Doch eine Person in der Gruppe hebt die eigenen Stärken vor und sagt, dass die Gruppe keine 1 bekommen hat, weil die anderen Mitglieder schlecht waren.

Wie wir uns die Welt erklären

Wir Menschen versuchen in der Regel immer, eine Erklärung für unser eigenes Verhalten oder das von anderen zu finden. Dabei hilft es uns, eine Ursache für ein Verhalten zu identifizieren. Diese Beobachtungen sind Kern der *Attributionstheorie* (Heiders; 1958). Laut dieser Theorie gibt es zwei Arten von Ursachen: interne oder externe. Wenn ein Verhalten auf eine *interne Ursache* zurückgeführt wird, vermutet man dahinter Faktoren wie Persönlichkeitseigenschaften, Überzeugungen oder Fähigkeiten. Wenn ein Verhalten auf *externe Ursachen* zurückgeführt werden, geht man von auslösenden Faktoren wie den Umständen oder einer bestimmten Situation aus.

Martin Seligman (Seligman et al., 1979) erweiterte die Attributionstheorie, um die Entstehung und Aufrechterhaltung von Depressionen zu erklären. Neben der *internen* und *externen* Dimension unterschied er auch zwischen *stabilen* und *variablen* sowie zwischen *globalen* und *spezifischen* Ursachen. Also:

- **Intern:** Sie sehen sich selbst als das Problem und nicht äußere Umstände.
- **Stabil:** Sie sehen das Problem als unveränderlich und nicht als vorübergehend.
- **Global**: Sie betrachten das Problem als generell und übergreifend und nicht nur auf eine bestimmte Situation begrenzt.

Wenn Sie z. B. die Führerscheinprüfung nicht bestanden haben, könnten Sie folgende Erklärungen dafür haben:

- »**Ich** bin einfach total **unfähig** und werde **nie** Prüfungen bestehen.« (intern + stabil + global)
- »Der **Prüfer** hatte **an dem Tag** schlechte Laune und hat sehr **schwierige Verkehrssituationen** gewählt.« (extern + variabel + spezifisch)

Dieselbe Situation kann ganz unterschiedlich erklärt werden. Und je nach Ursachenzuschreibung werden Sie sich ganz bestimmt anders fühlen. Tatsächlich konnten Untersuchungen zeigen, dass Menschen mit Depressionen dazu neigen, Misserfolg eher internal, stabil und global zu erklären. Erfolge werden hingegen externen Faktoren zugeschrieben (»Ach, ich hatte einfach Glück«). Langfristig können solche Fehlattributionen die Erkrankung und die falsche Wahrnehmung über das Selbst aufrechterhalten.

Wem schreiben Sie Ihre Erfolge zu?

Ich möchte Sie gerne einladen, einen achtsamen Blick auf Ihre Erfahrungen im Alltag zu werfen. Halten Sie in einer beliebigen Situation inne und beobachten Sie Ihre Gedanken, Gefühle und Körperempfindungen. Folgende Fragen können dabei behilflich sein:

- Wie erklären Sie sich Rückschläge, »Fehler« oder Alltagspannen?
- Wie sprechen Sie mit sich in solchen Situationen? Welchen Ton nimmt Ihre Stimme an (z. B. harsch, laut, hart oder warm, weich, ruhig)?
- Wie erklären Sie sich Erfolgserlebnisse? Wer darf die Lorbeeren ernten?
- Welche Gefühle begleiten Sie dabei?
- Wie fühlte sich Ihr Körper an, als Sie eine Erklärung gefunden haben?

Was haben Sie über Ihre Ursachenzuschreibung beobachtet? Neigen Sie dazu, intern, stabil und global zu argumentieren? Könnten Sie auch andere Ursachen sehen?

Auf einen Blick

- Unsere Wahrnehmung ist ein hochkomplexer Vorgang, bei dem unser Körper, die Umwelt und neue Technologien eine wichtige Rolle spielen.
- Wir neigen dazu, »den Teufel an die Wand zu malen«, weil kognitive Verzerrungen (Biases) unsere Wahrnehmung trüben. Dazu zählt die Tendenz, dass wir negative Informationen schneller erkennen und uns länger merken (Negativitäts-Bias). Die gute Nachricht ist, dass Achtsamkeit diesen Bias reduzieren kann!
- Gefühle sind nicht der beste Ratgeber! Manchmal ziehen Menschen, nur basierend auf ihren Gefühlen, Schlussfolgerungen. »Ich fühle mich inkompetent. Deshalb bin ich es.« Diese kognitive Verzerrung heißt emotionale Beweisführung.
- Menschen versuchen, durch Ursachenzuschreibungen ihr eigenes Verhalten und das von anderen zu erklären. Laut der *Attributionstheorie* kommen dabei entweder *interne* vs. *externe*, *stabile* vs. *variable* oder *globale* vs. *spezifische* Ursachen infrage. Dieselbe Situation kann mit unterschiedlichen Ursachen erklärt werden, was wiederum einen großen Einfluss auf Ihre Gefühle und Gedanken und Wahrnehmung hat.

Übungen in diesem Kapitel

- **Meditation über die 4Es der Wahrnehmung.** Sie vergegenwärtigen sich, wie Ihr Körper mit Ihrer Umwelt interagiert und wie technologische »Gadgets« Ihre Wahrnehmung beeinflussen. Auch als Audioübung.
- **Ein Blick in die Vergangenheit.** Sie überprüfen, ob auch Sie, basierend auf starken Emotionen, »voreilige« Schlüsse gezogen haben.
- **Wem schreiben Sie Ihre Erfolge zu?** Sie beobachten, ob Sie Ihren Erfolg externen oder internen Ursachen zuschreiben und wie es Ihnen dabei geht.

Grübeln – wie sich das Gedankenkarussell stoppen lässt

Vielleicht kennen Sie das: Nachts liegen Sie im Bett. Im Kopf rattert es, als drehte ein altes Mofa unaufhörlich seine Runden. Möglicherweise beschäftigen Sie sich mit persönlichen Fragen wie »Warum ist meine Beziehung gescheitert? Was hätte ich anders machen können?« oder »Warum sind andere beruflich erfolgreicher als ich?«. Auch die aktuellen globalen Krisen können dazu führen, dass Sie sich Sorgen machen: »Wie wird die Zukunft aussehen?« oder »Wie kann ich für mich selbst und meine Familie aufkommen?«. Ein Gedanke jagt den nächsten, ohne dass Sie zu einer wirklichen Lösung kommen. Sie fühlen sich von der Gedankenflut zunehmend überwältigt und gelähmt. Trotzdem können Sie nicht aufhören, sich den Kopf zu zerbrechen. An Schlaf ist nicht zu denken.

Grübeln und der paradoxe Effekt

Das oben beschriebene Szenario ist weitverbreitet. In der Psychologie bezeichnen wir das als *Grübeln,* eine Kette von sich wiederholenden Gedanken und Vorstellungen, die abstrakt und negativ sind und sich oftmals auf Probleme und vergangene Ereignisse beziehen. Grübeln geht mit negativen Gefühlen einher und es fällt Menschen schwer, eine konkrete Lösung zu finden und aus der Grübelschleife »auszusteigen«.

1987 führten Wegner et al. ein Experiment durch, in dem die Teilnehmer:innen die Anweisung bekamen, entweder fünf Minuten lang *auf keinen Fall* an einen Eisbären zu denken, oder im Gegenteil die Erlaubnis erhielten, an Eisbären denken zu dürfen. Jedes Mal, wenn sie an einen Eisbären dachten, sollten die Teilnehmer:innen eine Glocke läuten. Tatsächlich zeigte sich, dass jene Gruppe, die die Gedanken an den Eisbären unterdrücken sollte, viel häufiger an Eisbären dachte als die Vergleichsgruppe. Schuld daran ist der sogenannte *paradoxe*

Effekt[18]. Wenn Sie also nachts im Bett grübeln und sich das Grübeln verbieten wollen, wird sehr wahrscheinlich der paradoxe Effekt einsetzen, und Sie werden noch intensiver Ihre negativen Gedanken verfolgen.

Grübeln statt Probleme lösen

Viele Patient:innen berichten mir, dass das Grübeln sie zwar stört, dass es aber auch eine Methode ist, Lösungen zu finden. Es gibt allerdings wichtige Unterschiede zwischen Grübeln und Problemlösen: Während sich Grübeln auf abstrakte negative Gedanken (*Warum-Fragen*) fokussiert, sich wiederholt und durch Gedankenschleifen gekennzeichnet ist, handelt es sich beim Problemlösen um einen strukturierten Lösungsfindungsprozess. Inhalt dieses Prozesses sind konkrete, zukunftsbezogene Gedanken, bei denen gezielte Schritte (*Wie-Fragen*) zur Zielerreichung abgewogen werden. Während das Problemlösen ein analytischer Prozess ist, werden beim Grübeln negative Gedanken wiederholt, die zu keiner Lösungsfindung beitragen und schließlich zu negativen Gefühlen führen.

Grübeln	Problemlösen
Abstrakte Fragen **Vergangenheitsbezogen** »Wieso habe ich damals nicht anders gehandelt?« **Warum-Fragen** »Warum bin ich immer noch Single?« **Fokus auf negative Empfindungen/ Ereignisse** »Ich traue mich nie, meine Bedürfnisse auszudrücken. Eigentlich weiß ich auch gar nicht, was meine Bedürfnisse sind. Ich bin so schwach.«	**Konkrete** Gedanken, Optionen, Möglichkeiten **Zukunftsbezogen** »Ich könnte beim nächsten Kennenlernen mehr über mich erzählen.« **Wie-Fragen** »Wie kann ich daran arbeiten, meine Bedürfnisse besser auszudrücken, um eine passende Partnerin zu finden?« **Planung konkreter Schritte** Achtsamkeitsübungen im Alltag, z. B. achtsames Atmen an jeder roten Ampel, um Bedürfnisse besser zu spüren.

Unterschiede zwischen Grübeln und Problemlösen (Teismann et al., 2012)

18 Es werden mehrere Wirkmechanismen für den paradoxen Effekt diskutiert. Eine Erklärung besagt, dass der Versuch, Gedanken zu unterdrücken, von der Angst begleitet ist, dies nicht schaffen zu können. Deshalb kontrolliert das Gehirn immer wieder, dass der Gedanke nicht gedacht wird. Doch genau durch diesen Kontrollmechanismus bleibt der Gedankeninhalt weiter bestehen.

Die Zwei-Minuten-Regel

Ist es wirklich Grübeln? Um mit dem Grübeln umzugehen, müssen Sie zunächst beobachten, ob Sie wirklich grübeln. Wenn Sie das nächste Mal den Verdacht haben, dass Sie grübeln, führen Sie die folgende Zwei-Minuten-Regel durch (nach Addis & Martell, 2004; Teismann et al., 2012).

Machen Sie mit Ihrem laufenden Denkprozess für zwei Minuten weiter und stellen Sie sich im Anschluss folgende drei Fragen:

- Bin ich mit meiner Problemlösung vorangekommen?
- Habe ich nun etwas verstanden, was mir vorher unklar war?
- Bin ich nun weniger niedergeschlagen oder selbstkritisch?

Wenn Sie keine der drei Fragen ganz klar und deutlich mit einem Ja beantworten, oder anders gesagt, wenn alle drei Antworten nein lauten, ist es sehr wahrscheinlich, dass Sie sich gerade in einer Grübelschleife befinden.

Funktion und Folgen des Grübelns

Betrachten wir das Grübeln aus einer evolutionären Perspektive, sehen wir eine ähnliche Funktion wie beim Negativitäts-Bias: Es soll uns helfen, vergangene Fehler besser zu verstehen, um sie zukünftig nicht zu wiederholen. Indem wir uns Sorgen machen und uns mögliche Fehler oder Worst-Case-Szenarien ausmalen, ermöglichen wir es unserem Organismus, sich optimal auf Gefahren vorzubereiten. Doch auch hier gilt, was meine Chemielehrerin wusste: »Die Dosis macht das Gift.« An sich sind diese Mechanismen nicht schlecht, doch wenn wir zu oft grübeln oder uns sorgen, fokussiert sich unsere Aufmerksamkeit nur noch auf das Negative (siehe Seite 67 f.).

Es zeigte sich, dass Grübeln im Zusammenhang mit einer erhöhten Depressivität, einem gesteigertem Stresslevel und einer Beeinträchtigung von kognitiven Funktionen wie Aufmerksamkeit, Gedächtnis und Problemlösefähigkeiten steht (Nolen-Hoeksema, Wisco & Lyubomirsky, 2008). Patient:innen, die an einer Depression leiden, berichten immer wieder, dass Grübeln ein Symptom ihrer Erkrankung ist. In Studien konnte auch gezeigt werden, dass Grübeln in Verbindung mit wiederkehrenden depressiven Episoden steht (Michalak, Hölz & Teismann, 2011). Auch in asiatischen Ländern wie Kambodscha, Thailand oder Vietnam und afrikanischen Ländern wie Kongo, Eritrea und Ghana konnte Grübeln als Symptom einer depressiven Störung oder Angsterkrankung identifiziert werden. Die Patient:innen sprechen oft über »Thinking-too-much«[19] (Kaiser et al., 2015). Es ist also zum einen wichtig, zu beobachten, *ob* man grübelt. Zum anderen sollte man Bewältigungsstrategien haben, wenn man grübelt. Um Letztere soll es jetzt gehen.

Achtsamer Umgang mit Grübeln

Achtsamkeit bedeutet, ein Bewusstsein dafür zu haben, was jetzt in diesem Moment geschieht, ohne diese Beobachtungen zu verurteilen. Durch die Achtsamkeit können Sie sich zunächst bewusst werden, dass Sie sich gerade in einer Grübelschleife befinden. Dieses Bewusstwerden und Erkennen ist ein magischer Moment, denn er ermöglicht es Ihnen, bewusst aus der Grübelschleife aussteigen zu können.

Wenn ich mit meinen Patient:innen über Grübeln und Achtsamkeit spreche, nehme ich oft die Metapher eines Aufmerksamkeitsballons, der über unserem Kopf schwebt. Wenn Sie im gegenwärtigen Moment sind, dann schwebt der Ballon genau über Ihrem Kopf. Körper und Geist sind eins, und Sie sind im Hier und Jetzt verankert. Wenn Sie allerdings grübeln, dann schwebt Ihr Ballon nach hinten, in die Vergangenheit, und Sie müssen sich nach ihm umdrehen und sehen weder die Stelle, auf der Sie stehen, noch den Weg vor sich. Wenn Sie sich Sorgen machen, dann wird Ihr Aufmerksamkeitsballon weit nach vorne geweht, vielleicht hinter den nächsten Baum, in die ferne Zukunft. Sie sehen weder, wo Sie jetzt stehen, noch den unmittelbaren

19 *Thinking-too-much* ist ein sogenanntes *Idiom of distress. Idioms of distress* sind sozio-kulturell geprägte Ausdrucksformen von psychischen Belastungen.

Weg vor Ihnen, weil Ihre Aufmerksamkeit zu sehr in der Zukunft ist. Übrigens kostet es auch sehr viel Kraft, den Ballon zu halten, wenn er durch einen starken Wind ganz weit nach hinten oder vorne weggeweht wird. Diesen Energieverlust spüren Sie jedes Mal, wenn Sie grübeln oder sich in Sorgen verlieren.

Zenmeister Thích Nhất Hạnh erinnert uns immer wieder daran, dass wir eine Verabredung mit dem Leben haben, und zwar im Hier und Jetzt. Unser »Date« mit dem Leben findet nicht gestern oder morgen statt, sondern in diesem Moment. Durch die Fähigkeit der Achtsamkeit können Sie den Aufmerksamkeitsballon allmählich wieder zu sich zurückziehen, sodass er ganz leicht über Ihnen schwebt.

Wo ist mein Aufmerksamkeitsballon?

Halten Sie im Alltag immer wieder inne und stellen Sie sich die Frage: »Wo schwebt mein Ballon in diesem Moment?« Sie können sich statt einem Ballon auch eine Wolke oder einen Drachen, den Sie in die Luft steigen lassen, vorstellen. Oder Sie sind kreativ und überlegen sich Ihre ganz eigene Metapher.

Metakognition: Achtsames Denken über das Denken

Indem Sie sich bewusst werden, dass Sie gerade grübeln oder sich sorgen, sind Sie *achtsam* gegenüber Ihren negativen Gedanken. Statt in die Grübelinhalte einzusteigen oder die wenig erfolgreiche Strategie der Gedankenunterdrückung anzuwenden, nehmen Sie eine Beobachterperspektive ein. In der Psychologie sprechen wir von *Metakognition,* das heißt das Denken über das Denken. Sie werden sich Ihrer Denk*prozesse* bewusst und beobachten Ihr Denken. Der Inhalt (z. B. »Ich fühle mich unfähig«) Ihrer Gedanken tritt in den Hintergrund und Sie beobachten, *wie* Sie denken (z. B. »Ah, ich beobachte, dass sich meine selbstkritischen Gedanken wiederholen. Da ist der Gedanke, dass ich unfähig bin«). Wie eine neugierige Forscherin beobachten Sie alles.

»Wie soll das bloß funktionieren?« fragen Sie sich nun bestimmt. Wenn Sie grübeln oder sich sorgen, geht es meistens um sehr relevante, emotionale Themen. Aufgrund der persönlichen Relevanz kann es daher noch »unmöglicher« scheinen, einen anderen Umgang zu finden. Jedoch ist ein Gedanke zunächst nur ein Gedanke, dem man gar nicht so viel Beachtung schenken muss. Es kann sehr befreiend sein, sich immer wieder daran zu erinnern, dass unser Bewusstseinsstrom jeden Tag aus Tausenden von Gedanken besteht (Tseng & Poppenk, 2020). Je nach Stimmung, Erinnerungsfähigkeit und persönlicher Bedeutung wird in einem Moment einem dieser Tausenden Gedanken etwas mehr Aufmerksamkeit geschenkt. Das bedeutet noch lange nicht, dass dieser Gedanke stimmt, egal wie sehr es sich gerade so anfühlen mag. Ich weiß, wie paradox sich das anhört, dass durch »bloßes« Beobachten von Gedanken eine Entlastung herbeigeführt werden kann, doch probieren Sie es bitte mit den folgenden Übungen aus. Sie werden überrascht sein!

Spiel mit Ihren Gedanken!

Um Ihre Gedanken etwas gelassener beobachten zu können, kann es hilfreich sein, ein Spiel mit ihnen zu spielen. Dazu brauchen Sie nur Ihr eigenes passendes Bild zu finden. Klingt rätselhaft? Anhand dieser gängigen Übungen aus der Psychotherapie wird es ganz leicht umsetzbar (Wells, 2005):

- Projizieren Sie Ihren belastenden Gedanken auf eine imaginäre Kinoleinwand. Stellen Sie sich vor, wie der Gedanke als geschriebener Satz auf der Leinwand erscheint. Schauen Sie sich die Buchstaben aus der sicheren Distanz an (»Warum ist meine Beziehung gescheitert?«). Nun verändern Sie die Schriftart: **»Warum ist meine Beziehung gescheitert?«**, *»Warum ist meine Beziehung gescheitert?«* Verändern Sie die Schriftgröße. Seien Sie dabei spielerisch. Wie bei einem Sehtest können die Buchstaben so riesig werden, dass sie die ganze Leinwand ausfüllen, oder so winzig, dass sie nur noch kleinste Pünktchen sind.

- Stellen Sie sich am Himmel fluffige, weiße Wolken vor. Auf jede der Wolken setzen Sie einen Grübelgedanken oder eine Sorge. Sie beobachten diese Wolken aus sicherer Distanz, innerlich sagen Sie sich: »Ja, ich sehe dich. Ich sehe auch, worum es geht.« Und Sie sehen, wie die Wolken vorbeiziehen. Manche etwas schneller, andere etwas langsamer – und das ist vollkommen okay.

Statt Wolken können Sie sich auch Luftblasen vorstellen oder Züge mit einzelnen Waggons, die an Ihnen vorbeifahren, oder Passanten auf einer Shoppingmeile, denen Sie Ihre Gedanken in die Tüten packen …

Eine angeleitete Meditation zum Umgang mit Grübelgedanken finden Sie hier: *www.herder.de/extras*

Auf einen Blick

- Beim Grübeln handelt es sich um sich wiederholende Gedanken und Vorstellungen, die abstrakt und negativ sind und sich oft auf die Vergangenheit beziehen. Sorgen beziehen sich auf zukünftige Szenarien. Beim Versuch, Gedanken zu unterdrücken, werden sie in der Regel noch stärker (*paradoxer Effekt*).
- Oft denken wir, dass wir durch das Grübeln unsere Probleme lösen, doch es gibt einen Unterschied zwischen Grübeln und Problemlösen.
- Durch die Achtsamkeit können Sie erkennen, wann Sie ins Grübeln geraten, und diesen Prozess des Denkens anerkennen, neugierig beobachten und spielerisch verändern.

Übungen in diesem Kapitel

- **Die Zwei-Minuten-Regel.** Probleme lösen, anstatt zu grübeln.
- **Wo ist mein Aufmerksamkeitsballon?** In der Gegenwart sein statt in der Vergangenheit oder der Zukunft.
- **Spiel mit Ihren Gedanken!** Gedanken zulassen und ihnen spielerisch ihren Schrecken nehmen. Auch als Audioübung.

Alles nur geblufft? Das Imposter-Erleben

Ich bin für meinen Job total ungeeignet und verdiene ehrlich gesagt viel zu viel Geld. Im tiefsten Inneren weiß ich, dass ich diese Stelle nicht verdient habe und sie falsch besetzt wurde. Vor jedem Meeting, besonders mit Vorgesetzten, bekomme ich Panik, weil ich befürchte, dass sie einen Fehler entdecken werden und es dann herauskommen wird: dass ich nicht die Richtige bin und allen nur etwas vormache.« Das erzählte mir eine Patientin, die schon seit vielen Jahren in ihrem Beruf war und eine beeindruckende Karriere vorzuweisen hatte. Wenn wir uns ihre Erfolge genauer ansahen, hatte sie immer eine Erklärung parat, warum ihr der eine nur »zufällig« widerfahren war oder sie bei einem anderen nur Glück gehabt habe. Manchmal stritt sie einfach jeglichen Erfolg ab.

Kennen Sie dieses Gefühl auch, sich komplett falsch zu fühlen und Angst zu haben, dass Ihnen bald jemand auf die Schliche kommt und Ihre »Inkompetenz« aufdeckt? Dann leiden Sie vermutlich (wie so viele) am *Imposter-Syndrom.*

Was ist das Imposter-Syndrom?

Das *Imposter-Syndrom* beschreibt ein Erleben, bei dem kompetente, erfahrene, kenntnisreiche Personen das Gefühl haben, ihren Erfolg nicht zu verdienen. Sie glauben, dass externe Faktoren wie Glück oder Täuschung sie in ihre Positionen gebracht haben, und fürchten, dass ihre Täuschung entdeckt werden könnte. Erstmals wurde der Begriff *Imposter-Syndrom* (dtsch. *Hochstapler-Syndrom*) 1978 von den Psychologinnen Paule Clance und Suzanne Imes beschrieben. In ihrer Arbeit *The Imposter Phenomenon in High Achieving Women* untersuchten sie eine Stichprobe von 150 Frauen, die trotz ihrer erfolgreichen Abschlüsse und akademischen Leistungen kein Gefühl des Erfolgs verspürten. Im Gegenteil: Sie nahmen sich als Hochstaplerinnen wahr und waren fest überzeugt, dass sie ihre Position aufgrund von Fehlern im Auswahlverfahren erreicht hatten und Erfolgsbewertungen aufgrund von Überschätzungen anderer vorlagen. Das Wort »Syndrom« ist insofern missverständlich, da es sich nicht um eine psychische Störung handelt, sondern eher ein subjektives Erleben ist. Deshalb verwenden wir im Folgenden den Begriff *Imposter-Erleben*.

Wer leidet am Imposter-Erleben?

Obwohl die ersten Untersuchungen bei Frauen durchgeführt wurden, ist heute bekannt, dass auch Männer das Imposter-Erleben kennen. Menschen, die unter Perfektionismus leiden oder introvertierter sind und daher weniger Feedback von ihrem Umfeld erhalten, scheinen »anfälliger« zu sein. Untersuchungen (Le, 2019; Hewertson & Tissa, 2022) zeigen jedoch, dass insbesondere marginalisierte Gruppen oder Menschen mit eingeschränktem Zugang zu Bildungsmöglichkeiten betroffen sind. Wenn Menschen eine akademische Karriere anstreben, deren Eltern keinen Zugang zu höherer Bildung hatten, und es viele unbekannte Kontexte zu navigieren gilt, können verständlicherweise Selbstzweifel bis hin zum Imposter-Erleben auftreten. Auch Menschen mit einer Migrationsgeschichte gehören zum Kreis der potenziell Betroffenen. Für sie kann beispielsweise der Anspruch ihrer Herkunftsgesellschaft eine Belastung darstellen: Als eine der wenigen Personen, die es »geschafft« haben, in der Mehrheitsgesellschaft »erfolgreich« zu sein, stehen sie unter erhöhtem Druck, ihre Herkunftsgesellschaft nun auch bestmöglich zu repräsentieren. Selbst Ereignisse wie das Erreichen einer beruflichen Qualifikation, die offiziell bestätigt, dass man den gewählten Beruf ausüben kann (z. B. Examen), oder eine Beförderung können mit erhöhten Selbstzweifeln und Imposter-Gedanken einhergehen.

Woran erkenne ich Imposter-Erleben?

Menschen mit Imposter-Erleben sind faktisch erfolgreich. Obwohl sie objektiv Leistungen vorweisen, hinterfragen sie diese und sich selbst kontinuierlich. Viele Betroffene leiden an einem *Attributionsbias*[20] (Parkinson, 2014), also eine Verzerrung bei der Zuschreibung von Ursachen (siehe S. 69 f.) Anstatt ihre Erfolge auf *interne* Ursachen wie Fleiß oder Intelligenz zurückzuführen, attribuieren sie ihren Erfolg auf *externe* Faktoren wie Glück oder Zufall. Bei Misserfolgserlebnissen ist es genau andersherum: Diese schreiben sie *internen, stabilen* Faktoren zu. Die Person würde schlussfolgern: »Ich habe diese Stelle nur bekommen, weil sich nicht so viele Personen beworben haben. Das war einfach Glück.« Ein Misserfolg könnte von der Person so erklärt werden: »Die Fehler in der Präsentation belegen eindeutig, dass ich zu dumm für meine Stelle bin und in Wahrheit nichts kann.«

Eine weitere Denkverzerrung, unter der Menschen mit Imposter-Erleben leiden, ist *dichotomes Denken* (oder *Schwarz-Weiß-Denken*). Dabei werden Erfahrungen, Ereignisse oder Situationen in schwarzen oder weißen Entweder-oder-Kategorien bewertet, ohne dass »Graustufungen« berücksichtigt werden. Dinge sind positiv oder negativ, dazwischen gibt es nichts. Im obigen Beispiel würde dies bedeuten, dass die Person aufgrund des Fehlers in der Präsentation denkt, dass sie ein *kompletter Versager* sei. Sie lässt bei dieser globalen Bewertung außer Acht, dass es sich nur um eine einzelne Situation handelt, die nicht in einem Rundumschlag auf alle Aspekte ihrer Person übertragen werden kann.

Darüber hinaus können Anzeichen von Imposter-Erleben an abwertenden Gedanken zur eigenen Leistung erkannt werden (»Ich bin nicht qualifiziert genug«, »Ich bin zu dumm«), an perfektionistischen Gedanken (»Ich darf mir keine Fehler erlauben, sonst sehen alle, dass ich ein Fake bin«) oder anderen Gedanken, wie »Ich

---

20 Laut der Attributionstheorie versuchen Menschen kontinuierlich, Ursachen für ihr eigenes Verhalten und das anderer Menschen zu finden. Dabei können *interne* (z. B. Persönlichkeitsmerkmale, Einstellungen) oder *externe* (z. B. Glück, Umweltbedingungen) Ursachenzuschreibungen gemacht werden.

gehöre nicht hierher«. Aufgrund der tief sitzenden Angst, dass ihre Täuschung eines Tages ans Licht kommen könnte, wenden Menschen mit Imposter-Erleben sehr viel Zeit dafür auf, sich auf bevorstehende Aufgaben vorzubereiten. Diese übermäßige Anstrengung führt kurzfristig zu Erleichterung, doch langfristig wird das unsichere Selbstbild aufrechterhalten: Sie glauben, immer 120 Prozent geben zu müssen (»Ich bin unfähig, deshalb muss ich auch mehr als meine Kolleg:innen arbeiten«), und arbeiten sich so in die Erschöpfung. Sie machen dadurch keine *korrigierende Erfahrung* (um es in psychotherapeutischer Sprache auszudrücken). Das bedeutet, dass sie niemals ausprobieren, wie es ist, weniger zu leisten, und nie die Erfahrung machen, dass »gut bereits gut genug ist«. Oder wie ich oft sage: »70 Prozent reichen auch.«

Achtsamer Umgang mit Imposter-Erleben

Wie immer gilt: Sie können etwas nur langfristig verändern, wenn Sie sich dessen zunächst bewusst werden und Ihre Beobachtungen nicht verurteilen. Ein achtsamer Umgang mit dem Imposter-Erleben bedeutet im Kern, sich mit tief sitzenden Selbstzweifeln, Ängsten und Schamgefühlen auseinanderzusetzen, deren Ursprünge und täglichen Auslöser kennenzulernen und dann den Schritt zur Veränderung zu gehen. Dies kann bedeuten, dass Sie im Alltag anfangen, mit sich selbst auf eine andere Art und Weise zu sprechen – verständnisvoller und mitfühlender. Auf der Verhaltensebene können Sie beginnen, in konkreten Situationen auf positive Anzeichen aus Ihrer Umwelt zu achten und so langfristig an Ihrer negativ verzerrten Wahrnehmung zu arbeiten. Es erfordert auch Mut, sich von der Überkompensationsstrategie zu verabschieden und tatsächlich »nur« 70 Prozent zu geben, um zu beobachten, was dann passiert und neue Lernerfahrungen zu machen. Schließlich möchte ich Sie ermutigen, Ihr *Selbst*verständnis zu hinterfragen. Besonders in westlichen individualistischen Gesellschaften neigen wir dazu, uns als Einzelkämpfer:in zu sehen, anstatt zu erkennen, dass wir eine Last besser auf viele Schultern verteilen.

Ihren inneren Imposter kennenlernen

Vielleicht kennen Sie das aus Ihrem Alltag: Manchmal begegnen uns schwierige Personen, die uns ein bisschen nerven. Am liebsten würden wir uns von diesen Menschen abwenden. Doch wenn wir stehen bleiben, uns wirklich mit der Person unterhalten und ihr offen zuhören würden, könnten wir erfahren, dass diese Menschen oft einsam sind und manchmal schwere Schicksalsschläge erlebt haben. Wenn wir ihre Umstände kennen, fällt es viel leichter, ihre Marotten zu akzeptieren. So ist es auch mit Ihrem »inneren Imposter«. Nehmen Sie sich die Zeit, diese innere Figur kennenzulernen.

Geben Sie Ihrem inneren Imposter einen Namen:
So können Sie sich leichter eine Figur vorstellen und diese im Alltag auch besser benennen und zuordnen. Ich hatte eine Patientin, die ihren inneren Kritiker Bernd nannte, wie Bernd das Brot. Sehen Sie bei dem Namen auch gleich den verkniffenen Gesichtsausdruck des berühmten Kastenbrots? Schon hat Ihr innerer Imposter Gestalt angenommen und lässt sich leichter ansprechen.

Führen Sie ein Interview mit Ihrem Imposter:
Lassen Sie ihn folgende Fragen beantworten, um sein Verhalten besser zu verstehen und erkennen zu können.

- Erzähl mir deine »Lebensgeschichte«: Woher kommst du? Welche Erfahrungen haben dich geprägt?
- Du zeigst dich im Alltag ja ziemlich oft. Was ist eigentlich deine Funktion? Kann es sein, dass du mir eigentlich helfen willst?
- Warum gehst du eigentlich nicht weg? Gibt es etwas in meinem Leben, was dich zum Bleiben bewegt?

Es ist wichtig, sich mit dem inneren Imposter auseinanderzusetzen, zu erkennen, was ihn antreibt, und ihn zu hinterfragen. Ebenso wichtig ist es, eine wohlwollende innere Stimme in sich zu finden, die unser Selbstbewusstsein stärkt und uns ermutigt, Neues auszuprobieren.

Ihre wohlwollende Stimme stärken

Die Stimme Ihres inneren Imposters ist Ihnen sehr vertraut. Sie begleitet Sie vielleicht schon viele Jahre. Nun geht es darum, Ihre wohlwollende, freundliche Stimme zu stärken. Diese Stimme ist voll Wärme und Güte und spricht mit Ihnen wie mit einer lieben Freundin. Wir müssen ihr ein Megaphon geben, damit sie es mit dem inneren Imposter aufnehmen kann.

Anfangs wird es Ihnen in einer kritischen Situation bestimmt schwerfallen Ihrer wohlwollenden Stimme zuzuhören oder gar das zu tun, was sie Ihnen sagt (siehe S. 25 f.).

Um Ihre wohlwollende, freundlich Stimme zu trainieren, werfen Sie einen Blick auf kritische Situationen in der Vergangenheit. Erinnern Sie sich, was Ihr innerer Imposter damals zu sagen hatte? Und nun fragen Sie Ihre wohlwollende Stimme: Was hättest du mir dazu gesagt?

Kritische Situation	**Wie hat mein Imposter reagiert? Was sagt mein Imposter, das ich tun soll?**	**Was hätte meine wohlwollende Stimme gesagt und mir empfohlen?**
Ich muss auf der Arbeit eine neue, unbekannte Aufgabe erledigen.	»Ach, du bist doch so unfähig. Du wirst es sowieso nicht schaffen.« »Damit keiner merkt, dass du eigentlich unfähig bist, musst du die ganze Woche Überstunden machen und alles zu diesem Thema lesen, was du finden kannst. So kannst du mit Glück einen Fehler vermeiden.«	»Eine neue Aufgabe ist für jeden herausfordernd und schwierig. In der Vergangenheit hast du aber schon so viele neue Aufgaben gut bewältigt. Und wenn du dir unsicher bist oder etwas falsch machst, ist das auch nicht schlimm. Das gehört dazu.« »Frag andere, erfahrene Kollegen, ob sie dir Tipps geben können. Mach keine Überstunden. Vertraue darauf, dass dein Wissen ausreicht.«

Das üben Sie … sagen wir … 100-mal. Bis es sitzt. Und irgendwann werden Sie in einer kritischen Situation leise Ihre wohlwollende Stimme hören – auch wenn Sie noch nicht *auf sie hören* werden. Es wird schließlich immer mehr Situationen geben, in denen Sie dann auch dazu in der Lage sein werden: Ihren inneren Imposter in den Wind zu schießen und Ihrer wohlwollenden Stimme Glauben zu schenken.

Ihre Wahrnehmung neu ausrichten

Wir Menschen neigen dazu, nur das sehen zu wollen, was unsere Annahmen über uns selbst und andere Menschen bestätigt. Aus evolutionären Gründen achten wir zudem eher auf negative Informationen (siehe S. 76 f.) und merken uns diese besser. Um also eine weniger verzerrte Bandbreite an Informationen und Rückmeldungen sammeln zu können, ist es wichtig, unsere Wahrnehmung in möglichst vielen Situationen neu auszurichten. Stellen Sie sich eine Forscherin vor, die herausfinden möchte, ob Äpfel oder Birnen gesünder sind. Wenn sie dazu nur Menschen befragt, die ausschließlich Äpfel essen und mögen, wäre ihre Stichprobe ganz schön einseitig! So ist es aber auch bei Ihrer Wahrnehmung! Wenn Sie immer nur darauf achten, wie andere kritisch gucken und Sie belächeln, wenn Sie etwas sagen – wie sollen Sie jemals auf eine andere Schlussfolgerung kommen, als dass mit Ihnen etwas nicht stimmt?

Sammeln Sie neue Informationen[21]

Achten Sie ab jetzt in Situationen, die Ihren inneren Imposter in der Vergangenheit richtig befeuert haben, auch auf positive Signale Ihres Gegenübers. Das kann z. B. ein subtiles Nicken sein, ein Lächeln, ein euphorisches Ja, ein Smiley ☺ in der E-Mail oder ein aufrichtiges »Danke«.

21 Es gibt Situationen, in denen Menschen in einem Umfeld sind, in dem sie tatsächlich wenig positives Feedback bekommen. Das kann z. B. ein toxisches Arbeitsumfeld sein. Hier soll es allerdings um Alltagssituationen gehen, in denen Sie positives Feedback erhalten, es jedoch aufgrund der Wahrnehmungsverzerrung nicht wahrnehmen.

Zunächst wird es sich für Sie nicht belohnend anfühlen, da Ihr Gehirn schon viele Jahre die Imposter-Stimme gehört hat und nichts anderes kennt. Das ist normal. Doch mit der Zeit werden Sie die Welt mit anderen Augen wahrnehmen. Und mal ganz ehrlich: Ist es nicht traurig, dass Sie bis zum heutigen Tag das zustimmende Lächeln oder ein Dankeschön von Kolleg:innen einfach abgetan haben (»Ach, das sagt er einfach nur so«)? Menschen machen Ihnen kleine Geschenke. Nehmen Sie diese ab sofort einfach an.

Die 70-Prozent-Regel

Sammeln Sie neue Lernerfahrungen. Aus Ihrer Unsicherheit heraus haben Sie vermutlich in der Vergangenheit immer 120 Prozent gegeben. Sie wollen um jeden Preis Fehler vermeiden und sind ununterbrochen bemüht, dass Ihre vermeintliche »Unfähigkeit« nicht auffliegt. Vielleicht haben Sie sogar Chancen zur beruflichen Weiterentwicklung vermieden. Deshalb gilt es ab sofort, neue Lernerfahrungen zu machen! Denn nur so können Sie erleben, wie es sich wirklich anfühlt, zum Beispiel einfach weniger zu leisten oder sich auf unbekanntes Terrain zu bewegen. Ich weiß, wie viel Mut das erfordert. Aber ich möchte Sie wirklich ermutigen, es zu wagen.

- Um die 70-Prozent-Regel zu üben, begeben Sie sich in eine Situation, die Ihren inneren Imposter auf den Plan ruft. Er darf ruhig nervös werden – denn Sie müssen Ihre Komfortzone verlassen, um eine neue Lernerfahrung machen zu können. Er soll aber auch nicht gleich in volle Alarmbereitschaft schalten müssen – ein wichtiges Vorstellungsgespräch eignet sich zum Beispiel nicht für die erste Anwendung der 70-Prozent-Regel, sonst begeben Sie sich in die Überforderung. Vielleicht haben Sie Gelegenheit, freiwillig eine Aufgabe bei der Arbeit zu übernehmen, die einige »Unbekannten« mit sich bringt. Das wäre ein geeigneter Einstieg.

- Statt nun Ihre üblichen 120 Prozent Leistung zu investieren – indem Sie Überstunden machen, die Präsentation 50-mal vor dem Spiegel üben etc. –, investieren Sie ganz bewusst nur 70 Prozent. Das bedeutet nicht, dass Sie absichtlich Fehler in Ihre Arbeit einbauen und sich keine Mühe geben. (Ja, ich weiß, dass will Ihr Imposter Ihnen jetzt einreden!) Es bedeutet vielmehr, dass Sie ehrlich mit sich sind und beobachten, ab wann Ihr Einsatz »übertrieben« ist. Sie erkennen »übertriebenen Einsatz« daran, dass er nicht der Aufgabe dient, sondern nur dem Ziel, Ihre Selbstzweifel zu beruhigen. 70 Prozent können übrigens für jeden anders aussehen. Es können 10 Präsentationsfolien statt 20 sein oder keinen Kuchen zu backen, wenn man zum Familienfest eingeladen ist.

Ein neuer Umgang mit tiefen Versagensängsten und unrealistischen Erwartungen

Aus meiner Erfahrung hilft es einem Menschen, der sich wie ein Hochstapler fühlt, wenig, ihm all seine Errungenschaften und Erfolge aufzulisten. Im Gegenteil können dadurch Denkverzerrungen oder Schamgefühle neu angeheizt werden und diesen Menschen daran erinnern, dass ihm diese Erfolge eigentlich *wirklich nicht* zustehen.

In westlichen, individualistischen Gesellschaften begreifen wir uns in der Regel als ein eigenständiges, separates Selbst. Wir neigen zu der Überzeugung, dass unsere Erfolge ausschließlich *unsere eigenen* Erfolge sind; dass Leistungen und Ergebnisse von unserer eigenen Selbstdisziplin, unseren Fähigkeiten und unserem Können abhängen. Diese Sichtweise impliziert zwangsläufig auch, dass unser Scheitern und unsere Fehler als *unser eigenes Versagen* betrachtet werden. Damit lastet immer auch ein großer Druck auf uns.

Eine der zentralen Praktiken des Buddhismus besteht darin, die Vorstellung eines separaten Selbst aufzulösen. Das mag zunächst theoretisch und fremd klingen, im Kern geht es aber einfach darum, immer wieder zu üben und sich zu erinnern, wie alles miteinander verbunden ist und in ständiger wechselseitiger Abhängigkeit existiert (mehr dazu ab S. 191). Wenn Ihnen bewusst wird, dass Sie nicht allein für den Erfolg eines Projekts verantwortlich sind und dass Ihre Fähigkeiten nicht isoliert erworben werden, bedeutet dies auch, dass nicht allein Sie für Fehler und Misserfolg verantwortlich sind.

Konkret bedeutet es, dass Sie die Summe aus vielen Einflüssen sind – Einflüsse, die von Menschen, anderen Lebewesen und von Ihrer Umwelt ausgehen. Das Gleichnis der »Zwerge auf den Schultern von Riesen« verbildlicht, wie wir vom Wissen und den Erfahrungen anderer profitieren. Wie vielen Wegbegleiter:innen sind Sie in Ihrem Leben bereits begegnet, die Sie direkt oder indirekt beeinflusst haben? Denken Sie an Familie und Freund:innen, über Lehrer:innen bis zu geliebten Tieren oder Reisen, Bücher und Filmen, mit denen Sie in Berührung gekommen sind. Das Bild eines getrennten Selbst wird aufgeweicht und Sie können zunehmend darauf vertrauen, dass Sie zu jeder Zeit mit all diesen Menschen und Wesen[22] verbunden sind. Dann können Sie auch erkennen, dass Sie nicht isoliert von anderen existieren und damit auch die Verantwortung für Ihre Erfolge und Misserfolge nicht ganz allein bei Ihnen liegt.

Ein Sprachrohr sein

Betrachten Sie sich als ein *Sprachrohr*. Ein Sprachrohr ist jemand, der für andere spricht oder eine Botschaft verbreitet und dabei eine vermittelnde Rolle einnehmen kann. Ich verwende dafür das Bild eines Trichters: Das gesamte Wissen und die Erfahrungen Ihrer Familie, Freund:innen, Wegbeleiter:innen oder Lehrer:innen befindet sich in diesem großen Trichter, und Sie sind nur noch die Spitze des Trichters. Erlauben Sie den Erfahrungen anderer, für Sie zu sprechen und zu arbeiten. Es gibt im Grunde nichts zu tun. Sie lassen es einfach geschehen. Dabei ist es wichtig, dass Sie im gegenwärtigen Moment präsent sind.

22 Ich nehme hier bewusst den Ausdruck »Wesen«, um sowohl Tiere als auch Pflanzen mit einzubeziehen. Viele meiner Patient:innen berichten von der Kraft und Lebensfreude, die Tiere spenden können, sowie von den heilsamen Erfahrungen, die sie in der Natur machen. Dies kann ich aus eigener Erfahrung nur bestätigen.

Nehmen wir das Beispiel meiner Patientin mit dem Imposter-Erleben, von der ich zu Beginn erzählt habe. Sie hat für ein Meeting nicht nur Monatsberichte ihres Arbeitsbereichs vorbereitet. Zu ihrer Vorbereitung gehörte auch, sich vorzustellen, dass sie in diesem Termin als Sprachrohr und Vermittlerin gesammelter Erfahrungen auftreten würde. Anstatt sich wie früher Sorgen zu machen, dass die anderen Fehler in ihrem Bericht und damit ihre vermeintliche Inkompetenz entdecken, erinnert sie sich an das Wissen einer Wegbegleiterin, das sie in sich trägt. Eine inspirierende und motivierende Professorin, die ihr auf ihre ganz eigene Art beigebracht hat, Bilanzen zu verstehen und zu erstellen. Die Patientin atmet tief durch und wird sich dessen bewusst, dass all dieses Wissen in ihrem Unterbewusstsein vorhanden ist und jetzt abgerufen werden kann. Sie sitzt nicht alleine in diesem Meeting, sondern fühlt sich mit ihrer Professorin verbunden, und gemeinsam können sie diese Aufgabe angehen.

Eine veränderte Wahrnehmung aktiviert das Beruhigungssystem

Was geschieht, wenn Sie Ihre Wahrnehmung wie meine Patientin verändern? Zunächst findet ein Perspektivwechsel statt. In der Psychologie bezeichnen wir dies als *Reframing*, eine kognitive Technik, bei der eine problematische Situation aus einer anderen, neuen Perspektive betrachtet wird. Dadurch wird eine Neubewertung der Situation ermöglicht. Und genau das tun Sie: Sie erkennen, dass Sie nie wirklich allein mit Herausforderungen konfrontiert sind, weil Sie stets Wissen und Erfahrungen Ihrer Wegbegleiter:innen bei sich haben. Es handelt sich bei allem, was Sie tun, immer um eine Art »Teamwork«.

Diese neu gewonnene Perspektive, in der Sie sich nicht isoliert fühlen, kann in einer stressigen, alarmierenden Situation Ihr Beruhigungssystem aktivieren (siehe S. 47 ff.). Untersuchungen haben gezeigt, dass man in ruhigem Zustand und mit etwas Abstand kreativer ist und Probleme besser lösen kann. Sie fühlen sich also nicht nur besser, Sie können auch besser agieren.

Auf einen Blick

- Menschen mit Imposter-Erleben haben trotz ihrer Fähigkeiten tiefe Selbstzweifel und denken, dass sie ihren Erfolg nicht verdienen. Sie fühlen sich wie Betrüger und haben die tief sitzende Angst, dass sie eines Tages auffliegen.
- Imposter-Erleben tritt besonders häufig bei Menschen in marginalisierten Gruppen auf. Außerdem sind Menschen betroffen, die als Erste innerhalb ihrer Familie oder Herkunftsgesellschaft den Schritt aus der Marginalisierung in eine anerkannte Position in der Mehrheitsgesellschaft geschafft haben. Mögliche Auslöser können auch berufliche Faktoren sein, wie das Erreichen einer höheren Qualifikation oder eine Beförderung.
- Ein neuer Weg, mit solchen Zweifeln und Ängsten umzugehen, ist, sich bewusst zu werden, dass Sie die Summe aus vielen Einflüssen von Wegbegleiter:innen sind. Sie stehen auf den Schultern von Riesen und werden von ihnen getragen.
- Betrachten Sie sich als ein Sprachrohr, das die Erfahrungen und das Wissen Ihrer Wegbeleiter:innen vereint. Sie lassen die Erfahrungen anderer für sich sprechen und arbeiten.
- Dieser Perspektivwechsel ermöglicht Ihnen eine Neubewertung von stressigen Situationen, was wiederum Ihr Beruhigungssystem aktiviert.
- Sehen Sie sich nicht mehr als Einzelkämpfer:in. Hinter Ihnen steht immer ein Team, das Ihnen helfen kann. Wenn Erfolg nicht nur Ihre eigene Sache ist, bedeutet es auch, dass Fehler und Versagen nicht mehr nur Ihre eigene Sache sind. Verteilen Sie Erfolge und Lasten auf mehrere Schultern.

Übungen in diesem Kapitel

- **Ihren inneren Imposter kennenlernen.** Sie treten in Kontakt mit Ihrem inneren Imposter, geben ihm einen Namen und erfahren, was ihn antreibt.
- **Ihre wohlwollende Stimme stärken.** Sie treten in Kontakt mit Ihrer wohlwollenden Stimme, geben ihr einen Namen und lernen, Sie häufiger wahrzunehmen und auf sie zu hören.
- **Ihre Wahrnehmung neu ausrichten.** Sie achten in möglichen Imposter-Situationen auch auf positives Feedback Ihrer Umwelt.
- **Die 70-Prozent-Regel.** Sie wagen in geeigneten Momenten, nur 70 Prozent zu geben, um die Erfahrung zu machen, dass Sie nicht immer 120 Prozent geben müssen.

Emotionen und Bedürfnisse: Was brauche ich wirklich?

»Was fühle ich gerade? Was brauche ich?« Überlegen Sie einen Moment, wie leicht oder schwer es Ihnen fällt, diese Fragen jetzt zu beantworten. Es sind zwei ganz einfache Fragen … oder etwa doch nicht? Obwohl Emotionen und Bedürfnisse so zentral und bedeutsam für uns sind, ist unser Vokabular, um sie zu benennen, oft eher dürftig. Es lässt sich mit rudimentären Kenntnissen einer Fremdsprache vergleichen: Reicht Ihre Emotions- und Bedürfnissprache gerade so, um einen Kaffee zu bestellen, oder können Sie ein wenig Small Talk machen? Und wie kämen Sie mit Ihren Sprachfähigkeiten zurecht, wenn Sie richtig gestresst wären? Würden Ihnen dann alle wichtigen Worte noch einfallen?

Wie können wir von anderen erwarten, dass sie wissen, was wir fühlen und brauchen, wenn wir selbst nicht in der Lage sind, es zu benennen? Lassen Sie uns gemeinsam versuchen, unsere eingerostete Emotions- und Bedürfnissprache wiederzubeleben, um nicht nur Small Talk zu machen, sondern in ein tiefes Gespräch mit uns selbst und anderen gehen zu können.

Achtsamkeit auf unsere Emotionen und Bedürfnisse

Achtsamkeit beinhaltet auch das Bewusstsein für unsere Emotionen und die Fähigkeit, sie zu erkennen und bei ihrem Namen zu nennen. Folgendes Beispiel liegt nun wirklich nicht in meinem Fachgebiet, aber es gibt ja Menschen, die sehr Auto-affin sind. Sie können einem auf einen Blick das Modell und das Baujahr eines Autos angeben und noch mehr Details. Mein Ziel ist es, dass Sie so souverän Ihre Emotionen benennen können. Achtsamkeit auf unsere Emotionen bedeutet auch wahrzu nehmen, welche Körperempfindungen mit den jeweiligen Emotionen einhergehen. Die Nuancen in dieser körperlichen Reaktion sind von Mensch zu Mensch höchst individuell. Mit diesem Gewahrsein können Sie auch die Emotionen und Bedürfnisse Ihrer Umwelt besser spüren.

Achtsamkeit kann Ihnen einerseits helfen, Emotionen und Bedürfnisse wahrzunehmen und zu benennen, und Ihnen andererseits auch bei der Modulation und weiteren Regulation der Emotionen dienen. Streng genommen ist das Wahrnehmen und Benennen von Emotionen schon Teil der *Emotionsregulation*. Stellen Sie sich das Ganze wie einen Heizkörper vor. Wenn Sie merken, dass es im Raum zu heiß oder kalt ist, können Sie über einen Regler die Temperatur anpassen. Ganz ähnlich können Sie über Achtsamkeitsübungen wie Atem- oder Gehmeditationen Ihre Emotionen regulieren (Roemer et al., 2015).

Emotionen

»Jeder weiß, was eine Emotion ist, bis er gebeten wird, eine Definition zu geben« (Glasenapp, 2013). Es gibt je nach wissenschaftlicher Disziplin unzählige Möglichkeiten, Emotionen zu definieren. Hinzu kommen Abgrenzungen zu anderen verwandten Begriffen wie *Gefühl*, *Affekt* und *Stimmung*. Die Definition, die ich verwenden möchte, ist abgeleitet aus der sogenannten *emotionsfokussierten Therapie* (EFT; Auszra, Herrmann & Greenberg, 2016) und lautet bei N. J. Frijda (1986):

> *»Emotionen werden als ein Informationsverarbeitungssystem verstanden, bei dem einhergehende Sinnesreize vor dem Hintergrund unserer Bedürfnisse, Wünsche und Ziele in einer Situation bewertet werden.«*

Der gesellschaftlich-kulturelle Kontext einer Situation spielt dabei natürlich eine große Rolle. Emotionen (lat. *movere*, dtsch. »bewegen, erregen«) *bewegen* uns dazu, schnell zu handeln, und bereiten unseren Körper auf diese Handlung vor, sodass wir in der Lage sind, unsere Bedürfnisse zu erfüllen. Aus der Summe der Wahrnehmung der körperlichen Veränderungen, der (sozialen) Situation und dem Abgleich mit Vorerfahrungen entspringt die subjektiv empfundene Emotion. Emotionen beeinflussen höhere kognitive Verarbeitungsprozesse wie Aufmerksamkeit, Gedächtnis und Entscheidungsprozesse.

Sehen wir uns das Ganze an einem Beispiel an: Stellen Sie sich vor, Sie gehen in der Dunkelheit eine Straße entlang und nehmen in wenig Entfernung hinter sich eine große Gestalt wahr. Sie beschleunigen zwar, scheinbar können Sie den Abstand zwischen sich und dem anderen aber nicht vergrößern. Sie haben den Gedanken: »Hier stimmt etwas nicht. Das ist gruselig.« Sie empfinden Angst und Unsicherheit, was sich unangenehm anfühlt. Diese Emotionen bereiten Ihren Körper optimal darauf vor, umgehend Ihr Bedürfnis nach Sicherheit zu erfüllen: Sie spüren, dass Ihr Herz jetzt schneller schlägt, sich Ihre Muskeln anspannen und Ihre Ohren regelrecht gespitzt sind. Ihre Aufmerksamkeit ist ganz im Moment, um weitere mögliche Gefahrensignale aufzunehmen. Ihr Körper ist bereit, jeden Moment loszusprinten oder zu kämpfen, falls Ihr Verfolger Sie angreifen sollte.

Warum es so wichtig ist, sich mit Emotionen auseinanderzusetzen

Emotionen sind eine wichtige Informationsquelle, die uns signalisieren, was wir brauchen. Darüber hinaus haben sie eine soziale Funktion, indem sie durch unsere Mimik und Gestik unserer Umwelt anzeigen, was unsere Bedürfnisse sind. Wenn Sie mit Freund:innen eine Fahrradtour unternehmen und gemeinsam lachen, fühlen Sie sich entspannt und glücklich. Ihre Freund:innen hören Ihr herzliches Lachen und sehen Ihre lockere Körpersprache: Es signalisiert ihnen, dass Ihre wichtigen Bedürfnisse gerade erfüllt werden. Im Gegensatz dazu kann Ihnen das Gefühl von Frustration an Ihrem Arbeitsplatz zeigen, dass Sie sich zwar immer wieder bemüht haben, Ihre Grenzen bezüglich der Arbeitslast zu kommunizieren, Sie aber nicht gehört wurden. Das Gefühl der Frustration signalisiert Ihnen das dringende Bedürfnis, wahrgenommen werden zu wollen und sich wirksam zu fühlen. Ihre Emotionen sind wie die blinkende Warnleuchte im Auto, die an die nächste Tankfüllung erinnert.

Doch auch ein gutes Alarmsystem kann einen Betriebsfehler haben. Oft liegen wir mit unseren Emotionen richtig. Doch manchmal fühlen wir uns ängstlich, obwohl gar keine Gefahr droht, oder wir sind eifersüchtig, obwohl die Partnerin eine treue Seele ist (siehe Seite 45 ff. und Seite 69 f.). Eine Ursache für die Fehleranfälligkeit beim Erkennen von Emotionen ist die Schnelligkeit, mit der unser Gehirn einordnen möchte. Immerhin konnten in urzeitlichen Gefahrensituationen Sekunden über Leben und Tod entscheiden. Unser Gehirn geht dann grundsätzlich lieber auf Nummer sicher und antizipiert vorsichtshalber eine Gefahr, wo auf den zweiten Blick gar keine ist. Auch unsere Lebenserfahrungen spielen bei dieser Wahrnehmung eine wichtige Rolle und beeinflussen, welche Reize wir in einer Situation eher sehen und dementsprechend verarbeiten.

Auf die Vielfalt kommt es an

Ähnlich wie die Artenvielfalt für unser Ökosystem wichtig ist, so scheint auch die Fähigkeit, eine Vielfalt an Emotionen zu erleben – die *Emodiversität* –, mit einer besseren psychischen und körperlichen Gesundheit einherzugehen (Quoidbach et al., 2014). Forschende argumentieren, dass eine differenzierte Wahrnehmung von Emotionen zu konkreten Handlungen führen kann, die wiederum dazu beitragen, die zugrunde liegenden Bedürfnisse zu erfüllen. Dann geht es uns gut. Zudem könne das Erleben eines vielfältigen Emotionsspektrums dazu beitragen, die psychische Flexibilität zu fördern und nicht in bestimmten Emotionen wie Trauer »stecken zu bleiben«.

Die positiven Aspekte der Emodiversität sprechen auch dafür, dass es wichtig und vollkommen okay ist, die ganze Bandbreite aller Emotionen fühlen zu dürfen. Wir unterscheiden dabei nicht in positive oder negative Emotionen. Denn an sich ist keine Emotion gut oder schlecht, da jede eine Funktion erfüllt. Natürlich spielt das richtige Maß hier eine wichtige Rolle: Extreme Stimmungsschwankungen und intensive Emotionen, die für bestimmte Situationen und Kontexte unangemessen sind, können auch *maladaptiv* (nicht hilfreich, eher schädlich) sein. Außerdem lässt sich auch nicht absprechen, dass bestimmte Emotionen als angenehm empfunden werden (z. B. Freude, Glück) und andere als eher unangenehm (Trauer, Hilflosigkeit).

Deshalb werde ich im Weiteren von *angenehmen* und *unangenehmen* Emotionen sprechen.

Primäre und sekundäre Emotionen

Unter den unangenehmen Emotionen gibt es einige, die besonders schwer auszuhalten sind, wie Schuld, Scham oder Hilflosigkeit. Neben der Strategie, sich beim Auftreten einer solchen Emotion abzulenken (z. B. mit einer Serie), hat sich unser Gehirn etwas Besonderes ausgedacht: Es verdeckt die unangenehme Emotion (*primäre Emotion*) mit einer anderen Emotion (*sekundäre Emotion*), die leichter auszuhalten ist. Man spricht dann davon, dass eine Person eine geringere *Emotionstoleranz* für bestimmte Emotionen hat. Oft ist es so, dass für uns sehr unangenehme primäre Emotionen mit unserer Biografie zusammenhängen. Wenn wir beispielsweise in der Kindheit oft beschämt wurden, kann es dann später für uns besonders schwer sein, Scham zu fühlen.

Stellen Sie sich vor, dass Sie mit dem Fahrrad auf dem Bürgersteig fahren, obwohl Sie wissen, dass Sie eigentlich auf der Straße fahren müssten. Eine ältere Dame macht sie laut darauf aufmerksam, dass Sie die Verkehrsregeln brechen. Im ersten Moment denken Sie »Mist, ertappt« und spüren einen Anflug von Schuldgefühlen (primäre Emotion). Doch dieser wird blitzschnell von Wut (sekundäre Emotion) und Gedanken wie »Warum kümmert sie sich nicht um ihre eigenen Probleme? Wer ist sie, dass sie mir sagt, wo ich zu fahren habe?« überdeckt. Vielleicht schreien Sie in dieser Situation auch wütend zurück. Primäre Emotionen zeigen sich ganz schnell und oft auch unbewusst, wohingegen sekundäre Emotionen sich in den Vordergrund drängen und die große Bühne der Aufmerksamkeit für sich allein beanspruchen.

Wie anfangs beschrieben, signalisieren uns Emotionen unsere Bedürfnisse und führen zu Verhaltensweisen, die angemessen sind. Wut signalisiert uns, dass unsere Grenze überschritten wurde, und gibt unserem Körper den Impuls, sich auf einen Kampf vorzubereiten. Schuldgefühle signalisieren uns, dass wir etwas falsch gemacht haben, und motivieren uns zur Wiedergutmachung. Natürlich ist es wichtig zu prüfen, ob wir wirklich etwas falsch gemacht haben (siehe S. 69 f.).

Würden wir in der Situation mit dem Fahrrad auf unsere Wut hören, würden wir in den (verbalen) Kampf gehen. Doch wenn wir stoppen und genauer auf unsere Wut schauen, erkennen wir vielleicht, dass sie eine andere Emotion überdeckt. Dann könnten wir uns zur alten Dame drehen und sagen: »Sie haben mich erwischt. Eigentlich weiß ich, dass das nicht richtig ist, und bestimmt haben Sie sich erschreckt. Das tut mir leid.«

Wieder einmal geht es darum, dass Sie nur ändern können, was Sie beobachtet und erkannt haben. Sie können Ihre Emotionen nur angemessen regulieren, wenn Sie auch wissen, um welche Emotion es wirklich geht. Achten Sie im Alltag darauf, ob es sein kann, dass hinter Ihren starken Emotionen eine andere Emotion steckt, die eigentlich Ihre volle Aufmerksamkeit benötigt.

Name it to tame it

Wie kommen wir nun vom Small-Talk- auf Deep-Talk-Niveau, wenn es um unsere Emotionen und Bedürfnisse geht? Ähnlich wie es beim Erlernen einer Sprache verschiedene Lerntypen gibt, denke ich, dass es auch beim Erlernen von Emotionswörtern individuelle Zugänge gibt. Ich möchte Ihnen hier gerne einige Inspirationen mitgeben und Sie motivieren, sich spielerisch, aber auch sehr aufmerksam, diesem wichtigen Thema zu widmen. Es wird nicht reichen, wenn Sie sich nur eine Auflistung vom Emotionen ansehen, genauso, wie das früher für den Vokalbeltest im Französischunterricht nicht gereicht hätte (es sei denn, Sie haben ein fotografisches Gedächtnis!). Nur durch das Fühlen und kontinuierliche Benennen, Nachspüren und wiederholtes Benennen werden Sie sich mit Ihren Emotionen vertrauter machen – und mit den Emotionen Ihrer Mitmenschen. Sie erinnern sich: *Name it to tame it* (Benenne es, um es zu zähmen).

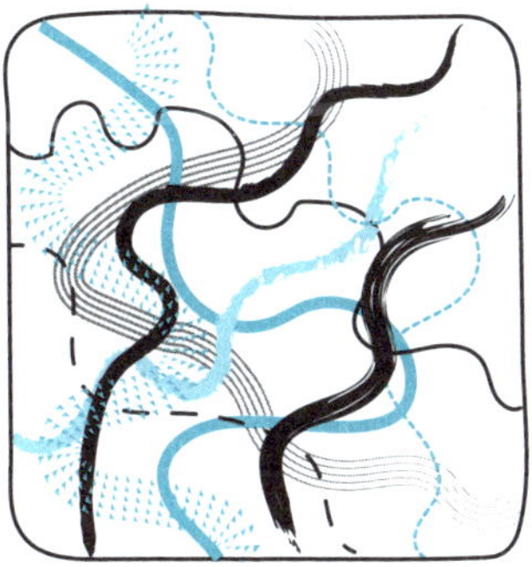

Name it to tame it: Entwirren Sie das Durcheinander der Gefühle.

Machen Sie sich mit Ihren Emotionen vertraut

Überblick

Verschaffen Sie sich zunächst einen Überblick darüber, welche gängigen Emotionswörter es gibt. Gerade für Menschen mit einer Migrationsgeschichte, die mehrsprachig aufgewachsen sind, kann es spannend sein zu schauen, welche Emotionswörter es in der Herkunftsgesellschaft (ihrer Verwandten) gibt. Womöglich fühlen Sie mehr, als Sie bis jetzt angenommen haben. Im Vietnamesischen gibt es z. B. die Emotion *uất ức*, die eine tief sitzende Ungerechtigkeit und Verärgerung ausdrückt. Im Internet können Sie viele Emotionslisten finden. Ich habe für Sie auf der nächsten Seite eine kleine Auswahl bereitgestellt.

Erforschen

Recherchieren Sie die Bedeutung der Emotionen und welche Funktionen sie haben. Welche persönliche Bedeutung haben die Emotionen für Sie und erinnern Sie sich an Situationen, in denen die Emotionen aufgetreten sind? Unterscheiden Sie dabei auch primäre und sekundäre Emotionen.

Kreativität

Wir lernen in der Regel besser, wenn wir neues Material mit bereits bekannten Informationen verknüpfen. Verbinden Sie die Emotion z. B. mit einer Erinnerung, einem Gedicht, einem Bild oder einem Lied. Wie sieht für Sie Gerechtigkeit aus und wie hört sich Freude an? Fertigen Sie eine Collage an, oder schreiben Sie eine Geschichte. Sie können die Emotionswörter auch auf Karteikarten schreiben.

Emotionsliste

In dieser Emotionsliste finden Sie eine Reihe von Emotionswörtern, mit denen Sie sich vertraut machen können, um Ihre Emotionssprache wieder aufzufrischen. In der linken Spalte finden Sie gängige Emotionswörter und in der rechten Spalte Emotionswörter, die mit dem jeweiligen Emotionswort verwandt sind. Durch die vielen Emotionswörter, die sich oft in feinen Nuancen unterscheiden, können Sie mit Übung Ihre Emotionen zukünftig noch differenzierter wahrnehmen und benennen.

Angst	Sorge, Nervosität, Erschrecken, Unsicherheit, Eifersucht
Wut	Frust, Trotz, Ärger
Trauer	Enttäuschung, Bedauern, Sehnsucht
Hilflosigkeit	Verzweiflung, Hoffnungslosigkeit, Mutlosigkeit, Überforderung
Einsamkeit	Isoliertheit
Gleichgültigkeit	Langeweile
Unzufriedenheit	Ungeduld, Gereiztheit
Schuld und Scham	Verpflichtung, Verantwortung, Peinlichkeit
Ekel	Ablehnung, Aversion
Freude	Glück, Begeisterung
Zufriedenheit	Dankbarkeit, Entspannung, Stolz, Liebe, Ausgeglichenheit
Bewegtheit	Interesse, Enthusiasmus, Inspiration, Mut, Motiviertheit

Emotionen und dazugehörige Signale und Bedürfnisse

Emotion	Signal für	Zu erfüllendes Bedürfnis
Angst	eine Gefahr oder Bedrohung	Sicherheit
Wut und Ärger	eine Grenzüberschreitung	Autonomie, Gerechtigkeit oder ein anderes wichtiges Ziel
Trauer	einen Verlust oder Abschied von etwas, was uns wichtig ist	loslassen und sich Neuem öffnen können
Einsamkeit	eine soziale Isolation und Unverbundenheit	Kontaktaufnahme mit anderen
Unzufriedenheit	ein unerreichtes wichtiges Ziel	neue Handlungsmöglichkeiten
Schuld und Scham	einen Fehler, den wir (vielleicht) begangen haben	Fehler zukünftig nicht zu wiederholen und sich mit anderen weiterhin verbunden fühlen
Freude	eine gute Bedürfnisbefriedigung	Motivation, so weiterzumachen

Meditation über Emotionen und Bedürfnisse

Unser Bewusstsein ist vergleichbar mit einem Fluss, der unaufhörlich fließt und sich immer im Wandel befindet. Kein Gedanke, keine körperliche Empfindung und keine Emotion können in gleicher Intensität und gleicher Form ewig bestehen. Stellen Sie sich vor, dass Sie ganz ruhig am Ufer eines Flusses sitzen und diesen betrachten. Das Wasser trägt ab und zu Äste, Blätter oder eine Ente vorbei, vielleicht blitzt auch die Rückenflossen eines Fischs durch die Oberfläche. Entspannt beobachten und benennen Sie einfach nur das, was Sie sehen. Mit der gleichen Neugierde und Gelassenheit können Sie auch Ihre körperlichen Empfindungen und Emotionen beschreiben. Vielleicht ist da ein Kloß im Hals, ein Kribbeln im Bauch oder eine

Anspannung. Öffnen Sie sich aus dieser Beobachterperspektive für jede Erfahrung.

Im Anschluss können Sie noch eine weitere Ebene beobachten und beschreiben, welche Bedürfnisse hinter diesen Emotionen liegen.

Eine angeleitete Meditation über Emotionen und Bedürfnisse finden Sie hier: *www.herder.de/extras*

Bedürfnisse unter der Lupe

In der Psychologie bezeichnet ein Bedürfnis das Verlangen oder den Wunsch, einen empfundenen oder tatsächlichen Mangel zu erfüllen (Stangl, 2023). Neben den grundlegenden *körperlichen Grundbedürfnissen* wie Trinken, Essen und Schlafen müssen auch *psychologische Grundbedürfnisse* erfüllt sein. Im Rahmen der *Konsistenztheorie* postulierte Klaus Grawe (1998) vier psychologische Grundbedürfnisse. Laut dieser Theorie von Grawe kann ein dauerhaft anhaltendes Ungleichgewicht oder eine Störung bei der Erfüllung dieser Grundbedürfnisse zu einem Mangelgefühl führen, was langfristig die Entwicklung von psychischen Erkrankungen befördert. Zu den Grundbedürfnissen zählen:

- **Bindung:** Das Bedürfnis nach Bindung beschreibt, dass Menschen tief soziale Wesen sind. Wir streben danach, eine enge Beziehung mit unserer Familie und unseren Freund:innen zu haben. Es umfasst auch die tiefe Sehnsucht nach einer liebevollen, vertrauensvollen Partnerschaft.
- **Orientierung und Kontrolle:** Das Bedürfnis nach Orientierung und Kontrolle umfasst den Wunsch, sich und die Umwelt zu verstehen, wie auch die Wahrnehmung, Einfluss auf die Umwelt nehmen zu können. Wenn Sie beispielsweise in eine neue Stadt ziehen oder in einen neuen Beruf starten, fühlen Sie sich anfangs unsicher und machen sich vielleicht Sorgen.
- **Selbstwerterhöhung und Selbstwertschutz:** Wir alle wollen uns wertvoll fühlen und Anerkennung, Wertschätzung, Lob und Be-

stätigung von anderen erfahren. Menschen, deren Bedürfnis nach Selbstwerterhöhung langfristig frustriert wird, leiden oft an einem Minderwertigkeitsgefühl.

- **Lustgewinn und Unlustvermeidung:** Dieses Bedürfnis beschreibt, dass Menschen danach streben, angenehme Erfahrungen zu machen und unangenehme zu vermeiden. Um glücklich zu sein, möchten Sie Hobbys pflegen, die Ihnen Spaß machen, und einer Arbeit nachgehen, die Sie mit Sinn erfüllt.

Wie steht es um Ihre Grundbedürfnisse

Nehmen Sie sich einen Augenblick Zeit und überlegen Sie, wie der aktuelle Stand Ihrer Grundbedürfnisse aussieht. Stellen Sie sich vor, dass Sie für jedes Grundbedürfnis einen Wasserbehälter haben. Gibt es in einem Ihrer Gefäße einen zu niedrigen Wasserstand? Optimalerweise sollten alle vier Behälter – also Grundbedürfnisse – gleichmäßig gefüllt – erfüllt – sein. Wenn eines der Grundbedürfnisse einen sehr niedrigen Wasserstand hat und kaum erfüllt wird, werden Sie beobachten, dass auch die anderen Grundbedürfnisse darunter leiden und meistens ebenfalls einen niedrigeren Wasserstand aufweisen. Überlegen Sie im nächsten Schritt, was Sie aktiv tun können, um den Wasserstand des jeweiligen Bedürfnisses zu füllen.

Beantworten Sie sich folgende Fragen:
Sind meine Grundbedürfnisse gleichmäßig gefüllt oder gibt es irgendwo einen zu geringen Wasserstand?
Wie kann ich meine Grundbedürfnisse konkret befriedigen und den Wasserstand beheben?

Auf einen Blick

- Achtsamkeit fördert die Wahrnehmung Ihrer eigenen Emotionen und Bedürfnisse und der anderer Menschen. Sie hilft Ihnen auch dabei, starke, unangenehme Emotionen zu regulieren (denken Sie an den Heizkörper).
- Emotionen resultieren aus einer komplexen Bewertung von Sinnesreizen im Kontext unserer Bedürfnisse, Wünsche und Ziele. Sie signalisieren uns, was wir brauchen.
- Eine Vielfalt an Emotionen zu erleben (*Emodiversität*) kann mit besserer psychischer und körperlicher Gesundheit verbunden sein.
- Manchmal verdecken wir eine unangenehme Emotion (*primäre Emotion*) durch eine leichter erträgliche Emotion (*sekundäre Emotion*).
- Um Ihre psychische Gesundheit aufrechtzuerhalten, ist es wichtig, neben den körperlichen Bedürfnissen auch psychologische Grundbedürfnisse zu erfüllen, darunter das Bedürfnis Bindung, Orientierung und Kontrolle, Selbstwerterhöhung sowie Lustgewinn und Unlustvermeidung.

Übungen in diesem Kapitel

- **Machen Sie sich mit Ihren Emotionen vertraut.** Sie frischen Ihr »Emotionsvokabular« kreativ auf und erweitern es mithilfe der Emotionsliste.
- **Meditation über Emotionen und Bedürfnisse.** Sie lenken Ihr Bewusstsein darauf, dass hinter Emotionen Bedürfnisse liegen, die erfüllt werden wollen. Die Audioübung stärkt Ihre Fähigkeit, Emotionen, Körperempfindungen und damit verknüpfte Bedürfnisse zu benennen.
- **Wie steht es um Ihre Grundbedürfnisse?** Sie beobachten im Alltag, ob Ihre Grundbedürfnisse gleichermaßen erfüllt sind oder ob dringend welche gestillt werden müssen.

Dankbarkeit: Bewusst wertschätzen, was ist

»Du musst immer Bitte und Danke sagen!« – diesen Satz kennen Sie sicherlich aus Ihrer Kindheit. Danke ist ein Wort, das Sie im Alltag wahrscheinlich (hoffentlich!) sehr oft verwenden. Doch wie bewusst bedanken Sie sich eigentlich? Warum und für was danken Sie? Ich will Ihnen nicht unterstellen, dass Sie undankbar sind. Doch vielleicht hat sich bei Ihnen eine Art Gewöhnung eingeschlichen. Man sagt einfach automatisch »Danke«, ohne dabei bewusst Dankbarkeit zu fühlen. Jetzt, in diesem Moment, wo auch immer Sie gerade sind: Könnten Sie mir fünf Dinge nennen, für die Sie wirklich dankbar sind und es auch wirklich spüren? Falls es Ihnen noch schwerfällt, dann lassen Sie uns gemeinsam Ihren Dankbarkeitsmuskel stärken!

Was ist Dankbarkeit eigentlich

Dankbarkeit kann als Gefühl, Wert, Einstellung oder auch als Gewohnheit erlebt und erfahren werden. Es ist die ehrliche Anerkennung und Wertschätzung für eine andere Person oder einen Zustand (Emmons & Stern, 2013). Wenn wir dankbar sind, sind wir uns dessen bewusst, was wir haben, anstatt uns darauf zu konzentrieren, was uns fehlt. Dankbarkeit ist auch ein wichtiger »Klebstoff«, der Beziehungen und somit unsere Gemeinschaft zusammenhält.

Denken Sie mal darüber nach, wie Sie sich gefühlt haben, als jemand Ihnen eine Blume oder eine andere kleine Aufmerksamkeit als Zeichen der Dankbarkeit gegeben hat. Bestimmt haben Sie sich gefreut und da war vielleicht auch der Gedanke »Ich werde für meine Bemühungen gesehen«. Das, was Sie in der Vergangenheit gegeben oder geteilt haben, wurde von Ihrem Gegenüber bewusst wahrgenommen, und die Person nimmt sich jetzt die Zeit, um dies zu würdigen. Dieses positive Feedback bestärkt und festigt Ihre Beziehung und wohlmöglich werden Sie das nächste Mal noch motivierter sein, Ihrem Gegenüber erneut zu helfen. Dieses belohnende Gefühl wird auch in unserer Neurobiologie sichtbar. In einer Untersuchung (Fox et al., 2015) zeigte sich, dass beim Fühlen von Dankbarkeit insbesondere der *mediale präfrontale Kortex* (MPFC) im Gehirn aktiviert war. Dieser ist Teil des Belohnungssystems und auch bei moralischen Entscheidungen involviert sowie bei der Perspektivübernahme (also der Fähigkeit, sich in andere hineinzuversetzen) wichtig.

Dankbarkeit und ihre Funktion

Ein Blick auf die Evolution zeigt, es ist sinnvoll, dankbar zu sein: Dankbarkeit motiviert, uns gegenseitig zu helfen, was unsere sozialen Beziehungen innerhalb einer Gruppe stärkt. Kein Wunder also, dass diese Eigenschaft in allen Kulturen und Gesellschaften ein fester Bestandteil ist. Wie tief verankert die Dankbarkeit in unserer menschlichen Natur ist, haben die Psychologen Robert Emmons und Robin Stern (2013) wunderschön ausgedrückt:

> *»Eine positive Bejahung des Lebens entspringt aus einem tiefen Gefühl der Dankbarkeit gegenüber allen Formen der Existenz, einer Dankbarkeit, die in der Essenz des Seins selbst verwurzelt ist und die jeden Gedanken, jedes Sprechen und jede Handlung durchdringt. Dankbarkeit in diesem tiefen Sinn ist nicht einfach nur eine Haltung, ein tiefes Gefühl oder gar eine erstrebenswerte Tugend. Sie ist so elementar wie das Leben selbst. In vielen ethischen Systemen der Welt ist Dankbarkeit die formende und zwingende Kraft hinter Handlungen des Mitgefühls, weil das Leben als ein riesiges Netzwerk von wechselseitiger Abhängigkeit, Verwobenheit und Gegenseitigkeit gesehen wird, das das Sein ausmacht.«*

Achtsamkeit und Dankbarkeit

Mit Achtsamkeit üben wir uns darin, *wirklich* präsent zu sein. Wir halten im chaotischen Alltag inne und geben uns selbst Raum, um all das wahrzunehmen, was gerade da ist. Probieren Sie es jetzt in diesem Moment aus, während Sie diese Zeilen lesen. Nehmen Sie wahr, wie Sie das Buch in Ihren Händen halten. Wie Ihre Augen in Millisekunden diese Worte erfassen können und als Informationen an Ihr Gehirn senden. Wie Ihr Gehirn alles verarbeitet und mit Vorwissen und Erinnerungen abgleicht. Sie könnten diese Beobachtung weiter ausweiten und sich vergegenwärtigen, was Ihre Augen Ihnen alles ermöglichen. Ist das nicht ein Wunder? Sind Sie nicht auch dankbar für Ihre Augen und die Fähigkeit, lesen zu können? Anhand dieser kleinen Übung zeigt sich, wie eng Achtsamkeit und Dankbarkeit miteinander verknüpft sind. Nur wenn wir uns Zeit nehmen und innehalten, erkennen wir, was schon alles da ist und welche Wunder uns umgeben. Das Gefühl der Dankbarkeit stellt sich dann auf ganz natürliche Weise ein.

Andersherum kann uns aber auch die *Dankbarkeitspraxis* helfen, achtsamer zu sein. Um dies zu illustrieren, möchte ich Ihnen gerne von einer Patientin erzählen, der es anfangs sehr schwerfiel, mit der Dankbarkeit zu arbeiten. Sie sollte jeden Abend drei Punkte aufschreiben, für die sie an diesem Tag dankbar war. Die Übung fühlte sich für sie zunächst »künstlich« an. So schrieb sie einfach irgendwelche Punkte auf, auch wenn sie nicht wirklich Dankbarkeit für sie empfand, manchmal wollte ihr auch gar nichts einfallen. Sie berichtete mir immer wieder, dass sie die Dankbarkeit noch nicht wirklich fühle. Es vergingen Monate, in denen sie dennoch ihr Dankbarkeitstagebuch führte. Eines Tages strahlte sie mich mit einem Lächeln an: »Frau Nguyen, ich muss Ihnen unbedingt etwas erzählen. Ich überlege ja jetzt tagsüber schon, was ich abends in mein Dankbarkeitstagebuch schreiben kann. Und heute, als es draußen so doll geregnet hat, war ich wirklich dankbar, dass ich in meinem warmen Büro sitzen darf.« Sie fragen sich, ob das nun wirklich so eine große Sache ist? Ja. Sie sehen es: Die Dankbarkeit hat meiner Patientin geholfen, ihre Gegenwart bewusster wahrzunehmen.

Nehmen Sie es mal ganz genau! Spezifisch bedanken

Wir neigen im Alltag dazu, ganz automatisch »Danke« zu sagen. Es ist höflich und wird einfach gesagt. Wie so oft steckt dahinter ein mangelndes Bewusstsein für den Moment (Sie merken, das zieht sich wie ein roter Faden durch dieses Buch). Deshalb lade ich Sie in dieser Übung ein, ganz bewusst und spezifisch Danke zu sagen. Machen Sie sich gegenwärtig, für *was* Sie sich eigentlich bedanken, und teilen Sie das Ihrem Gegenüber mit!

- **An der Kasse im Supermarkt:** »Vielen Dank, dass Sie gerade so geduldig mit mir waren, als ich mein Kleingeld zusammengesucht habe.«
- **In der U-Bahn:** »Herzlichen Dank, dass Sie gerade an der U-Bahn-Tür stehen geblieben sind, damit ich noch einsteigen kann. Das ist nicht selbstverständlich.«
- **Im Bus:** »Vielen Dank (an den Busfahrer), dass Sie so vorsichtig fahren und mich sicher ans Ziel bringen. Ich wünsche Ihnen noch einen wundervollen Tag.«
- **Unsere Liebsten:** »Vielen Dank, Mama, dass du mir immer Essen vorbeibringst, obwohl ich jetzt doch schon erwachsen bin. Dein Essen ist mit so viel Liebe und Fürsorge gekocht. Ich fühle deine Liebe.«

Die Effekte dieser leichten Übung sind einfach nur magisch (ich bin einfach ein riesiger Fan dieser Übung). Nicht nur, dass Sie Ihren Dankbarkeitsmuskel stärken, auch Ihr Gegenüber profitiert unmittelbar. Versetzen Sie sich in den Empfänger Ihres Danks: In der Regel strengen wir uns im Alltag an, unsere Aufgaben und Pflichten gut zu erledigen. Oft sind wir uns dessen aber selbst nicht bewusst. Ein *spezifisches* Dankeschön kann uns daran erinnern. Die Übung wird besonders wirkungsvoll, wenn Sie diese in möglichst vielen Situationen Ihres Alltags umsetzen.

Durch diese Übung werden Sie Ihre eigene Dankbarkeit im unmittelbaren Moment potenzieren und sich noch besser fühlen. Das Lächeln Ihres Gegenübers beim Hören Ihrer Worte wird Ihr Dankbarkeitsgefühl verstärken und nachhaltig nähren.

Dankbarkeit ausweiten

In der Regel bedanken wir uns bei anderen. Haben Sie sich denn schon einmal bei sich selbst und Ihrem Körper für etwas bedankt? Ihre Füße und Beine tragen Sie durch die Welt. Ihr Herz arbeitet nonstop für Sie. Haben Sie ihnen dafür schon einmal (spezifisch) Dank ausgesprochen?

In dieser Übung schlage ich Ihnen vor, täglich bewusst drei Dinge aufzuschreiben, für die Sie dankbar sind. Anfangs kann das sehr ungewohnt sein. Versuchen Sie, sich keinen Druck zu machen, indem Sie denken, Sie müssten jedes Mal etwas ganz Außergewöhnliches nennen. Notieren Sie ruhig normale, auf den ersten Blick unscheinbare Dinge.

Für den Start stellen Sie sich folgende Fragen:

- **Ich:** Wofür bin ich mir selbst/meinem Körper dankbar (Eigenschaften, Körperfunktionen …)?
- **Du:** Wofür bin ich meinen Liebsten dankbar (Familie, Freund:innen …)?
- **Wir:** Wofür bin ich meiner Umwelt dankbar (Arbeitsumwelt, Kolleg:innen, Briefträgerin, Natur, Tieren …)?

Eine angeleitete Meditation, um regelmäßig das Gefühl von Dankbarkeit zu nähren, finden Sie hier: ***www.herder.de/extras***

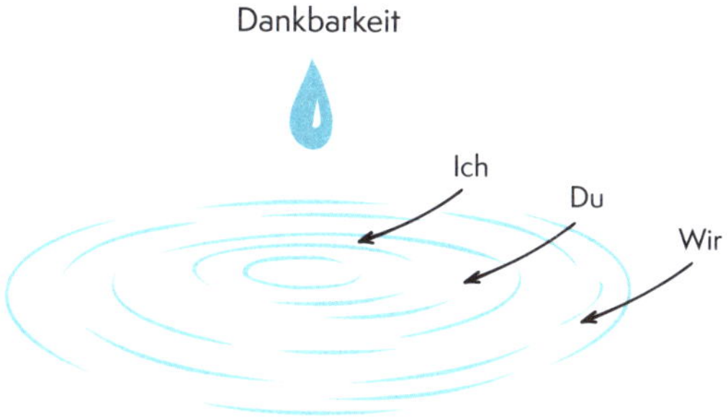

Viele meiner Patienti:innen finden es am Anfang schwer, Dinge aufzuschreiben, für die sie dankbar sind. Hier habe ich für Sie ein paar Inspirationen für den Start!

Ich bin dankbar, dass ...

Ich	… ich atmen kann und meine Lungen für mich da sind. … ich gesund und frei von Schmerzen bin. … ich mitfühlen kann und Dinge mich berühren, z. B. Geschichten oder auch Musik. … ich stark bin und Dinge tragen kann. … ich gerne koche und meine Geschmacksknospen die feinen Nuancen schmecken.
Du	… meine Eltern für mich da sind. Insbesondere meine Mutter, die mir das leckerste Essen kocht, und mein Vater mir beim Umzug geholfen hat. … meine Schwester mich versteht und mich immer wieder zum Lachen bringt. … mein Freund mir jeden Morgen liebevoll einen Tee zubereitet. … meine Freundin mir heute Morgen Mut gemacht hat, als ich mir Sorgen gemacht habe. … mein bester Freund mit mir gestern spazieren war.
Wir	… ich eine sehr verständnisvolle Chefin habe, die sich heute Morgen extra Zeit genommen hat, um mir etwas zu erklären. … ich unterstützende Kolleg:innen habe, die nach meiner Post geschaut haben, als ich krank war. … mein Arzt freundlich zu mir war und mich kompetent und mitfühlend behandelt hat. … unsere Briefträgerin bei Wind und Regen zuverlässig die Briefe austrägt und mich freundlich grüßt. … der Supermarktverkäufer trotz langer Warteschlange geduldig darauf wartet, bis ich das Kleingeld zusammensuche.

Dankbarkeit und Wohlbefinden

Kann das bloße regelmäßige Aufschreiben von Dingen, für die wir dankbar sind, uns tatsächlich glücklicher machen und sogar unser körperliches Wohlbefinden beeinflussen? Diese Frage untersuchten amerikanische Forschende in mehreren Experimenten (Emmons & McCullough, 2003). In einem ersten Versuch wurden Studierende zufällig in drei Gruppen eingeteilt. Die Gruppen unterschieden sich in der Aufgabenstellung: Über einen Zeitraum von zehn Wochen sollten sie einmal pro Woche entweder Dinge aufschreiben, für die sie dankbar waren (Gruppe 1), Dinge, über die sie sich geärgert hatten (Gruppe 2), oder irgendwelche Ereignisse, die sie positiv oder negativ beeinflusst hatten (Gruppe 3). Am Ende jeder Woche sollten die Studierenden Fragen beantworten, wie sie ihre Stimmung (ihr momentanes Empfinden), ihre Lebenszufriedenheit (ihre Zufriedenheit mit Blick auf ihr bisheriges Leben) und ihr körperliches Wohlbefinden empfanden.

Im Ergebnis zeigten die Teilnehmer:innen der »Dankbarkeitsgruppe« (Gruppe 1) im Vergleich zu den anderen Gruppen mehr Lebenszufriedenheit und weniger körperliche Beschwerden (z. B. Kopfschmerzen oder Muskelverspannungen) und sie gaben an, dass sie öfter Sport machten. Es konnte allerdings im Vergleich der Gruppen kein Einfluss auf die Stimmung festgestellt werden. Das heißt, die Proband:innen gaben nicht an, dass sie glücklicher waren oder dass sich etwas an ihren negativen Gefühlen geändert hatte.

Die Forschenden schlussfolgerten daraus, dass es nicht genug war, sich nur einmal in der Woche Zeit für die Dankbarkeit zu nehmen. In einem zweiten Experiment wurden Patient:innen mit chronischen neuromuskulären Erkrankungen untersucht. Die Proband:innen wurden zufällig in eine Dankbarkeitsgruppe und in eine Kontrollgruppe eingeteilt. Für 21 Tage sollte die Dankbarkeitsgruppe jeden Abend ein Dankbarkeitstagebuch führen, wohingegen die Kontrollgruppe einfach nur einmal am Tag ihr Wohlbefinden bewerten sollte. Tatsächlich zeigte sich im Ergebnis dieses Versuchs, dass die Dankbarkeitsgruppe mehr positive und weniger negative Gefühle berichtete als die Kontrollgruppe. Darüber hinaus gaben Teilnehmer der Dankbarkeitsgruppe an, dass sie sich sozial verbundener fühlten und besser schlafen konnten.

Halten wir also fest: Unser Dankbarkeitsmuskel braucht tägliches Training, damit er uns dabei helfen kann, positivere Emotionen[23] zu erleben und negative Emotionen zu reduzieren.

Dankbarkeit ausdrücken

Sie haben nun bereits geübt, all das wahrzunehmen, wofür Sie dankbar sind und spezifischen Dank zu äußern. Überlegen Sie jetzt noch einmal, auf welche Art und in welcher Form Sie Dankbarkeit zum Ausdruck bringen können. In der Tabelle finden Sie einige Inspirationen.

Methode	Konkrete Beispiele
Nachrichten	Handy-Nachricht, Voice-Mail, E-Mail, Postkarte, Brief, Musik verschicken …
Kleine Gesten	Lächeln, achtsame Umarmung, ein Lied singen, ein Gedicht vortragen, Blumen verschenken, Gebäck oder Schokolade schenken …
Begegnungen	Ein persönliches Gespräch, gemeinsam einen Kaffee/ Tee trinken gehen, einen Spaziergang, ein Ausflug …

Natürlich sind hier keine Grenzen gesetzt. Egal, ob Sie ein Lächeln schenken oder sich ein außergewöhnliches Dankeschön überlegen: Wichtig ist, dass Sie es in die Tat umsetzen.

23 Eigentlich mag ich es nicht so sehr, von positiven oder negativen Emotionen zu sprechen. Positiv und negativ könnte so auch als »gut« oder »schlecht« verstanden werden. Ich greife diese Formulierung hier auf, da sie in den meisten Studien verwendet wird, und man gleich weiß, was damit gemeint ist. Gefühle sind aber nicht an sich gut oder schlecht. Je nach Intensität und vor allem unser Umgang mit ihnen können sie für uns manchmal schwierig sein. Schöner wäre es, über »hilfreiche« bzw. »nicht hilfreiche« Emotionen oder wie in der buddhistischen Psychologie von »heilsamen« oder »unheilsamen« Geisteszuständen zu sprechen.

Auf einen Blick

- Dankbarkeit ist die bewusste, ehrliche Wertschätzung dessen, was wir haben. Es stärkt unsere Beziehungen und ist fester Bestandteil jeder Kultur und Gesellschaft.
- Die Achtsamkeit hilft uns, dankbarer zu sein. Aber auch die Dankbarkeit hilft uns, im Alltag achtsamer zu sein.
- Ähnlich wie einen Muskel können Sie Ihre Dankbarkeit trainieren. Sie kann Ihnen sogar dabei helfen, insgesamt glücklicher zu sein.

Übungen in diesem Kapitel

- **Nehmen Sie es mal ganz genau! Spezifisch bedanken.** Sie werden kreativ und überlegen, in welchen Situationen Sie spezifisch Danke sagen können.
- **Dankbarkeit ausweiten.** Sie vergrößern nach und nach Ihren Dankbarkeitsradius. Sie danken sich selbst, Bezugspersonen und der Umwelt. Auch als Audioübung.
- **Dankbarkeit ausdrücken.** Sie finden Wege, Ihre Dankbarkeit durch Nachrichten, Gesten oder Begegnungen auszudrücken.

Glücklichsein ist nicht nur Glückssache

Felix ist ein junger Mann in den Zwanzigern und fühlt sich zunehmend freudlos und unglücklich. Er hat einen steilen Karrierepfad in einer Beratungsfirma eingeschlagen und anfangs sein Jetsetter-Leben sehr genossen. Er fühlte sich wichtig. Doch zunehmend empfindet Felix Orientierungslosigkeit und spürt, dass diese berufliche Laufbahn nicht seiner Vorstellung von Erfüllung entspricht. Der Druck, »etwas aus seinem Leben zu machen«, lastet schwer auf seinen Schultern. Er sehnt sich nach einem tieferen Sinn. Gleichzeitig ist Felix sich bewusst, dass er als weißer Mann in dieser Gesellschaft viele Privilegien genießt. Dann plagt ihn ein schlechtes Gewissen, dass er nicht glücklich sein kann. Er erreicht immer wieder persönliche Ziele, trotzdem bleibt das Gefühl der Unzufriedenheit.

Was ist Glück eigentlich?

In der Psychologie wird Glück in der Regel als »subjektives Wohlbefinden« verstanden, das mit einem Zustand von Zufriedenheit und Freude verbunden ist. Glück und Freude werden oft nicht klar voneinander getrennt. Glück kann sowohl einen emotionalen Zustand (»Ich bin glücklich«) als auch ein günstiges, zufälliges Ereignis (»Ich hatte Glück«) beschreiben. Aber auch wenn es nicht einfach ist, dieses vertraute Gefühl genau zu definieren, können wir uns sicher alle darauf einigen, dass es ein angenehmer Zustand ist, den viele Menschen anstreben.

Glücksvorstellungen

Haben Sie sich schon einmal die Frage gestellt, was Glück für Sie persönlich bedeutet? Unsere Vorstellungen von Glück sind stark geprägt von unseren individuellen biografischen Erfahrungen. Möglicherweise wünschen wir uns bestimmte Dinge, die uns in der Vergangenheit gefehlt haben. Oder wir konnten uns an glücklichen Eltern oder anderen Vorbildern orientieren, von denen wir dachten: »So möchte ich später auch sein.« Glückskonzepte sind natürlich auch von gesellschaftlichen und kulturellen Einflüssen geprägt. Vielleicht gehören harte Arbeiten, eine »sichere« Karriere oder die Gründung einer Familie zu den Normen in Ihrer Gesellschaft.

Umfasst Ihre Vorstellung von Glück auch oft Zustände und Situationen in der Zukunft? Aus eigener Erfahrung und meiner Arbeit mit Patient:innen sehe ich immer wieder, dass wir Menschen dazu neigen, unser Glück in die Zukunft zu verschieben: »Ich werde glücklich sein, wenn ich mit dem Abschluss fertig bin«, »Ich werde glücklich sein, wenn ich den richtigen Partner gefunden habe« oder »Ich werde zufrieden sein, wenn ich endlich mein Wunschgewicht erreicht habe« – die Liste kann endlos weitergeführt werden. Wir tendieren dazu, mit dem Ist-Zustand (dem gegenwärtigen Augenblick) unzufrieden zu sein und unser Glück an einem Soll-Zustand in der Zukunft festzumachen. Doch sobald wir diesen erreichen, haben wir längst ein neues Ziel definiert, dem wir nun hinterherrennen. Wenn wir nicht lernen, auch im gegenwärtigen Augenblick zufrieden zu sein, werden wir uns vergeblich abmühen, ohne je an einem zukünftigen Zustand des Glücks anzukommen.

Glücksvorstellungen

Ein achtsamer Umgang mit dem Thema Glück bedeutet, dass Sie sich bewusst machen, was Glück für Sie bedeutet, und sich gewahr werden, woher diese Vorstellungen stammen. Vielleicht ist die Glücksidee, die Sie verfolgen, eigentlich die Idee Ihrer Eltern oder die der Gesellschaft und Sie teilen diese im tiefsten Inneren nicht. Wenn Sie Ihre Vorstellungen von Glück nicht hinterfragen, rennen Sie diesen womöglich ein Leben lang hinterher, nur um später festzustellen, dass sie Sie nicht glücklich gemacht haben. Also, machen Sie sich auf die Suche nach Ihrem Glück!
Nehmen Sie sich Stift und Papier und reflektieren Sie über diese Fragen:

- Was bedeutet Glück für mich? Welche Vorstellungen umfasst es?
- Was bedeutet Glück für meine engsten Bezugspersonen und meine Gesellschaft?

- Welche Glücksvorstellungen beziehen sich auf die Gegenwart? Welche beziehen sich auf die Zukunft?
- Wie würde ich mich fühlen, wenn ich meine Glücksvorstellungen loslasse?

Werte

In der Rushhour des Lebens, wenn eine Aufgabe die nächste jagt, verlieren wir manchmal die Orientierung. Vor lauter Bäumen sehen wir den Wald nicht mehr und erkennen nicht mehr, was uns wirklich wichtig ist, wo wir hinwollen und wie wir uns verhalten sollen. In solchen Momenten kann es hilfreich sein, wenn wir uns unserer persönlichen (und kollektiven) Werte bewusst sind.

Werte sind selbst gewählte Vorstellungen über das, was uns im Leben wirklich wichtig ist. Werte sind immer positiv und man kann sie im Gegensatz zu Zielen nie ganz erreichen. Sie sind wie ein Kompass, der Nordstern oder ein Leuchtturm, der uns den Weg weist, wenn wir desorientiert sind. Wenn beispielsweise Freundschaften ein wichtiger Wert für Sie sind, wird es keinen Tag geben, an dem Sie diesen Wert abschließend erreicht haben und sagen: »Supi, ich habe tolle Freundschaften. Das ist jetzt abgehakt.« Nach Ihren Werten zu leben, bedeutet, dass Sie jeden Tag immer wieder versuchen, sich danach auszurichten, um Ihren Werten näherzukommen und sie täglich zu nähren.

Werte erkennen und nähren

Ihr 80. Geburtstag

Werden Sie sich Ihrer Werte mit einer Denkübung bewusst (adaptiert nach Harris 2014). Stellen Sie sich lebhaft vor, dass Sie im Kreis Ihrer Liebsten Ihren 80. Geburtstag feiern. Drei Gäste, die Sie schon lange kennen, halten Reden und sprechen darüber, was für ein Mensch Sie sind, was Sie ausmacht und wofür Sie stehen. Eine der Personen geht vor allem auf Ihre *persönliche Werte* ein (die Hobbys und Interessen, denen Sie über die Jahre mit Hingabe nachgegangen sind).

Es könnte beispielsweise erwähnt werden, dass Sie die Welt bereist haben oder für Ihre Kochkünste bekannt sind.
Die anderen beiden Redner:innen beschreiben vor allem *verbindende Werte*[24], also welche Rolle Sie in ihren Leben spielen, ob Sie es lieben, gemeinsam mit Ihrem Chor zu singen oder wie Sie sich gesellschaftlich für Ihre Herzensthemen engagiert haben.

Was ist Ihnen im Leben wichtig?

In dieser Tabelle finden Sie weitere Werte (adaptiert nach Hofheinz, Michalak und Heidenreich, 2017). Fragen Sie sich bei jedem Wert, wie wichtig er für Sie ist, und bewerten Sie die Wichtigkeit (0 = gar nicht wichtig bis 10 = sehr wichtig). Und dann fragen Sie sich, wie oft Sie diesen Wert in der vergangenen Woche umgesetzt haben (0 = gar nicht bis 10 = sehr oft). Durch diese Bewertung fallen Ihnen jetzt vielleicht Diskrepanzen auf: Vielleicht ist es Ihnen sehr wichtig, sich mit der Natur zu verbinden, doch Sie gehen niemals in den Wald!

Werte	**Wichtigkeit (0 bis 10)**	**Wurde der Wert in der letzten Woche umgesetzt? (0 bis 10)**
Kunst und Kultur		
Musik		
Natur		
Tiere		
Umwelt		
Spiritualität		
Politik		
Sport		
Gesunde Ernährung		
Erholung		
Entspannung		

24 Verbindende Werte: Ich meine damit Werte, die Beziehungen mit anderen Menschen, Wesen oder auch der Umwelt zum Ausdruck bringen.

Wie setze ich meine Werte um?

Identifizieren Sie nun drei bis vier Werte, die Ihnen besonders wichtig sind. Überlegen Sie sich nun konkret, was Sie machen können, um Ihre Werte im Alltag zu leben und sich wirklich mit Ihnen zu verbinden. Welche Handlungen und Verhaltensweisen (dazu zählt alles, was man mit einer Kamera filmen und beobachten könnte) würden Sie jeden Tag ein kleines bisschen näher in die Richtung Ihrer Werte bringen? Mir ist »Gemeinschaft« beispielsweise ein wichtiger Wert und ich praktiziere deshalb wöchentlich in einer Meditationsgruppe, um mich mit anderen verbunden zu fühlen. Darüber hinaus versuche ich auch, Möglichkeiten zu finden, damit andere in den Genuss einer Gemeinschaft kommen, sei es in der therapeutischen Arbeit über Gruppentherapien oder auch Achtsamkeitstage, an denen größere Gruppen von Menschen zusammenkommen können.

Vergänglichkeit

Oft fällt es uns schwer, im gegenwärtigen Augenblick zufrieden und glücklich zu sein. Einerseits nehmen wir die Dinge, die um uns herum sind, als selbstverständlich, andererseits sind wir mit unseren Gedanken ständig in der Zukunft. Eine Patientin erzählte mir, dass bei ihr schon auf dem Weg in den Urlaub eine Traurigkeit einsetze, da sie ja wisse, dass der Urlaub in zwei Wochen ohnehin enden wird. Der Urlaub ist in ihrem Kopf vorbei, ehe er begonnen hat. Im Buddhismus ist die Lehre über die Vergänglichkeit zentral. Das Bewusstsein für die Endlichkeit von allem ist eine Art Weckruf, der uns immer wieder daran erinnert, in den gegenwärtigen Moment zurückzukehren und *wirklich* zu leben. Wenn wir uns dessen bewusst sind, dass nichts von Dauer ist, sei es ein Urlaub, unsere Gesundheit, unsere Beziehungen oder unsere materiellen Besitztümer, eröffnet sich die Möglichkeit, tiefe Dankbarkeit für das zu empfinden, was gerade da ist. Das Bewusstsein über die Vergänglichkeit kann eine Quelle des Glücks sein. Der Patientin habe ich geraten, vor dem nächsten Urlaub immer in den Moment zurückzukehren, wenn sie die Traurigkeit über den bald vergangenen Urlaub spürt. Beim Packen, vor Ort …

Achtsamkeit für das Gewöhnliche

Können wir uns nur an den ganz großen Dingen im Leben wirklich erfreuen, oder liegt das eigentliche Geheimnis für Glück darin, das Besondere im Gewöhnlichen zu sehen? Natürlich würden wir uns alle über einen Lottogewinn freuen. Aber überlegen Sie nur einmal, für was Sie sich entscheiden würden, wenn Sie die Wahl hätten: für die Fähigkeit, Ihr ganzes Leben lang auch im Kleinen wahre Freude zu empfinden, oder für einzelne große Glücksfälle. Ich vermute, dass die meisten Menschen die erste Variante wählen würden, da Sie in der Summe glücklicher wären und nicht den Druck verspüren müssten, großen Ereignissen nachzujagen.

Eines meiner Lieblingsbücher, das es leider nur auf Englisch gibt, heißt *Learning to Fall – The Blessings of an Imperfect Life* (2003) von Philipp Simmons. In diesem Buch erzählt Simmons über sein Leben und seinen Umgang mit dem Lou-Gehrig-Syndrom, einer unheilbaren Erkrankung des Nervensystems. Es ist eine ehrliche und poetische Geschichte über unsere natürliche Verwundbarkeit und das Sterben. Folgendes Zitat beschreibt die Achtsamkeit für das Gewöhnliche auf eine Art, die mich sehr berührt:

> *»Mehr und mehr stelle ich fest, dass das Verweilen im gegenwärtigen Augenblick angesichts all dessen, was uns aus ihm herausrufen will, unsere höchste geistige Disziplin ist. Noch kühner würde ich sagen, dass unsere bloße Gegenwärtigkeit unsere Erlösung ist; der gegenwärtige Augenblick, wenn wir ihn ganz annehmen, ist unser Tor zum ewigen Leben. Wenn ich das sage, könnte man mir vorwerfen, ich sei ein Mystiker. (…) Aber meine Mystik beinhaltet nicht den Zugang zu anderen Welten, sondern nur die tiefe Erfahrung dieser Welt. Meine Mystik ist die Mystik des Alltags, der aufgehäuften Wäsche und des gequetschten Zehs, des verkochten Brokkolis und der vom Tau besprenkelten Blätter, des Sonnenaufgangs und der Trauer, des Lachens und der Linguine, der Musik und des Schimmels. Diese alltägliche Mystik erfordert keine besonderen Kräfte, nur Vorstellungskraft, eine liebevolle und geübte Aufmerksamkeit für das Gewöhnliche und die Bereitschaft, sich von der Anmut überraschen zu lassen.«*

Vergänglichkeit und die Freude am Gewöhnlichen

Ich möchte Sie gerne einladen, mit der Brille der Vergänglichkeit auf Ihren Alltag zu schauen und zu beobachten, welche Gefühle dabei auftreten. Nehmen Sie zum Beispiel die frischen Erdbeeren aus Ihrem heutigen Einkauf. Betrachten Sie diese aufmerksam. Vielleicht sind sie leuchtend rot, glänzen leicht, riechen aromatisch und fühlen sich fest an. Stellen Sie sich nun vor, wie die Erdbeeren aussehen, wenn sie schlecht geworden sind. Wenn Sie teilweise matschig, dunkel verfärbt sind und an manchen Stellen weißer Schimmel erkennbar ist. Stoppen Sie erneut und kehren Sie mit Ihrer Aufmerksamkeit zu den frischen Erdbeeren zurück. Freuen Sie sich über das Geschenk, das sie jetzt, in diesem Moment, für Sie sind.
Machen Sie sich ein Bild von der Vergänglichkeit dieser Dinge:

- Lebensmittel (z. B.: In was wird sich dieses knusprig frisch gebackene Brot in einigen Wochen verwandeln?)
- Besitztümer (z. B.: Wie sieht meine Kleidung in 50 Jahren aus?)
- Aussehen (z. B.: Wie verändert sich mein Körper über die Lebensspanne?)
- Gesundheit (z. B.: Welche meiner Körperfunktionen werden mit wachsendem Alter nicht mehr selbstverständlich sein?)
- Beziehungen (z. B.: Wie wird sich meine Beziehung zu meiner Schulfreundin über mein Leben verändern?)
- Der Ort/das Land, in dem Sie leben (z. B.: Wie wird mein Elternhaus oder der Spielplatz aussehen, wenn ich diese Orte in 20 oder 50 Jahre wieder besuche?)
- Eine kleine Fläche in der Natur (z. B.: Wie wird dieses Stück Land in 10, 20 oder 50 Jahren aussehen?)

Ein wichtiger Hinweis: In klassischen buddhistischen Meditationen meditieren erfahrene Praktizierende auch über ihren eigenen Tod und stellen sich visuell vor, was mit ihrem Körper passiert, wenn sie eines Tages sterben. Sie sollten diese Meditation nicht durchführen, wenn Sie sich sehr niedergeschlagen oder ängstlich fühlen oder eine psychische Erkrankung vorliegt.

Die vier Arten der Nahrung. Was nährt, was zehrt?

Im Buddhismus gibt es die Lehre zu den *vier Arten der Nahrung* (Hanh & Cheung, 2012).

1. Essen und Trinken
2. Sinneseindrücke
3. Willenskraft
4. Bewusstsein

Diese Lehre kann uns helfen, die Frage zu beantworten, welche Gewohnheiten uns im Alltag guttun und uns glücklich machen und welche belastend sein können.

Essen und Trinken

Die erste Art der Nahrung ist *Essen und Trinken* und meint die tatsächlichen Nahrungsmittel, die wir unserem Körper täglich zuführen. Sie kann uns stärken (frisches Obst und Gemüse) oder schwächen (Fastfood). Im Kapitel *Du bist, wie du isst …* (ab S. 55) haben Sie gelernt, wie Sie achtsamer essen können.

Sinneseindrücke

Die zweite Art der Nahrung umfasst unsere *Sinneseindrücke*. Alles, was wir sehen, hören, riechen und berühren, kann uns entweder Energie geben und uns nähren (wie eine prächtige, duftende Rose) oder uns langfristig krank machen (wieder Verkehrslärm in einer großen Stadt). Von meinen Patient:innen habe ich erfahren, dass auch der ständige Konsum von Nachrichten und Social Media auslaugen und ermüden kann. Wir sehen und hören von Katastrophen und Kriegen, ohne auf die Ereignisse Einfluss nehmen zu können. Oder wir vergleichen uns und unser Leben mit den perfekten Bildern anderer und fühlen uns unzulänglich. Eine Patientin fand dafür diese Beschreibung: »Früher hat man sich vielleicht mit den Nachbarskindern verglichen. Heute vergleicht man sich mit der ganzen Welt.«

Bei **Essen und Trinken** wie auch bei den **Sinneseindrücken** gilt einmal mehr: Die Dosis macht das Gift. Ab und zu ein Burger mit Pommes ist vertretbar, doch eine einseitige Ernährung mit Fastfood kann Sie krank machen. Genauso kann es uns guttun, in den sozialen Medien Menschen zu folgen, die uns wirklich inspirieren oder mit denen uns eine gleiche Leidenschaft verbindet. Doch wir brauchen einen »Bodyguard für den Geist«, der uns vor zu vielen Negativschlagzeilen und zu vielen Vergleichen schützt. Seien Sie achtsam, welchen Sinneseindrücken Sie Ihre Aufmerksamkeit schenken wollen.

Willenskraft:
Die dritte Art der Nahrung ist unsere *Willenskraft*, also die Antwort auf die Frage, was uns täglich im Leben antreibt und was wir beabsichtigen zu erreichen. Dafür kann es hilfreich sein, sich Ihrer eigenen Werte bewusst zu werden. Wenn wir wissen, warum wir etwas tun und was wir damit erreichen wollen, kann das eine unendliche Quelle von Energie darstellen und uns nähren. Unsere Willenskraft kann uns dazu inspirieren, etwas Sinnvolles in unserem Leben zu tun, was uns langfristig glücklich macht.

Bewusstsein:
Die vierte Art der Nahrung ist das *Bewusstsein*. In der westlichen Psychologie sprechen wir von einem *Unterbewusstsein* und in der buddhistischen Psychologie[25] von einem *Speicherbewusstsein* (Hanh, 2015). Es wird davon ausgegangen, dass jeder von uns ein *individuelles Speicherbewusstsein* hat und es darüber hinaus ein *kollektives Speicherbewusstsein* gibt. Eine Metapher lässt uns das Ganze leichter verstehen:

Stellen Sie sich das *individuelle Speicherbewusstsein* als Pflanzbeet in einem Garten vor. In der Erde liegen viele unterschiedliche Samen.

25 Dies ist nur ein kurzer Abriss der buddhistischen Psychologie und kann in diesem Rahmen nur einen kleinen Einblick gewähren. Ich empfehle allen Interessierten, sich noch weiter mit dem Thema zu beschäftigen.

Diejenigen Samen, die Sie wässern und düngen und die ausreichend Sonnenlicht erhalten, werden gut gedeihen und später Früchte tragen. Die Samen stehen für Gewohnheiten und Emotionen wie Freude, Mitgefühl, aber auch Angst, Wut und Hoffnungslosigkeit. Analog zum Wässern kann der Konsum von bestimmten Gesprächen, Büchern, Filmen oder Nachrichten entweder Freude, Mitgefühl oder auch Angst in Ihnen nähren. Die Früchte, die Sie ernten, sind Ihre Gedanken, Ihre Worte und Ihre Handlungen.

Neben der individuellen Betrachtungsebene können wir dadurch auch verstehen, dass öffentliche Diskurse und Narrative im kollektiven Speicherbewusstsein entweder Mitgefühl und Verbundenheit schaffen können oder Trennung, Angst und Hass schüren. Da wir als Individuum nicht von der Gesellschaft getrennt sind (mehr dazu ab S. 191), ist es wichtig, dass auch Sie sich in der Verantwortung sehen, auf eine nährende Art zu einem Diskurs beizutragen und damit unsere Gesellschaft insgesamt glücklicher zu machen

Türsteher für den Geist

Das Berghain ist ein Techno-Club in Berlin und für seinen Türsteher berühmt, der eine strikte »Türpolitik« verfolgt. Er schaut sich die potenziellen Gäste sehr genau an, bevor er ihnen Eintritt gewährt. Hier kommt keiner einfach so rein. Genau so einen gnadenlosen Türsteher sollte auch Ihr Geist haben. Ein Leibwächter, der kontrolliert, welche Informationen und Eindrücke Sie nähren und was Ihnen schaden könnte. Folgende Fragen kann Ihr Türsteher stellen, um zu prüfen, ob Ihre geistige Nahrung Ihnen und Ihrer Umwelt guttut:

- Nährt es oder zehrt es?
- Ist es auf individueller und auf kollektiver Ebene heilsam?
- Welche kurz- und langfristigen Folgen hat es für mich und für mein Umfeld?
- Welche Absicht steckt dahinter? Stärkt es meine eigenen Absichten und Werte oder bringt es mich davon ab?

Es bedeutet selbstverständlich nicht, dass Sie die Augen vor allem verschließen sollen, was schwierig und unangenehm ist. Diese Übung soll Ihnen dabei helfen, ein Bewusstsein dafür zu kultivieren, welche Informationen Sie in unserer reizüberfluteten Umwelt aufnehmen wollen und welche nicht (ab S. 205 gibt es weitere Hinweise, wie Sie auch mit schwierigen Nachrichten umgehen können, ohne dabei auszubrennen.)

Privilegien

Wenn wir über Glück sprechen und darüber reflektieren, finde ich es unerlässlich, dass wir uns daran erinnern, dass wir nicht alleine existieren. In den fünf Achtsamkeitsübungen (Hanh, 2015), die eine konkrete Ausformulierung der buddhistischen Ethik darstellen, heißt es in der zweiten Übung über das »wahre Glück«:

> *»Ich werde meine Zeit, Energie und materiellen Mittel mit denen teilen, die sie brauchen. Ich werde mich in tiefem Schauen üben, um zu erkennen, dass das Glück und das Leiden anderer nicht getrennt sind von meinem Glück und meinem Leiden, dass wahres Glück nur möglich ist mit Verstehen und Mitgefühl.«*

Was Thích Nhất Hạnh hier beschreibt, ist, dass wenn wir als Gesellschaft wirklich glücklich sein wollen, es nicht reicht, dass wir nur auf uns selbst schauen. Dazu müssen alle die gleichen Rechte genießen beziehungsweise darf keiner unter Benachteiligung leiden. Die Realität sieht leider anders aus. Stellen Sie sich vor, Sie müssten jedes Mal am Flughafen mehr Zeit einplanen, weil Sie wissen, dass Ihnen eine besonders langwierige Sicherheitskontrolle droht – aufgrund Ihrer Hautfarbe. Oder dass Sie Ihre Partnerschaft vor Ihrer Familie verheimlichen müssen – weil sie keine heterosexuelle Beziehung führen.

In der Soziologie werden Privilegien als jene Vorteile und Rechte verstanden, die nur bestimmte Menschen von Geburt an haben, beispielsweise aufgrund ihrer Hautfarbe, eines hohen Bildungsniveaus, eines wohlhabenden Elternhauses, ihres biologischen Geschlechts oder ihrer sexuellen Orientierung oder einer gesellschaftlich mehrheitlich akzeptierten Glaubensrichtung. Wenn wir offen über Privilegien sprechen, wird das sichtbar gemacht, was im Alltag unsichtbar ist, weil es von der Mehrheitsgesellschaft als Norm angesehen wird. Den Finger auf den »wunden Punkt zu legen« tut jenen Menschen weh, die privilegierter sind, und oft regen sich emotionale Widerstände: »Ich habe doch auch hart für meine Ausbildung und meinen Job gearbeitet.« In der Psychologie sprechen wir dann von einer *kognitiven Dissonanz* (Festinger, 1962): Wir wollen ein positives Selbstbild aufrechterhalten und wenn Informationen diese Überzeugung stören und wir diese innere Anspannung wahrnehmen, reagieren wir mit Rationalisierungen und Erklärungen.

In der Diskussion um Privilegien geht es nicht darum, privilegierten Menschen ihre harte Arbeit abzusprechen oder ihnen vorzuwerfen, dass ihr Leben ein Ponyhof sei. Ein achtsamer Umgang mit Privilegien bedeutet, darauf hinzuwirken, dass Sie sich dieser inneren Spannung und den damit einhergehenden Gefühlen und Gedanken bewusst werden.

Die Autorin und Trainerin für Rassismuskritik Tupoka Ogette schreibt in ihrem Buch *excit RACISM* (2018) unter anderem über das Privileg, weiß zu sein:

»Alles, was die Diskussion um weiße Privilegien sagt, ist, dass WEIẞSEIN nicht das Hindernis war, aufgrund dessen Du bestimmte Hürden überwinden musstest oder Dir Dinge verwehrt wurden. Dass WEIẞSEIN an vielen Stellen Deines Lebens kein Ausschlussfaktor ist und Dir deswegen keinen Zugang zu Ressourcen verwehrt werden wird.«

Sich seiner Privilegien gewahr zu werden ist wichtig, da dieses individuelle Bewusstsein notwendig ist, damit auch auf kollektiver Ebene eine nachhaltige Veränderung im Denken und Verhalten stattfinden kann.

Privilegien-Check

Machen Sie das Unsichtbare sichtbar, indem Sie sich bewusst mit dem Thema Privilegien auseinandersetzen. Im Internet gibt es z. B. ein »Check your privilege«-Online-Fragebogen[26], in dem Aussagen angekreuzt werden sollen, die auf Ihr Erleben zutreffen (z. B. »Ich bin noch nie wegen meiner Hautfarbe diskriminiert worden«, »Meine Eltern zahlen einen Teil meiner Rechnungen«, »Ich habe keine körperlichen Behinderungen«). Ich kann Ihnen auch den Artikel »White Privilege: Den unsichtbaren Rucksack auspacken«[27] von der Aktivistin Peggy McIntosh empfehlen, in dem sie 50 alltägliche Beispiele für *weiße* Privilegien aufführt. Ein Beispiel in der Liste ist unter anderem folgende Aussage: »Ich kann leicht Poster, Postkarten, Bilderbücher, Grußkarten, Puppen, Spielzeug und Kinderzeitschriften mit Abbildungen von Menschen kaufen, die wie ich weiß sind.«

Nachdem Sie nun Informationen gesammelt haben, können Sie Ihren Alltag bewusst mit der Privilegien-Check-Brille beobachten. Welche Situationen fallen Ihnen auf?

26 https://www.buzzfeed.com/regajha/how-privileged-are-you
27 https://www.ende-gelaende.org/wp-content/uploads/2021/07/McIntosh-White-Privilege.pdf

Werden Sie aktiv:

- Wie kann ich meine Privilegien und Ressourcen nutzen, um anderen Menschen mehr Zugang zu Räumen zu ermöglichen, die ihnen sonst verwehrt bleiben würden?
- Kann ich Menschen um mich herum an diese unsichtbare Ungleichheit erinnern und Kritik äußern?
- Kann ich mich als privilegierter Mensch zurücknehmen und nicht so viel Raum einnehmen, damit andere Stimmen und Perspektiven gehört werden können?

Beziehungen und wirkliche Verbundenheit

Was macht uns nun wirklich glücklich? Studien zeigten, dass es vor allem gute soziale Beziehungen sind, die ein erfülltes Leben ausmachen. Robert Waldinger ist Direktor der Harvard Study of Adult Development[28], einer Langzeitstudie, die seit 1938 mehrere Generationen von Menschen untersucht, um herauszufinden, was sie glücklich macht. Eine Limitation der Studie ist, dass die erste Gruppe der Untersuchung nur aus Männern bestand und erst im weiteren Verlauf auch Frauen aufgenommen wurden. Waldinger[29] fasste die Hauptergebnisse für ein erfülltes Leben in einer einfachen Formel zusammen: »In Aktivitäten eingebunden sein, die mir wichtig sind, mit Menschen, die mir wichtig sind.« Wichtige Aktivitäten und Aufgaben sind jene, die unsere Werte widerspiegeln. Einsamkeit, so Waldinger, sei für die Gesundheit so gefährlich wie Rauchen.

Unsere Welt ist unter anderem durch die sozialen Medien vernetzter denn je – und trotzdem fühlen sich viele Menschen isoliert und einsam. Wie geht das zusammen? Die Nutzung von Social-Media-Apps ist nicht per se schlecht. Forschende unterscheiden aber zwischen der *aktiven* und der *passiven* Nutzung. Bei der aktiven Nutzung werden die sozialen Medien als Mittel verwendet, um mit anderen Menschen oder Personengruppen direkten Kontakt zu halten und

28 https://www.adultdevelopmentstudy.org/

29 https://www.theguardian.com/lifeandstyle/2023/feb/06/how-to-have-a-happy-life-according-to-the-worlds- leading-expert

somit Beziehungen zu pflegen. Im Gegensatz dazu meint die passive Nutzung, dass Menschen nur Informationen von anderen Usern konsumieren (z. B. durch den Newsfeed scrollen) und nicht in den direkten Kontakt kommen. Die passive Social-Media-Nutzung steht im Zusammenhang mit einem geringeren Wohlbefinden, wohingegen die aktive Nutzung keinen Einfluss auf das Wohlbefinden hat. Die Forschenden vermuten, dass durch die passive Informationsaufnahme soziale Vergleichsprozesse aktiviert werden.

Nehmen Sie sich genug Zeit, um Ihre sozialen Beziehungen *aktiv* zu pflegen?

Beziehungen nähren

Leider haben wir Menschen den destruktiven Hang dazu, immer dann, wenn wir gestresst sind, genau an dem zu sparen, was uns eigentlich guttäte. Statt uns gesund zu ernähren, für ausreichend Bewegung zu sorgen und uns mit für uns wichtigen Menschen zu treffen, essen wir nebenbei, verkriechen uns auf die Couch und fühlen uns zu erschöpft, um noch etwas mit Freund:innen zu unternehmen. Weil es so wichtig ist, dass wir unsere Beziehungen nähren (»In Aktivitäten eingebunden sein, die mir wichtig sind, mit Menschen, die mir wichtig sind«), habe ich hier einige Ideen gesammelt, wie Ihnen das trotz stressiger Phasen gelingt. Unsere Beziehungen zu pflegen ist eine Form der Selbstliebe, die uns glücklich und gesund macht.

Eine Person am Morgen vertreibt Kummer und Sorgen

Denken Sie jeden Morgen an mindestens eine Person, mit der Sie im Laufe des Tages in Verbindung treten können. Es kann eine Kleinigkeit sein, z. B. eine Sprachnachricht, eine E-Mail oder eine Postkarte. Solch ein kleiner verbindender Akt scheint auf den ersten Blick nicht viel zu bewegen, doch in der Summe erleben Sie doch kontinuierlich bedeutungsvolle Interaktionen.

Dankbarkeit mit Personen

Sie können die Dankbarkeitsübung (S. 113) etwas anpassen und sich einen Moment Zeit nehmen, um einer Person zu schreiben oder zu sagen, warum Sie für diese Person dankbar sind (je konkreter und spezifischer, desto besser).

Gemeinsame Erinnerungen

Teilen Sie eine gemeinsame Erinnerung: Vielleicht gibt es eine besonders verbindende, lustige und nährende Erinnerung, an die Sie und eine nahestehender Person lange nicht mehr gedacht haben. Schreiben Sie der Person davon, um zu signalisieren, dass Sie gerade an sie denken.

Spontanes Treffen

Seien Sie spontan und rufen Sie einfach mal bei Freund:innen an und vereinbaren einen gemeinsamen Spaziergang oder einen gemeinsamen Kaffee in den nächsten zwei Tagen (oder sogar heute!).

Gemeinsame Aktivitäten

Gruppenerfahrungen können sehr heilsam sein. Schließen Sie sich z.B. einer Meditationsgruppe, einem Chor oder einem gemeinsamen Gartenprojekt an.

Auf einen Blick

- Glück ist ein subjektives Wohlbefinden, das mit einem Zustand von Zufriedenheit und Freude verbunden ist. Unser Glück ist auch davon abhängig, welche Glücksvorstellungen wir haben. Diese Vorstellungen sind von eigenen biografischen Erfahrungen und gesellschaftlich-kulturellen Normen geprägt.
- Wir sollten lernen, im gegenwärtigen Augenblick zufrieden zu sein, anstatt unser Glück an zukünftige Ziele und Bedingungen zu knüpfen, da wir ansonsten ständig neuen Zielen hinterherlaufen und nie ankommen.
- Werte sind selbst gewählte Vorstellungen über das, was uns im Leben wirklich wichtig ist. Werte sind immer positiv und man kann sie im Gegensatz zu Zielen nie ganz erreichen. Wenn Sie sich orientierungslos fühlen, kann es helfen, sich der eigenen Werte bewusst zu werden.
- Das Bewusstsein über die Vergänglichkeit von allem erinnert uns daran, im gegenwärtigen Moment zu leben und auch die gewöhnlichsten Dinge wertzuschätzen.
- Die buddhistische Übung über die *vier Arten der Nahrung* kann Ihnen als Metapher dienen, um zu unterscheiden, welche Gewohnheiten Ihnen guttun und Sie glücklich machen und welche belastend sind.
- Glück ist kein individuelles Erleben. Wir sind miteinander verbunden und sollten uns unserer Privilegien bewusst sein und aktiv werden, um weniger privilegierten Menschen mehr Raum, Sichtbarkeit und Gerechtigkeit zu ermöglichen.
- Das Wichtigste, um ein erfülltes Leben zu haben, sind unterstützende soziale Beziehungen.

Übungen in diesem Kapitel

- **Glücksvorstellungen.** Sie reflektieren Ihre eigenen Vorstellungen über Glück und wie diese beeinflusst wurden.
- **Werte erkennen und nähren.** Was sind Ihre Werte und wie können Sie diese konkret umsetzen?
  - **Ihr 80. Geburtstag**
  - **Was ist Ihnen im Leben wichtig?**
- **Vergänglichkeit und die Freude am Gewöhnlichen.** Sie werden sich der Vergänglichkeit der Dinge bewusst und freuen sich am gegenwärtigen Zustand.
- **Türsteher für den Geist.** Sie schützen bewusst Ihren Geist und beobachten, was ihn nährt und was an ihm zehrt.
- **Privilegien-Check.** Sie werden sich Ihrer Privilegien bewusst und gehen mit diesem Bewusstsein durch den Alltag.
- **Beziehungen nähren.** Sie haben Möglichkeiten, Ihre Beziehungen täglich ein kleines bisschen zu pflegen.
  - **Eine Person am Morgen vertreibt Kummer und Sorgen**
  - **Dankbarkeit mit Personen**
  - **Gemeinsame Erinnerungen**
  - **Spontanes Treffen**
  - **Gemeinsame Aktivitäten**

Was, wenn …? Ängste und Sorgen

Sie kennen diese Situation sicherlich: Egal ob Sie den Fernseher einschalten oder die Nachrichten lesen, Sie werden von einer Flut an erschreckenden Nachrichten regelrecht überrollt. Politische Konflikte, der Krieg in der Ukraine, rassistische Übergriffe, Naturkatastrophen, Inflation und die Nachwirkungen der Pandemie … die Negativliste kann scheinbar endlos weitergeführt werden. All das erzeugt in uns ein Gefühl von tiefer Unsicherheit. Neben den globalen Themen sind Sie natürlich auch mit individuellen Herausforderungen beschäftigt: Wie geht es nach dem Abi weiter? Soll ich studieren oder doch eine Ausbildung machen? Soll ich den Job wechseln oder lieber bleiben? Wann finde ich endlich eine erfüllende Partnerschaft? Wie gehe ich mit den steigenden Energie- und Mietkosten um?

Vielleicht fällt es Ihnen zunehmend schwer, Ihre Sorgen abzuschütteln, und Sie fragen sich oft, wie es in der Zukunft weitergehen soll. Wie können wir uns in einer Welt sicher fühlen, wenn sie so unsicher zu sein scheint? Und wie können wir lernen, mit unseren Sorgen umzugehen?

Haben Sie Angst, oder machen Sie sich eher Sorgen?

Angst ist eine Emotion, die wir alle kennen, und ein wichtiges Gefühl, das uns eine bedrohliche Situation signalisiert. Angst schützt uns, indem die direkt körperliche Reaktion uns darauf vorbereitet, zu kämpfen oder zu fliehen (siehe S. 44 ff.).[30] Unter *Sorgen* versteht man eine Kette von Gedanken und Vorstellungen, die mit unangenehmen Gefühlen einhergehen. Wenn wir vor einer befürchteten, schwierigen

30 Ängste und Sorgen sind in einer bedrohlichen Situation normal. Wenn Menschen allerdings über einen längeren Zeitraum Angst haben, obwohl es keinen Grund dafür gibt, und es sie massiv in ihrem Alltag einschränkt und zu einem hohen Leidensdruck führt, kann es sich um eine Angststörung handeln. Angststörungen sind eine psychische Erkrankung, die eine professionelle psychotherapeutisch-psychiatrische Behandlung benötigen. Die Übungen in diesem Kapitel dienen als Unterstützung und können eine professionelle Behandlung nicht ersetzen.

Situation stehen, reagieren wir mit Sorgen. Sich zu sorgen ist allerdings auch ein Lösungsversuch: Unser Gehirn möchte zukünftige Gefahrensituationen antizipieren und entwickelt verschiedene negative, bedrohliche Szenarien mit der Absicht, dass wir uns optimal vorbereiten können. Sorgen und Grübeln sind sich sehr ähnlich (siehe S. 76). Sorgen beziehen sich auf die Zukunft, wohingegen Grübeln auf die Vergangenheit zurückgreift. Beide Prozesse haben gemeinsam, dass wir nicht zu einer befriedigenden Lösung kommen, da sich unsere Gedanken nur im Kreis drehen.

Angst und Sorgen werden von körperlichen Reaktionen begleitet, z.B. einem erhöhten Herzschlag, Schwitzen und Anspannung der Muskeln. Auch die Wahrnehmung engt sich in bedrohlichen Situationen auf den Gefahrenreiz ein, sodass es schwer ist, an etwas anderes zu denken. Diese körperlichen Veränderungen sind Teil unserer Stressreaktion, die uns auf Gefahren vorbereitet (siehe S. 44 f.).

Segen und Fluch unserer Sorgen

Wir Menschen haben die einmalige Fähigkeit, uns Dinge vorzustellen. In unserer Imagination und Fantasie können wir überall hinreisen: Bilder und Situationen entstehen lassen, Gespräche mit Menschen führen, die existieren oder auch nicht. Das ist einerseits ein Segen, weil wir dadurch kreativ sein können und mögliche Gefahren durchspielen und vermeiden können. Andererseits zahlen wir für diese »Super Power« einen hohen Preis: Wir machen uns Sorgen. Anders als andere Säugetiere können wir uns in Gedanken in alle möglichen (absurden) Katastrophenszenarien versetzen. Unser Körper unterscheidet dabei nicht, ob die Gefahr nur eine Vorstellung ist oder ob sie schon tatsächlich eingetreten ist – er löst eine Stressreaktion aus. Allein die Vorstellung, niemals einen Partner zu finden und zu vereinsamen, versetzt uns in echte Angst.

Eine Studie von Ganis, Thompson und Kosslyn (2004) legte offen, wie mächtig unsere Imagination ist. Dabei wurden fMRT-Bilder (Gehirnscans) von Proband:innen gemacht, die entweder tatsächlich vorhandene Objekte betrachten und bewerten sollten (Wahrnehmung) oder die sich diese Objekte nur vorstellen (Vorstellung) sollten (Ganis, Thompson und Kosslyn, 2004). Die Ergebnisse zeigten, dass es insbesondere im frontalen und mittleren Bereich des Gehirns, die u.a. für die Emotionsaktivierung verantwortlich sind, keine signifikanten Unterschiede zwischen der tatsächlichen Wahrnehmung und der bloßen Vorstellung gibt.

Angst und unser Gehirn

Vereinfacht gesagt, lässt sich das Gehirn in ältere und jüngere Teile gliedern. Ältere Teile des Gehirns umfassen unter anderem die *Amygdala*, die auch als das Angstzentrum des Gehirns bezeichnet wird. Sie schlägt Alarm, sobald sie Gefahr wittert. Die jüngeren Teile wie der *präfrontale Kortex* sind entwicklungsgeschichtlich erst später entstanden. Der präfrontale Kortex wird auch als »Regisseur des Gehirns« bezeichnet, da er unter anderem für das Planen, Entscheiden, die Selbstkontrolle und die Emotionsregulation zuständig ist. Unser präfrontaler Kortex kann die Aktivität der Amygdala regulieren, um unnötige oder übertriebene Alarmreaktionen einzudämmen.

Studien (Lazar et al., 2005) haben gezeigt, dass eine langfristige und regelmäßige Meditationspraxis dazu führen kann, dass sich die Dichte des Kortex verändern kann, indem sie zu einer Zunahme der Nervenzellen führt und somit Informationen besser übertragen und verarbeitet werden. Dieses Phänomen wird als Neuroplastizität bezeichnet und beschreibt die Fähigkeit des Gehirns, sich im Laufe der Zeit zu verändern und anzupassen. Ihr Gehirn ähnelt einem Muskel: Wenn Sie bestimmte Bereiche regelmäßig trainieren, werden diese gestärkt.

Achtsamer Umgang mit Ängsten und Sorgen

Ein achtsamer Umgang mit Ängsten und Sorgen bedeutet, dass Sie wahrnehmen, mit welchen Körperempfindungen und Gedanken diese im gegenwärtigen Moment einhergehen. Zu stoppen und hinzuschauen, ist ein radikaler und mutiger Schritt. Immerhin sind Ängste und Sorgen so unangenehm, dass die meisten Menschen versuchen, sie durch Ablenkung oder Unterdrückung ganz zu vermeiden. Obwohl diese Strategien kurzfristig funktionieren können, verschwinden die Emotionen langfristig aber nicht oder werden sogar stärker.

Ein achtsamer Umgang mit Ängsten und Sorgen bedeutet auch, sie nicht zu verurteilen. Außerdem schließt Achtsamkeit immer ein Bewusstsein für das Geschehen um uns herum ein. Sie sollten also ein Bewusstsein für die kollektiven Ängste und Sorgen kultivieren und dafür, wie sich diese auf der gesellschaftlichen Ebene zeigen. Sich diesen Gefühlen, sei es auf individueller oder auf kollektiver Ebene, zuzuwenden, ist eine Form der (Selbst-)Fürsorge. Damit bringen wir zum Ausdruck, dass wir für uns selbst und unsere Gesellschaft da sind und nichts unter den Teppich kehren.

Zuletzt bedeutet ein achtsamer Umgang mit unseren Ängsten und Sorgen, sie zu erkennen und zu verstehen, welche Werte und Bedürfnisse (siehe S. 121 ff.) nicht ausreichend erfüllt wurden und nun unsere Aufmerksamkeit benötigen.

Eine solche Hinwendung und die Bereitschaftt, an die Wurzel der Angst zu gehen, stellt bereits einen bessern Umgang dar als Verdrängung und Vermeidung. Darüber hinaus können Achtsamkeits- und Meditationsübungen, unser Beruhigungssystem zu stärken.

Meine Ängste kennenlernen

Diese Schreibübung hilft Ihnen dabei, Ihren Ängsten Raum zu geben und zu verstehen, was ihnen zugrunde liegt. Wiederholen Sie die Übung einige Male, nehmen Sie sich aber je »Sitzung« nur eine oder zwei der Fragen vor. Am besten schreiben Sie von Hand. Lassen Sie bei Ihren Antworten Ihre Gedanken frei fließen, ohne sich über Schreibstil oder Rechtschreibfehler Gedanken zu machen. Wiederholen Sie diese Übung am nächsten Tag mit ein bis zwei neuen Fragen.

- Über welche Themen sorge ich mich (z. B. bevorstehende Veränderungen, Bewertung durch andere, FOMO, Klimakrise, Berufsthemen …)?
- Wie zeigt sich die Angst körperlich und psychisch (z. B. Herzrasen, schnelle, flache Atmung, Kloß im Hals, Schwitzen, Zittern, Übelkeit, Bauchschmerzen, Tunnelblick, Lustlosigkeit)?

- Welche Metapher würde am besten zu der Angst passen? Sie können sich auch eine fiktive Figur vorstellen (z. B. ein grauer Schleier oder ein schwerer Stein auf der Brust, ein Angsthase)?
- Was will mir meine Angst sagen? Welche Funktion hat meine Angst? Warum sind die Sorgen jetzt besonders stark?
- Welche Werte und Bedürfnisse werden in meinem Leben aktuell unzureichend erfüllt?
- Was würde ich tun, wenn die Angst weg wäre? Wie würde ich mich verhalten, fühlen und was würde ich denken? Wie würden andere Menschen mich wahrnehmen? Was wäre beobachtbar?

Wichtiger Hinweis: Diese Übung sollten Sie nicht machen, wenn Sie gerade eine akute, intensive Angst haben. Wie Sie oben gelesen haben, fällt es uns in einer akuten Stresssituation schwer, einen klaren Gedanken zu fassen. Machen Sie diese Übung in einem ruhigen Moment.

Eine angeleitete Meditation, in der Sie Ihre Angst bewusst wahrnehmen können, finden Sie hier: ***www.herder.de/extras***

Im Kapitel *Tut es mir gut? …* habe ich Ihnen die Übung *Nahrungsentzug für unheilsame Gewohnheiten* vorgestellt, mit der wir identifizieren können, wie Gewohnheiten aufrechterhalten werden und wie man unheilsamen Gewohnheiten ihre Lieblingsnahrung entzieht (siehe S. 23 f.). Diese Übung können wir auch auf den Umgang mit Ängsten übertragen. Im folgenden Beispiel beschreibe ich den Umgang mit *individuellen* Ängsten und Sorgen. Es ist auch sehr spannend, in dieser Übung Ängste auf einer *kollektiven* Ebene zu betrachten.

Was nährt meine Angst?

Wie werden Ängste und Sicherheit auf gesellschaftlicher Ebene genährt? Betrachten Sie Ängste unter folgenden Gesichtspunkten:

1. Die Lieblingsnahrung der Angst

Was nährt Ihre Angst und Sorgen? Welche Nahrung benötigt sie, um fortbestehen zu können?

Beispiel:

Nahrung für Ihre Angst: Mehrmals am Tag Nachrichten sehen (Bilder und Videos); Thriller und Krimis sehen und lesen; lange Gespräche mit Menschen, die sehr hoffnungslos sind; mich sozial isolieren.

2. Die Angst achtsam erkennen und ihr die Lieblingsnahrung entziehen

In der Übung *Meine Angst kennenlernen* haben Sie bereits körperliche Reaktionen gesammelt, die auftreten, wenn Sie an Ängsten leiden. Neben den körperlichen Signalen gibt es auch Verhaltensmerkmale, die darauf aufmerksam machen können, dass Sie sich gerade sorgen. Beobachten Sie, welche Verhaltensweisen darauf hindeuten. Das kann bei Menschen sehr unterschiedlich sein. Manche sind rastlos, fangen eine Aufgabe nach der anderen an, ohne etwas beenden zu können. Andere verdrängen ihre Sorgen durch Serienschauen oder Essen. Dann ist es wichtig, das Kind beim Namen zu nennen. Dadurch erkennen Sie das Gefühl an und schieben es nicht beiseite. Sie können Ihrer Angst auch einen lustigen Namen geben.

Beispiel:

Achtsamkeit für Ihre Angst: »Hallo Angst, ich weiß, dass du wieder da bist. Ich nenne dich jetzt Pippa. Das ist der Name meiner Lieblingskatze. Dadurch verlierst du deinen Schrecken. Du bist zwar sehr unangenehm, doch ich weiß, dass du manchmal kommst und wieder gehen wirst.«

Nahrungsentzug für Ihre Angst: Ich beschränke meinen Nachrichtenkonsum auf maximal einmal am Tag und werde Nachrichten lesen, statt mir TV- oder Onlinebilder anzusehen.

3. Sicherheit und ihre Nahrung

Hinter dem Gefühl von Angst und den damit einhergehenden Sorgen steht oft das Bedürfnis nach Sicherheit und Kontrolle. Wie können Sie das Bedürfnis nach Sicherheit nähren?

Beispiel:

Heilsame Gewohnheiten, die mir Sicherheit geben: Routinen und Struktur geben ein Gefühl von Vertrautheit, Kontrolle und Orientierung. Ich stehe jeden Morgen auf und befolge meine 30-Minuten-Routine. Atemübungen, die mich erden, beruhigen meinen Körper und geben mir das Gefühl von Sicherheit.

Nahrung für diese Gewohnheit: Früh genug zu Bett gehen, damit ich am Morgen nicht verschlafe und Zeit für meine Routine habe. Mir eine Erinnerung für meine Atemübungen stellen.

4. Sicherheit aufrechterhalten und füttern

Immer wenn Sie sich sicher und geborgen fühlen, nehmen Sie dieses Gefühl bewusst wahr und nennen auch dieses Kind bei seinem Namen. Dann gilt es, dieses Gefühl so lange aufrechtzuerhalten wie möglich.

Beispiel:

Heilsame Gewohnhei: Ich sitze in meinem Freundeskreis auf einer Wiese und merke, wie unbeschwert ich mich gerade fühle. Es tut mir gut, mit Freund:innen im Kontakt zu sein, die mich verstehen und mich unterstützen. Ich genieße diesen Augenblick mit all seinen Facetten und nehme mir vor, mir öfters Zeit für meine Freund:innen zu nehmen.

Beruhigung und Sicherheit schaffen

Es ist wichtig zu betonen, dass es in unserer schnelllebigen und komplexen Welt völlig normal ist, Ängste, Sorgen und damit Unsicherheit zu empfinden. Angst (und unsere Stressreaktion) kann uns Energie liefern und uns motivieren, aktiv zu werden. Um jedoch nicht allein von unserer Amygdala (das Angstzentrum im Gehirn) gesteuert zu handeln, sondern besonnen Entscheidungen treffen zu können, ist es wichtig, dass wir lernen, uns selbst beruhigen und in uns selbst Zuflucht finden zu können.

Der Buddha sagte einst: »Seid eine Lampe für euch selbst. Seid eure eigene Zuflucht.« Wenn es uns gelingt, in uns selbst einen Ort der Zuflucht zu finden, sind wir nicht abhängig von anderen Menschen und Dingen, um ein Gefühl von Sicherheit zu erlangen (wie beispielsweise dem Abschluss zahlreicher unnötiger Versicherungen). Unsere Lampe, unser Licht, ist unsere Achtsamkeit. Allein schon durch achtsames Atmen und achtsames Gehen können wir mit jedem Atemzug und mit jedem Schritt Zuflucht und Sicherheit finden.

Wir haben gesehen, dass unsere Vorstellungskraft uns unmittelbar in einen Alarmzustand versetzen kann, wenn wir katastrophisierende Gedanken und Bilder entwickeln. Die gute Nachricht ist: Wenn wir sie bewusst einsetzen, kann sie uns umgekehrt auch schnell dazu verhelfen, ein Gefühl von Sicherheit herzustellen. In einer Studie von Forschenden der Universität Jena (Schmidt et al., 2021) wurden Patient:innen der Intensivstation untersucht, die künstlich beatmet werden mussten. Viele Patient:innen fürchten sich vor der Beatmung und bekommen manchmal das Gefühl zu ersticken, wenn sie aus Panik gegen die Beatmungsmaschine atmen. Vor Beginn der Beatmung wurde das Ausmaß der Angst der Patient:innen erfasst. Anschließend wurde die Atemmaske angelegt und Psycholog:innen leiteten die Patient:innen dazu an, sich in ihrer Vorstellung an einen sicheren Ort zu begeben. Die Ergebnisse zeigten, dass die Patient:innen die Beatmungsgeräte durch diese einfache Imagination besser annehmen konnten. Zudem wurden eine langsamere Atmung, eine niedrigere Herzfrequenz und ein niedrigerer Blutdruck festgestellt – allesamt physiologische Indikatoren für Entspannung.

Folgende Achtsamkeitsübungen, die ausführlicher im Kapitel *Kennen wir uns? …* (siehe S. 33 f.) beschrieben sind, können Ihnen auch bei Angst helfen, sich selbst zu beruhigen und ein Gefühl von Sicherheit zu etablieren:

Sich selbst beruhigen

Achtsame Bauchatmung

Angst geht oft mit einer flachen Kurzatmigkeit einher. Ihr Körper befindet sich in einer akuten Stresssituation und es fällt Ihnen vermutlich schwer, einen klaren Gedanken zu fassen. Erinnern Sie sich daran, dass es jetzt in der Situation wenig hilfreich ist, sich weitere beängstigende Szenarien auszumalen. Kümmern Sie sich stattdessen um Ihren Körper. Bringen Sie Ihre ganze Aufmerksamkeit zu Ihrem Bauch und werden Sie sich bewusst, wie sich die Bauchdecke bei der Ein- und Ausatmung hebt und senkt. Wenn Sie diese Übung für 15 bis 20 Minuten durchführen, werden Sie wahrnehmen, wie Sie sich beruhigen.

Langsames Atmen

Durch das langsame Atmen, insbesondere das langsame Ausatmen, können Sie Ihren Parasympathikus, also Ihr Beruhigungssystem, aktivieren. Probieren Sie dazu die Übungen *Box-Atmung* und *Lippenbremse* (siehe S. 33 f.) aus.

Gehmeditation mit der Angst

Besonders bei starken Gefühlen wie Angst kann eine Gehmeditation heilsam sein. Sie bringen dabei Ihre ganze Aufmerksamkeit auf den Prozess des Gehens und spüren den Kontakt zwischen Ihren Füßen und der Erde. Sagen Sie sich ruhig: »Hallo Angst, ich werde jetzt eine Runde mit dir üben.« Mit jedem Schritt können Sie sich vorstellen, wie Sie Ihre Angst an den Boden abgeben.

Sicherheit schaffen

Mit Selbstmitgefühl antworten

Was würden Sie tun, wenn Sie bemerken, dass ein kleines Kind ängstlich ist? Vermutlich würden Sie es trösten und es in den Arm nehmen. Sie würden dem Kind keine Vorwürfe machen, es abwerten oder seine Ängste verschlimmern, indem Sie katastrophisieren und weitere Worst-Case-Szenarien ausmalen. Doch im Umgang mit unseren eigenen Ängsten neigen wir genau dazu.

Wenn Sie ängstlich sind, trösten Sie sich wie ein kleines Kind. Erkennen Sie an, dass es ein schwieriger Moment ist, der Ihnen gerade Sorge bereitet, und wünschen Sie sich von Herzen, dass Sie bald unbeschwert und sorgenfrei werden.

Dabei kann eine Mitgefühlsmeditation helfen. In dieser Meditation verbinden Sie sich innerlich mit wohlwollenden Wünschen der liebevollen Güte wie z. B. »Möge ich frei von Gefahr sein«. Dabei ist der Wortlaut nicht entscheidend, eher das Gefühl (mehr zur »liebenden Güte« ab S. 209).

Eine kurze Metta-Meditation, um Sicherheit zu schaffen, finden Sie hier: *www.herder.de/extras*

Sicherer Ort[31]

In dieser Übung entwickeln Sie in Ihrer Fantasie einen persönlichen, sicheren Ort, den Sie immer wieder aufsuchen können, um Kraft zu schöpfen. Diese Übung können Sie im Liegen oder im Sitzen durchführen.

Eine Audioübung zum sicheren Ort finden Sie hier: *www.herder.de/extras*

31 Diese Übung ist angelehnt an eine Anleitung für den inneren, sicheren Ort von Louise Reddemann aus ihrem Buch »Imagination als heilsame Kraft«, Klett-Cotta, 2016.

Geteiltes Leid ist halbes Leid

In diesem Sprichwort steckt viel Wahrheit, denn wir Menschen sind soziale Wesen und brauchen die Gemeinschaft. Bindung gehört sogar zu unseren Grundbedürfnissen (siehe S. 106 ff.). Häufig verspüren wir jedoch den Impuls, uns in unserer Angst zurückzuziehen und uns zu isolieren. Es lässt sich auch allgemein beobachten, dass eine stetig wachsende Zahl von Menschen in unserer Gesellschaft alleine lebt. Auch nutzen wir vermehrt Kommunikationskanäle, die wenig Raum für echte Verbindungen lassen: Letztendlich sind wir soziale Wesen und brauchen die Gemeinschaft und Verbundenheit. Alleine zu Hause mit unseren Ängsten zu sitzen, kann die Situation noch belastender machen. Teilen Sie sich deshalb Ihren Freund:innen und Angehörigen mit und suchen Sie eine Gemeinschaft aus Gleichgesinnten, die Ihre Sorgen teilen, zum Beispiel in Bezug auf die Klimakrise. Der Austausch und die Einsicht, dass man nicht alleine mit seinen Problemen ist, sind unglaublich heilsam. Diese Erfahrung beobachte ich immer wieder in meinen Gruppentherapien.

Auf einen Blick

- Angst ist eine wichtige Emotion, die uns vor Gefahren schützen soll, indem sie unseren Körper auf Kampf oder Flucht vorbereitet. Sie befähigt uns, auf akute Bedrohungen zu reagieren und auch zukünftige Gefahrensituationen zu antizipieren. Problematisch wird diese Funktion, wenn wir uns immerzu Katastrophenszenarien vorstellen, die unseren Körper dauerhaft in Alarmbereitschaft versetzen.
- Die Amygdala wird auch als »Angstzentrum« unseres Gehirns bezeichnet, da sie bei Gefahr Alarm schlägt. Hingegen ist der präfrontale Kortex (PFC) für die Planung, Entscheidungsfindung, Selbstkontrolle und Emotionsregulation zuständig.
- Ein achtsamer Umgang mit Ängsten bedeutet, sich ihnen bewusst zuzuwenden und die damit einhergehenden Körperemp-

findungen und Gedanken wahrzunehmen. Nehmen Sie sich Zeit zu entdecken, welche ihrer Bedürfnisse oder Werte derzeit nicht ausreichend erfüllt sind.

- Geteiltes Leid ist halbes Leid: Wir sind soziale Wesen und brauchen die Unterstützung von anderen Menschen. Insbesondere, wenn wir uns bedroht fühlen.

Übungen

- **Meine Ängste kennenlernen.** Sie stellen sich Reflexionsfragen zu Ihren Ängsten und beobachten in der Meditation Ihre Gedanken und Körperempfindungen.
- **Was nährt meine Angst?** Sie entziehen Ihrer Angst die Nahrung und nähren stattdessen das Gefühl der Sicherheit.
- **Sich selbst beruhigen.** Sie lernen Strategien, um sich bei Angst zu beruhigen.
  - **Achtsame Bauchatmung**
  - **Langsames Atmen**
  - **Gehmeditation mit der Angst**

- **Sicherheit schaffen.** Sie lernen Strategien, um bei Angst ein Gefühl der Sicherheit zurückzugewinnen.
  - **Mit Selbstmitgefühl antworten**
  - **Sicherer Ort**

Teil II

Achtsam mit dir

Verstehen und verstanden werden: achtsam kommunizieren

Schon in der Schule faszinierte mich der Kinderroman *Momo* von Michael Ende. Ich war besonders berührt von ihrer Fähigkeit, *wirklich* zuzuhören:

> *»[s]ie saß nur da und hörte einfach zu, mit aller Aufmerksamkeit und aller Anteilnahme. Dabei schaute sie den anderen mit ihren großen, dunklen Augen an (…) Momo hörte allen zu, den Hunden und Katzen, den Grillen und Kröten, ja, sogar dem Regen und dem Wind in den Bäumen. Und alles sprach zu ihr auf seine Weise. (…) Und wer nun noch immer meint, zuhören sei nichts Besonderes, der mag nur einmal versuchen, ob er es auch so gut kann.«*

Haben Sie das schon einmal erlebt, dass jemand Ihnen *wirklich* zuhört? Wie hören Sie anderen Menschen zu? Sind Sie wirklich präsent? Genau um diese Fragen geht es in der achtsamen Kommunikation. Lassen Sie uns gemeinsam schauen, was wir tun können, um bewusster zu sprechen und zuzuhören, und vielleicht schaffen wir es auch wie Momo, sogar dem Regen und dem Wind zu lauschen.

Achtsame Kommunikation

Kennen Sie das? Sie erzählen einer Person etwas und haben dabei das Gefühl, die Person sei nicht wirklich bei der Sache? Das kann sich verletzend und kränkend anfühlen. Doch wenn wir uns mal an die eigene Nase greifen: Wie oft denken wir während eines Gesprächs an etwas anderes? Oder vielleicht urteilen wir auch vorschnell, wenn uns jemand etwas erzählt? Die Kommunikation im Alltag bietet sehr viele Gelegenheiten, um in die Unachtsamkeit zu rutschen.

Achtsame Kommunikation ist eine bewusste, absichtsvolle Art und Weise, in einen Dialog zu gehen. Die Grundlage ist dabei unsere *Präsenz*. Sind wir wirklich für unser Gegenüber da? In unserem alltäglichen Multitasking-Modus stört oft im Hintergrund eine Stimme, die sich entweder mit zukünftigen To-dos beschäftigt oder unentwegt das Gehörte kommentiert. Beides kann sehr ablenkend sein und sich wie eine Mauer zwischen uns und unserem Gesprächspartner aufbauen.

Haben Sie sich schon einmal gefragt, mit welcher *Intention* beziehungsweise *Absicht* Sie zuhören und sprechen? Was wollen Sie erreichen? Wollen Sie helfen, überzeugen oder reden Sie einfach nur, um zu reden? Ich weiß, das hört sich zunächst sehr streng – und vielleicht auch anstrengend – an, so genau auf die eigene Kommunikation zu achten. Aber so ist es nicht gemeint. Wenn wir z. B. die Grundhaltung einnehmen, Freude und Mitgefühl in der Welt auszustrahlen, und mit dieser Intention in eine Begegnung gehen, wird das einen großen qualitativen Unterschied machen. Umgekehrt wirkt Kommunikation, die ohne Intention einfach nur nebenbei geschieht oder um die Stille zu füllen, vielleicht desinteressiert oder gehaltlos.

Unachtsame Kommunikation

Aufs Handy zu schauen statt dem Gegenüber ins Gesicht, unbedacht Urteile fällen oder vorschnell Lösungen und Ratschläge anbieten – all das sind Beispiele für eine unachtsame Kommunikation.

An dem Sprichwort »Ratschläge sind auch Schläge« ist viel dran. Sicherlich gibt es Situationen, in denen man handlungs- und lösungsorientiert vorgehen sollte. Doch wenn es darum geht, dass eine gute Freundin Liebeskummer hat und einen Raum braucht, um ihre Gefühle und Bedürfnisse zu teilen, kann ein reflexhafter Ratschlag der Marke »andere Mütter haben auch schöne Söhne« wie ein Schlag ins Gesicht wirken. Manchmal erleben wir auch, dass Gesprächspartner:innen so »engagiert« sind, dass sie der anderen Person ins Wort fallen, weil sie unbedingt noch ihren Senf dazugeben müssen. Obwohl nicht böse gemeint, kann sich das für den Sprechenden sehr unangenehm anfühlen.

Und natürlich sind auch die Worte, die wir wählen, ausschlaggebend dafür, ob unsere Kommunikation achtsam oder unachtsam verläuft. Studien haben gezeigt, dass die Art und Weise, wie wir sprechen, unsere Wahrnehmung beeinflussen kann (z. B. Boroditsky, Schmidt &

Philips, 2003; Winawer et al., 2007): Sie beeinflusst unsere eigene Wahrnehmung unserer Umwelt. Und sie beeinflusst, wie unser Gegenüber uns wahrnimmt. Wenn Sie gewaltvolle Worte verwenden oder Worte, die Diskriminierung und Spaltung fördern, werden Sie selbst die Welt als einen gewaltvollen und gespaltenen Ort erleben. Beispielsweise werden auf der politischen Bühne oft verallgemeinernde Gegenüberstellungen (»wir« vs. »die«) verwendet und Gruppen manifestiert, die sich als Gegner wahrnehmen.

Studie: Sprache beeinflusst unsere Wahrnehmung

Forschende an der Standford Universität wollten auswerten, ob Sprache unsere Wahrnehmung beeinflusst (Boroditsky, Schmidt & Philips, 2003). Dafür untersuchten sie, ob das grammatikalische Geschlecht in der Muttersprache von Proband:innen verändert, wie diese Objekte wahrgenommen werden. Dafür erstellten sie eine Liste mit Wörtern, die im Spanischen und im Deutschen entgegengesetzte grammatikalische Geschlechter haben. Spanische Muttersprachler und deutsche Muttersprachler sollten dann für jedes Wort, das ihnen in ihrer Muttersprache präsentiert wurde, drei Adjektive finden.
Ergebnis: Das grammatikalische Geschlecht beeinflusste tatsächlich die Wahrnehmung der Proband:innen – sie nahmen die Objekte anders wahr und benutzten andere Adjektive. »Schlüssel« ist im Deutschen maskulin (*der Schlüssel*) und im Spanischen feminin (*la llava*). Deutsch Sprechende beschrieben den Schlüssel als »hart, schwer, zackig«, wohingegen Spanisch Sprechende Wörter wie »golden, klein, lieblich, winzig« verwendeten, um den Schlüssel zu beschreiben.
Brücke ist im Deutschen feminin (*die Brücke)* und im Spanischen maskulin (*el puente*). Deutsch Sprechende assoziierten mit der Brücke Wörter wie »schön, elegant, zerbrechlich, hübsch und schlank«, während Spanisch Sprechende Attribute wie »groß, gefährlich, stark, robust« nannten.

Kommunizieren Sie absichtsvoll und achtsam. Werden Sie sich Ihrer Intention bewusst: Möchten Sie Trennung, Angst und Wut schüren, oder entscheiden Sie sich dazu, Mitgefühl, Offenheit und Frieden in die Welt zu tragen? »Genau da, wo du bist, ist der richtige Ort, um anzufangen«, sagt Pema Chödrön. In jedem Moment können wir uns neu ausrichten, uns erinnern und anfangen. Das ist achtsames Gewahrsein.

Achtsamkeit und Präsenz in Ihrer Kommunikation

Sich beim Zuhören zuhören

Haben Sie schon einmal darauf geachtet, was Sie denken, während Sie einer Person zuhören? Lauschen Sie doch einmal ganz bewusst, was für ein Parallel-Talk in Ihrem Kopf stattfindet. Vielleicht ist da eine Stimme, die schon das Abendessen plant, oder eine ambitionierte Stimme, die, während ihr Gegenüber noch spricht, schon überlegt, was sie bei der nächsten Gelegenheit Schlaues ergänzen kann. Vielleicht ist da auch eine wertende Stimme, die zu allem, was erzählt wird, ein Urteil parat hat.

Beobachten Sie, was Sie denken und fühlen, während Sie zuhören. Nehmen Sie sich für diesen Schritt ruhig ausreichend Zeit.
Richten Sie dann Ihre Aufmerksamkeit wieder so weit wie möglich auf Ihren Gesprächspartner. Stellen Sie sich vor, dass Sie wie ein Pendel zu ihm zurückschwingen. Übertreiben Sie mit den imaginären Pendelbewegungen zwischen Ihnen und Ihrem Gesprächspartner am Anfang ruhig etwas. Nur so wird Ihnen der Unterschied zwischen den Sphären Ihrer Aufmerksamkeit bewusst.

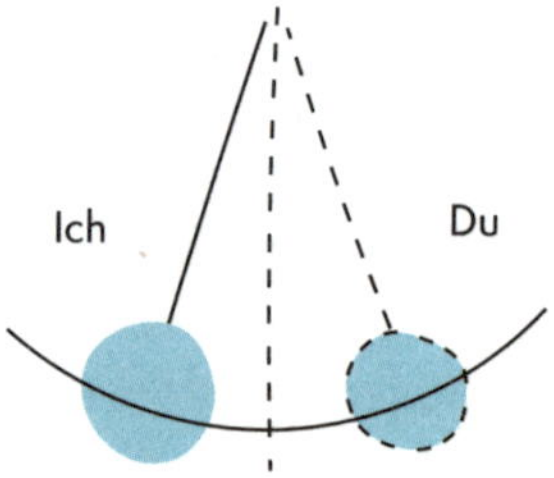

- Allmählich lassen Sie die Pendelbewegungen etwas ausschwingen. Kleine, gleichmäßige Bewegungen sind das Optimum. Wenn wir zu sehr bei uns sind, hat unser Gegenüber nicht viel von uns. Wenn wir aber nur bei unserem Gegenüber sind und uns komplett vergessen, ist das auch keine präsente Kommunikation.
- Wenn wir wirklich präsent sind, sind wir mit unserem Körper und unserem Geist im gegenwärtigen Moment verankert. Das bedeutet, dass wir auch spüren, was das Gesagte in uns auslöst, denn nur so können wir in Resonanz gehen (mehr dazu ab S. 197) und mitschwingen. Dieses Mitschwingen muss aber nicht zwangsläufig bedeuten, dass wir alles Gesagte vorschnell kommentieren. Folgende Fragen können Sie beim Beobachten unterstützen:
  - Läuft während des Zuhörens noch parallel ein Gespräch in meinem Kopf ab?
  - Bin ich körperlich im Kontakt mit diesem Moment, oder ist ein Fuß schon auf dem Sprung zum nächsten Termin? Lehne ich mich stark nach vorne, oder stellt mein Körper Distanz her?
  - Mit welcher Absicht bin ich in dieses Gespräch gegangen? Will ich durch mein Zuhören helfen/da sein/Lösungen vorschlagen/mich vergleichen …?
- Schreiben Sie sich Ihre Beobachtungen auf. Es kann spannend sein zu »dokumentieren«, wie sich die Qualität Ihres Zuhörens im Verlauf Ihrer Achtsamkeitsreise verändert.

Bahn frei für Ihre Präsenz

Dies ist die Adaptation einer Übung, die eigentlich für Psychotherapeut:innen entwickelt wurde, um ihre therapeutische Präsenz zu stärken (Geller und Greenberg, 2012). Ich lade Sie ein, mithilfe dieser Übung zu stoppen, nach innen zu schauen und all dem, was sich zwischen Ihnen und Ihrem Gegenüber in den Weg stellt, nachzuspüren, es zu benennen und es dann für den Moment loszulassen. Im

Kern geht es um die Frage: »Was hindert mich daran, wirklich präsent zu sein?«

Die Audioanleitung finden Sie hier: ***www.herder.de/extras***

Einfach nur da sein

Manchmal, wenn das Schicksal einen nahestehenden Mensch hart getroffen hat, gibt es einfach nicht viel, was man sagen kann. Vielleicht haben Sie das auch schon erlebt. Viele fürchten sich vor dieser Stille, denn sie lässt uns das fühlen, was wir unbedingt vermeiden möchten: Hilflosigkeit. Das Gefühl, dass wir im Angesicht des Unkontrollierbaren *nichts* tun können. In solchen Momenten spreche ich das bei Patient:innen ganz offen an: »Das ist wirklich schlimm, was Sie gerade erleben. Und ehrlich gesagt, mir fällt auch nichts ein, was ich sagen kann, um es besser zu machen. Aber ich bin jetzt für Sie da. Sie können hier weinen, schreien, fluchen – es ist alles okay. Ich halte das mit Ihnen gemeinsam aus.« Auch hier gilt: »Geteiltes Leid ist halbes Leid.« Großes Leid mit zu (er)tragen und einfach nur da zu sein, ist das Hilfreichste, was wir tun können. Ratschläge und vermeintliche Lösungen anzubieten, dienen oft nur unserem eigenen Impuls, der Situation zu entkommen.

Fragt man Patient:innen nach einer Therapie, was sie besonders unterstützend fanden, antworten die meisten, dass es eine heilsame Erfahrung war, jemanden zu haben, der ihnen wertschätzend zur Seite stand (und zuhörte). Die wenigsten werden sagen, dass Intervention 1 und 2 super ausschlaggebend waren. Der Zenmeister Thích Nhất Hạnh wusste: »Das wertvollste Geschenk, das wir anderen machen können, ist unsere Präsenz. Wenn unsere Achtsamkeit die Menschen, die wir lieben, umarmt, werden sie wie Blumen blühen.« Wir benötigen nicht viel, um unser Gegenüber glücklich zu machen oder wirklich zu helfen. Probieren Sie es bei der nächsten Gelegenheit aus. Lehnen Sie sich zurück, und seien Sie *nur da*. Nehmen Sie wahr, wenn Sie den Impuls spüren, zu kommentieren oder Lösungen anzubieten.

Ein warmes, mitfühlendes Lächeln und das Gegenüber aufrichtig und präsent anzusehen, können oft so viel mehr bewirken.

Bewusst sprechen

Lassen Sie uns nun noch weiter in die achtsame Kommunikation eintauchen. Ich hoffe, dass ich Sie ein wenig inspirieren konnte, um bewusst zuzuhören und wirklich präsent zu sein. Doch natürlich gehört zur achtsamen Kommunikation auch das bewusste Sprechen. Wenn Sie bewusst sprechen, sind Sie sich der Wirkung Ihrer Worte und Nachrichten bewusst. Die folgenden Übungen sollen Ihnen dabei helfen, Ihre Achtsamkeit für Ihre Sprache zu schärfen.

Bewusstes Sprechen üben

In Bildern sprechen

Bilder können uns im Alltag als Erinnerungsstütze dienen, um bewusst zu sprechen. Wenn wir abgelenkt sind, verlieren wir schnell das Bewusstsein dafür, was wir sagen und welche Wirkung unsere Worte auf unser Gegenüber haben.
Folgende Bilder können Ihnen dabei helfen, bewusst zu sprechen:

- **Brücke:** Baue ich Brücken oder zerschlage ich sie?
- **Mauer:** Errichte ich eine Mauer oder öffne ich Türen?
- **Pfeile:** Schieße ich Giftpfeile oder Liebespfeile?
- **Duft:** Duften meine Worte wie frische Blumen oder sind sie säuerlich und stinken?
- **Wetter:** Donnern meine Worte wie ein Gewitter oder sind sie eine leichte, frische Windbrise?

Seien Sie kreativ und überlegen Sie sich eigene Metaphern. Es geht bei dieser Übung nicht darum, dass wir immer »lieblich duftende« Worte benutzen sollen. Manchmal braucht es auch ein lautes, donnerndes »Nein!«.

Die vier Zauberfragen[32]

Diese Übung stammt aus dem Buch *Achtsame Spiele* von Susan Kaiser Greenland (2018). Sie soll uns helfen zu überprüfen, ob unsere Worte wohlwollend und hilfreich sind. Vor einem Gespräch, insbesondere wenn schwierige Themen angesprochen werden sollen, können Sie sich folgende Fragen stellen:

- Ist es wahr?
- Ist es notwendig?
- Ist es freundlich?
- Ist es der richtige Zeitpunkt?

1. Ist es wahr?

Keine Sorge, es wird Ihnen nicht unterstellt, dass Sie lügen. Aber überlegen Sie einmal, ob Sie manchmal zu dick auftragen oder etwas herunterspielen – besonders dann, wenn Sie sich über andere oder sich selbst ärgern. Zum Beispiel erzählen Sie Ihrer Freundin, dass eine Kassiererin sie heftig angeschnauzt habe, nur weil Sie mit der EC-Karte zahlen wollten. Tatsächlich hat diese Ihnen aber zweimal gesagt, dass das EC-Lesekartengerät defekt sei, weil Sie es beim ersten Mal nicht registriert hatten. Das macht einen gewaltigen Unterschied: Zum einen wird Ihre Darstellung des Geschehens der armen Kassiererin nicht gerecht, zum anderen bekommt Ihre Freundin ein ganz verzerrtes Bild der Realität.

Im Buddhismus zählt das Unterlassen von absichtlichen Über- oder Untertreibungen eines Sachverhalts zur Praxis der *rechten Rede*. In der vierten Achtsamkeitsübung zum liebevollen Sprechen und tiefen Zuhören, heißt es: »Ich bin entschlossen, keine Nachrichten zu verbreiten, wenn ich nicht sicher bin, dass sie der Wahrheit entsprechen.« Wie oft geben wir im Alltag irgendwelche Gerüchte oder Halbwahrheiten weiter? Diese »Gossip-Kultur« ist schädlich und

32 Im Original heißt die Übung »Die drei Tore« aus Achtsame Spiele von Susan Kaiser Greenland. In der ursprünglichen Übung sind die ersten Fragen zentral und die vierte Frage ist eine Ergänzung.

trägt auch dazu bei, dass Fakten und wissenschaftliche Befunde nicht mehr als solche anerkannt werden.

2. Ist es notwendig?

Diese Frage erinnert uns daran, dass wir manchmal aufgrund von starken Emotionen dazu neigen, impulsiv etwas zu sagen. Muss ich wirklich das sagen, was ich unbedingt loswerden wollte, oder gibt es auch die Möglichkeit, dass ich mir die Situation noch einmal genauer anschaue, um zu sehen, ob ich selbst etwas daran ändern kann? Eine Variation der Frage lautet: »Ist es hilfreich?« – Wenn Ihr Anliegen nicht wirklich wichtig oder hilfreich ist, können Sie auch abwarten, ob es sich nicht von selbst löst.

3. Ist es freundlich?

In unserer Wut und Gekränktheit wollen wir unser Gegenüber manchmal verletzen und denken, dass es uns dadurch besser gehen wird. Sie werden jedoch feststellen (und haben diese Erfahrung sicher schon gemacht), dass es Ihnen überhaupt nicht besser geht, wenn Sie fiese und hasserfüllte Dinge sagen. Können wir trotz unserer starken Gefühle noch respektvolle, freundliche Wörter finden?

4. Ist es der richtige Zeitpunkt?

Timing ist manchmal wirklich alles: Stellen Sie sich vor, eine Freundin berichtet Ihnen von einem Vorhaben, sie ist motiviert und möchte Ihre Meinung hören. Und nun sagen Sie, dass das sicher viel Zeit in Anspruch nehmen und neben den anderen Verpflichtungen ihrer Freundin kaum umsetzbar sein wird. Durch ein solches Feedback (richtige Idee, falscher Zeitpunkt) am Anfang ihres Vorhabens können Sie Ihrer Freundin die ganze Motivation nehmen. Sie wird sich nun nicht mehr mit vollem Elan ransetzen. Durch diese Frage nach dem richtigen Zeitpunkt wollen wir uns vergegenwärtigen, dass Dinge reifen müssen und ein Wort im falschen Moment etwas Gutes im Keim ersticken kann.

Gewaltfreie Kommunikation

Die *gewaltfreie Kommunikation* (GFK) wurde von dem Psychologen Marshall Rosenberg begründet und zielt darauf ab, Kommunikation so zu gestalten, dass Beziehungen aufgebaut und aufrechterhalten werden. Die Methode wird weltweit von zertifizierten Trainer:innen vermittelt.[33] Im Zentrum stehen vier Schritte der gewaltfreien Kommunikation. Aus meiner Sicht handelt es sich dabei nicht bloß um ein Schema, sondern um eine achtsame Haltung, die wir in den Alltag integrieren können. Folgende Schritte empfiehlt Marshall Rosenberg in der Kommunikation. Sie sind eine Einladung, innezuhalten und die Aufmerksamkeit auf sich selbst und das Gegenüber zu richten.

1. Beobachtungen

In diesem Schritt geht es darum, etwas zu beschreiben, ohne Bewertungen oder Interpretationen einzustreuen. Vielen Menschen fällt das schwer. Sehen wir uns den Unterschied an »Du bringst nie den Müll raus« vs. »Heute morgen hast du den Müll nicht rausgebracht«. Richtig, der erste Satz ist eine Bewertung, der zweite eine Beobachtung. Und wahrscheinlich wird die Bewertung beim Gegenüber eher eine abwehrende Reaktion auslösen, wohingegen die Beobachtung eher dazu führen wird, eine Einigung zu finden.

Wenn Sie sich noch einmal die Definition von Achtsamkeit vergegenwärtigen, fällt Ihnen bestimmt auf, dass eines der zentralen Elemente das *Nicht-Verurteilen von Beobachtungen* ist. Durch Ihr achtsames Gewahrsein können Sie im Alltag Ihren Blick darauf schulen, *wie* Sie Dinge um sich herum beobachten. Welchen Beigeschmack bekommen Ihre Beobachtungen durch Bewertungen oder Interpretationen?

33 Ich bin keine GFK-Trainerin und kann in diesem Rahmen nur eine kurze Zusammenfassung liefern, die der GFK so nicht gerecht wird. Die GFK bietet aus meiner Sicht einen sehr konkreten, hilfreichen Rahmen, um achtsamer zu kommunizieren. Deshalb dient dieser Abschnitt für Sie nur als Inspiration. Ich empfehle Ihnen sehr, sich noch tiefer mit der GFK auseinanderzusetzen, z. B. über Bücher oder selbst einen Workshop zu belegen.

2. Gefühle

Sie drücken aus, welches Gefühl die gemachte Beobachtung in Ihnen auslöst. Auch das ist gar nicht so einfach. »Unser Repertoire an Schimpfwörtern ist oft umfangreicher als der Wortschatz, mit dem wir unseren Gefühlszustand klar beschreiben können«, schreibt Rosenberg und ich finde, er hat recht (siehe S. 102 ff.). Ich übe mit vielen meiner Patient:innen Gefühlswörter, so wie Sie in der Schule früher Englischvokabeln gelernt haben. Gefühle werden oft mit Gedanken verwechselt. Wenn Andrej seiner Freundin sagt »Ich habe das Gefühl, dass du mich nicht siehst«, ist das nicht sein Gefühl, sondern ein Gedanke. Würde er stattdessen sagen »Ich habe mich in diesem Moment einsam gefühlt«, wäre das tatsächlich ein Ausdruck seiner Emotionen.

3. Bedürfnisse

Wie Sie inzwischen wissen, sind Gefühle Signale für ein unerfülltes Bedürfnis. Wenn Sie z. B. Angst empfinden, könnte dahinter das Bedürfnis nach Sicherheit stecken. In unserer Kommunikation sind wir schnell dabei, Vorwürfe zu formulieren und dem anderen seine vermeintlichen Fehler aufzuzeigen. Es ist nämlich viel schwieriger, sich mit der Frage auseinanderzusetzen, *was wir eigentlich brauchen*. Um im obigen Beispiel zu bleiben, könnte Andrej sagen: *»Ich merke einfach, dass ich Nähe brauche, z. B. durch eine Umarmung.«* Wenn Sie selbst nicht wissen, was Sie brauchen, wie können andere es wissen? Dazu kann es hilfreich sein, noch einmal einen Blick auf unsere psychologischen Grundbedürfnisse zu werfen (siehe S. 106 ff.).

4. Bitten

Es reicht oft nicht aus nur zu sagen, was wir fühlen und was wir brauchen. Reichen Sie Ihrem Gegenüber die Hand, bauen Sie eine Brücke und formulieren Sie eine konkrete Bitte. Sie kann eine Hilfestellung für Ihr Gegenüber sein. Manchmal sehen wir die Not des anderen, wissen aber nicht, wie wir uns zu verhalten haben. Eine Bitte als Einladung zu handeln wird dann gerne erfüllt. Dennoch ist eine Bitte keine Forderung, und auch die Nichterfüllung muss in Ordnung sein.

Andrej könnte z. B. sagen: »Wenn du magst und bereit bist, würde ich dich um eine feste Umarmung bitten.«

Auf einen Blick

- Achtsame Kommunikation zeichnet sich dadurch aus, dass Sie bewusst zuhören und sprechen und sich auch Ihrer Absichten während des Gesprächs bewusst sind.
- In schwierigen Situationen vergegenwärtigt die Stille uns unsere Hilflosigkeit. Wir neigen dazu, die Stille mit Ratschlägen zu füllen. Doch besonders in diesen Momenten kann es am hilfreichsten sein, wirklich nur für den anderen da zu sein.
- Die *gewaltfreie Kommunikation* bietet einen konkreten Übungsrahmen, um Ihre *bedürfnisorientierte Kommunikation* zu stärken.

Übungen in diesem Kapitel

- **Achtsamkeit und Präsenz in Ihrer Kommunikation.** Sie werden sich bewusst, wie Sie sich in Gesprächen verhalten, und schulen Ihre Präsenz.
    - Sich beim Zuhören zuhören
    - Bahn frei für Ihre Präsenz
- **Bewusstes Sprechen üben.** Sie überlegen sich kreative Sprachbilder und machen sich bewusst, ob das, was Sie sagen, hilfreich und freundlich ist.
    - In Bildern sprechen
    - Die vier Zauberfragen

Dicke Luft: Achtsamkeit bei Konflikten

Allie und Noah sind seit einigen Jahren ein Paar. In letzter Zeit häufen sich bei ihnen Konflikte. Eines Abends geraten sie erneut aneinander, weil Noah vergessen hat, das Abendessen vorzubereiten, obwohl er es versprochen hatte. Allie ärgert sich darüber und wird sehr laut und fordernd. Sie möchte, dass Noah sich erklärt und sie eine gemeinsame Lösung finden. Noah zieht sich stattdessen zurück. Er möchte in Ruhe über die Situation nachdenken, weil er nicht weiß, was er in diesem Moment sagen soll. Im Verlauf des Streits äußern beide verletzende Dinge. Allie wirft Noah vor, nie auf ihre Bedürfnisse einzugehen. Noah beschuldigt Allie, ihn ständig unter Druck zu setzen und kontrollieren zu wollen. Obwohl sie einander sehr lieben, fällt es ihnen schwer, in Momenten des Konflikts aufeinander einzugehen. Sie kennen solche Situationen bestimmt auch. Es geht eigentlich nicht um das Abendessen, sondern um unerfüllte, nicht bewusste Bedürfnisse. Wie können wir streiten, ohne unsere Liebsten und uns selbst zu verletzen?

Was sind Konflikte eigentlich?

Konflikte sind natürliche Zustände innerer Spannung, die durch unterschiedliche Meinungen, Werte, Interessen und Ziele zwischen Menschen entstehen können. Wenn Menschen über längere Zeit zusammenkommen und ihre verschiedenen Wahrnehmungen aufeinandertreffen, ist es ganz normal, dass Konflikte auftreten. Um einen guten Umgang mit Konflikten zu finden, ist es zunächst wichtig, diese zu normalisieren und nicht zu verurteilen. Indem wir Konflikte als Möglichkeit betrachten, bislang unerfüllte Bedürfnisse anzusprechen, können wir sie als Chance und Potenzial begreifen, die unsere Beziehung langfristig stärken.

Was passiert, wenn wir uns streiten?

Im Streit spüren wir oft rasende Wut, die uns signalisiert, dass unsere Grenzen verletzt wurden. In diesem Moment ist unser präfrontaler

Kortex mit seinen logischen Entscheidungen und bedachter Impulskontrolle nicht gefragt. Es übernimmt wieder einmal unser Alarmsystem im Gehirn, die Amygdala, die Kontrolle und verengt unsere Aufmerksamkeit auf den bevorstehenden »Kampf« (siehe S. 44 f.). Klar zu denken, fällt jetzt schwer und die mangelnde Impulskontrolle in der Stressreaktion kann zu heftigem Verhalten und bösen Worten führen. Psycholog:innen sprechen sogar von einem *Amygdala-Hijack* (Amygdala-Entführung).

Warum können gerade Konflikte in Liebesbeziehungen so eine laute und fiese Dynamik annehmen? Die Psychologin und Begründerin der *emotionsfokussierten Paartherapie* Sue Johnson hat in ihrer Arbeit mit Paaren beobachtet, dass in solchen Situationen das Bindungssystem der erwachsenen Partner:innen aktiviert wird. Wie ein kleines Kind auf die Trennung von seiner Mutter reagiert, so fürchten auch die Erwachsenen den Verlust ihrer Hauptbezugsperson. Die Beleidigungen und die laute Kritik in einem Streit sind laut Johnson nichts anderes als ein Hilferuf nach Liebe und der tiefe Wunsch nach einer sicheren Bindung – einem fundamentalen Grundbedürfnis, das evolutionär das Überleben sicherte. Im Grunde genommen kämpfen Paare in Konflikten also um nicht weniger als ihr Überleben. Sie bekriegen sich, doch in Wirklichkeit kämpfen sie um einander. Hinter all den giftigen Worten verbergen sich laut Johnson (2019) folgende Fragen: »Kann ich auf dich zählen?«, »Kann ich mich auf dich verlassen?«, »Bist du für mich da?«, »Schätzt und akzeptierst du mich?«.

Schauen wir noch einmal Allie und Noah an: Allie fürchtet sich davor, Noah zu verlieren. Sie reagiert auf diese fundamentale Bedrohung, indem sie so lange an ihm zerrt, bis er irgendeine Reaktion zeigt. Noah hingegen ist von Angst und Trauer über den erneuten Konflikt überflutet und reagiert mit Erstarrung und sozialem Rückzug. Wenn beide erkennen könnten, dass sie eigentlich das Gleiche wollen, könnten sie sich auf das wirklich Wichtige konzentrieren: an Ihrer Verbindung zu arbeiten.

Wichtig: In diesem Kapitel soll es um alltägliche Situationen gehen, in denen »eigentlich glückliche« Paare oder auch Familien oder Kolleg:innenkreise einen guten Umgang pflegen, aber sich auch immer wieder in einen Konflikt begeben. Jedoch gibt es Konflikte und Auseinandersetzungen, auf die *nicht zutrifft*, was ich in diesem Kapitel beschreibe. Bei Grenzverletzungen wie physischer und psychischer Gewalt ist es wichtig, dass wir die Situation schnell verlassen und Schutz suchen. Achtsamkeit bedeutet nicht, dass wir alles erdulden müssen. Wenn etwas falsch ist, braucht es ein klares Nein.

Studie: Ablehnung und sozialer Ausschluss schmerzen

In einer Studie von Eisenberger, Liebermann und Williams (2003) konnte gezeigt werden, dass sozialer Ausschluss und Ablehnung tatsächlich körperlich schmerzhaft sein können. Proband:innen sollten in einem Magnetresonanztomografen (MRT) über einen Bildschirm an einem Ballspiel mit zwei anderen Teilnehmer:innen teilnehmen. In Phase 1 wurde der Versuchsperson im MRT mitgeteilt, dass es technische Probleme gebe und sie vorerst nicht am Spiel teilnehmen könne, während die beiden anderen Spieler:innen bereits begonnen hatten. In Phase 2 wurde der Versuchsperson gesagt, dass die Verbindung wieder einwandfrei funktioniere. Die zwei anderen Spieler:innen bezogen die Versuchsperson mit ein und warfen ihr den Ball zu. In Phase 3 warfen sich die zwei Spieler:innen jedoch nur noch gegenseitig den Ball zu und schlossen die Versuchsperson im MRT aus. Die Ergebnisse des Experiments zeigten, dass während des sozialen Ausschlusses in der dritten Phase des Experiments insbesondere der *anteriore cinguläre Cortex* aktiviert wurde, der auch bei physischem Schmerz aktiviert ist. In diesem Experiment wurde die Wirkung von sozialem Ausschluss unter Fremden untersucht. Wenn schon der soziale Ausschluss unter Fremden Schmerz auslöst, wie schmerzhaft und bedrohlich muss es dann erst sein, wenn wir das Gefühl haben, dass sich unsere Hauptbezugsperson, unser sicherer Hafen, von uns abwendet?

Wie kann Achtsamkeit in einem Konflikt helfen?

Wenn wir achtsam mit Konflikten umgehen, bedeutet es zunächst, dass wir anerkennen und akzeptieren, dass ein Konflikt besteht, ohne ihn zu verurteilen. Manche Menschen vermeiden Konflikte aus Angst, obwohl sie unzufrieden sind und ihnen etwas nicht passt. Doch wenn wir unsere Emotionen und Bedürfnisse über einen längeren Zeitraum unterdrücken, können sie wie ein Ball, den man unter Wasser gedrückt hat, plötzlich hochschnellen.

Ein achtsamer Umgang mit Konflikten bedeutet auch, dass wir genau in uns hineinhören und beobachten, wie unser Körper auf den Konflikt reagiert und welche Gedanken und Gefühle ausgelöst werden. Mit dieser offenen Haltung nehmen wir auch eher die Perspektive unseres Gegenübers wahr und hören auf seine oder ihre Gedanken und Gefühle.

Darüber hinaus können Achtsamkeitsübungen dabei helfen, starke Emotionen zu regulieren. Auf diese Weise können wir uns aus der Amygdala-Entführung befreien und unserem präfrontalem Kortex die Kontrolle zurückgeben. Dies erleichtert es uns, wieder klar zu denken, um eine gemeinsame Lösung mit dem Gegenüber zu finden.

Die drei Phasen des achtsamen Streitens

Ein Konflikt lässt sich mit einem Sturm vergleichen. Anhand dieser Metapher möchte ich drei Phasen beschreiben, wie wir achtsamer streiten können. Konflikte sind, wie wir bereits festgestellt haben, unvermeidlich. Wenn wir im Voraus wissen, dass ein Sturm aufzieht und Regen erwartet wird, können wir uns darauf vorbereiten, indem wir zum Beispiel wetterfeste Kleidung tragen. Ebenso können wir uns gut auf Konflikte vorbereiten. Sobald der Sturm da ist, ist es wichtig, sich zu schützen, einen sicheren Ort zu finden und abzuwarten. Ähnlich verhält es sich auch in einer Streitsituation. Wenn die Wolken dann weggezogen sind, müssen wir möglicherweise aufräumen. Es könnten Äste auf dem Boden liegen oder etwas umgestürzt sein. In Konflikten fallen oft harsche Worte, die wir bereuen. Wir können innerlich »aufräumen« und uns um Versöhnung bemühen.

1. Vorbereitung – wetterfeste Kleidung

Es gibt viele Erkenntnisse darüber, wie Konflikte durch vorbeugende Maßnahmen vermieden werden können. Dazu zählen beispielsweise eine wertschätzende, respektvolle Kommunikation und das klare Ausdrücken eigener Bedürfnisse und Grenzen. All diese Aspekte sind wichtig. Wir sollten unsere Beziehung kontinuierlich pflegen und nicht erst dann damit beginnen, wenn sie bereits ins Wanken geraten ist. Hier soll es allerdings darum gehen, welche Maßnahmen wir ergreifen können, wenn wir erwarten, dass es zu einem Konflikt kommen wird.

1.1 Time-Out-Vereinbarung

Treffen Sie mit Ihrem Partner oder Ihrer Partnerin in einer friedlichen und entspannten Phase eine Time-Out-Vereinbarung für Konflikte. Sie soll Ihnen beiden die Möglichkeit geben, sich auch während eines Streits wieder zu beruhigen. Der Psychologe John Gottmann konnte in Studien mit Paaren herausfinden, dass der Stress während eines Konflikts auch auf körperlicher Ebene messbar ist. Dabei wurden ein erhöhter Herzschlag und ein Anstieg von Stresshormonen festgestellt. Gottman bezeichnete diesen Zustand als »Flooding«, weil die

Paare regelrecht von ihren Emotionen und körperlichen Reaktionen überschwemmt wurden. In seinen Untersuchungen zeigte sich, dass eine höhere physiologische Erregung während des Konflikts mit einer schnelleren Verschlechterung der Beziehung in den nächsten drei Jahren einherging (Levenson & Gottman, 1985).

Es ist also sehr wichtig, sich während eines Streits die Möglichkeit zu geben, sich zu beruhigen. Ein vereinbartes Code-Wort oder Zeichen kann dabei helfen, sich auch dann daran zu erinnern, wenn die Emotionen hochkochen. Des Weiteren ist es empfehlenswert, sich räumlich voneinander zu trennen. Sie sollten auch die Dauer des Time-Outs im Voraus festlegen. Es wird empfohlen, sich maximal eine Stunde zu nehmen. Sollten Sie danach feststellen, dass Sie noch mehr Zeit benötigen, können Sie zusätzlich 30 Minuten anhängen. Eine schriftliche Time-Out-Vereinbarung kann ebenfalls sinnvoll sein, um alles festzuhalten und es verbindlicher zu gestalten:

Time-Out-Vereinbarung

Im Falle eines Konflikts einigen wir uns auf einen Time-Out. Durch das Wort ________________________________ oder das Zeichen ___________________ signalisieren wir uns, dass wir ein Time-Out benötigen. Wir respektieren, dass unser Gegenüber dieses gemeinsam vereinbarte Wort oder Zeichen einbringt, und hinterfragen es nicht.
Der Time-Out dauert maximal eine Stunde.
Nach einer Stunde kommen wir wieder zusammen und prüfen, ob wir noch mehr Zeit benötigen und hängen wenn nötig 30 Minuten an.
In der Zeit des Time-Outs werden wir uns selbst beruhigen.

Name und Unterschrift: __________________________________

Name und Unterschrift: __________________________________

1.2 Beruhigungsstrategien füreinander

Damit Sie nach dem Time-Out nicht direkt in die nächste Eskalationsspirale geraten, überlegen Sie im Voraus gemeinsam, wie Sie sich gegenseitig dabei unterstützen können, sich zu beruhigen. Das kann beispielsweise eine sanfte Berührung sein. Beantworten Sie die folgenden Fragen gemeinsam:

- Woran erkenne ich, dass du und ich überflutet sind?
- Was hilft dir in Situationen, die dich überfordern?
- Was kann ich für dich tun, wenn du dich überflutet fühlst?
- Was, denkst du, hilft mir, wenn ich mich überflutet fühle?

2. Der Sturm – Schutz suchen

Sobald Sie merken, dass das Gewitter beginnt, ist es wichtig, Schutz zu suchen. Genauso ist es in Konfliktsituationen wichtig, dass Sie sich selbst und Ihre Beziehung schützen.

2.1 Die Gottmann-Konstante (5 : 1)

John Gottmann fand in seinen Studien über Paare heraus, dass stabile und zufriedene Beziehungen dadurch gekennzeichnet sind, dass trotz Konflikten kleine, positive Momente die negativen überwiegen. Gottmann betont, dass negative Interaktionen eine stärkere, absorbierende Wirkung haben und mehr Schaden anrichten können als positive Interaktionen. Gemäß der *Gottmann-Konstante* sollten im Streit die positiven Momente im Verhältnis von 5 zu 1 gegenüber den negativen überwiegen. Ein positiver Moment kann dabei ein Lächeln, eine liebevolle Berührung oder auch ein kleiner Witz sein. Es ist wichtig, dass Sie die Bedeutung dieser wohltuenden, verbindenden und positiven Momente erkennen. Andernfalls könnte es seltsam wirken, wenn Sie beim nächsten Streit versuchen, einen Witz zu machen, ohne dass Ihr Partner darüber informiert ist. Er könnte sich dann nicht ernst genommen fühlen.

2.2 Achtsames Sprechen

Obwohl wir den Menschen, der vor uns steht, schätzen und lieben, nehmen wir ihn im Streit als unseren Feind wahr. Jeder Satz des Gegenübers scheint zu bestätigen, dass diese Person uns absichtlich verletzten will und uns eigentlich nie versteht. Es ist wichtig, sich daran zu erinnern, dass die Amygdala vorübergehend die Kontrolle übernommen hat und Sie deshalb alles (bzw. vieles) als feindlich interpretieren. In Konfliktsituationen fällt es uns in der Regel schwerer, unsere Perspektive zu wechseln und unser Gegenüber mit seinen Gefühlen, Gedanken und Bedürfnissen zu sehen. Für uns scheint das Wichtigste zu sein, dass unsere Bedürfnisse nicht gesehen werden.

Wenn Sie sich daran erinnern können, dass dies ein kritischer Moment ist, der besondere Achtsamkeit erfordert, ist das bereits ein großer Erfolg. Sie brechen aus dem Automatismus der Stressreaktion aus und handeln nicht mehr impulsiv. Achtsam zu kommunizieren, bedeutet bewusstes Zuhören und Sprechen und dies auf eine absichtsvolle Art und Weise zu tun. Die folgenden Fragen können Sie davor bewahren, etwas zu sagen, was Sie später möglicherweise bereuen:

- Werden meine Worte mein Gegenüber verletzen oder helfen sie uns dabei, in Verbindung zu treten?
- Bin ich mir wirklich sicher, oder interpretiere ich gerade seine/ihre Gedanken und werfe ihm/ihr etwas vor? Kann ich stattdessen eine Frage stellen, um die Situation besser zu verstehen?

Oft verwechseln wir beim Sprechen Strategien und Bedürfnisse, was zu Missverständnissen führen und einen Streit unnötig in die Länge ziehen kann. *Strategien* sind Handlungen, die von einer Person ausgeführt werden können, während *Bedürfnisse* keine spezifisch handelnde Person involvieren. (Erkennungstipp: Strategien lassen sich immer von einer Kamera filmen, da sie beobachtbar sind.) Laut Marshall Rosenberg, dem Begründer der gewaltfreien Kommunikation, teilen alle Menschen die gleichen Bedürfnisse (z. B. Sicherheit, Wertschätzung, Bindung). Diese Bedürfnisse können jedoch durch verschiedene Strategien verfolgt werden, und oft stoßen wir auf dieser Ebene auf Konflikte. Zum Beispiel können zwei Personen das Bedürfnis nach Wertschätzung haben, aber unterschiedliche Strategien anwenden, um dieses Bedürfnis zu erfüllen. Eine Person könnte viel arbeiten und beruflichen Erfolg anstreben, während eine andere Person in der Freizeit Kuchen für die Familie backt.

2.3 Achtsames Zuhören

Können Sie so zuhören, dass Sie hinter allen Anschuldigungen und verletzenden Worten die eigentlichen Bedürfnisse Ihres Gegenübers heraushören? Erinnern Sie sich noch einmal an die grundlegenden Fragen der Psychologin Sue Johnson, die den tiefen Wunsch nach Bindung ausdrücken:

- Kann ich auf dich zählen?
- Bist du für mich da?
- Schätzt du mich?

Wenn Sie sich daran erinnern, dass unter der Oberfläche der Auseinandersetzung eigentlich diese Fragen liegen, kann dies dazu beitragen, den Konflikt zu entschärfen.

2.4 Beruhigung im Time-Out

Manchmal (oder auch oft!) können wir uns noch so bemühen, im Verlauf einer Auseinandersetzung ruhig zu bleiben, doch es klappt einfach nicht. Wenn Sie merken, dass der Streit zu eskalieren droht, erinnern Sie sich an das Time-Out und halten Sie sich an die im Voraus getroffene Abmachung. Ein echtes Time-Out funktioniert nur, wenn Sie während Ihrer Pause nicht noch einmal das gesamte Streitgespräch innerlich wiederholen. Das ist keine Pause und wird Ihnen nicht die Möglichkeit geben, Abstand zu gewinnen. Begeben Sie sich stattdessen an einen anderen Ort und führen Sie eine Atemübung durch, um Ihr Beruhigungssystem zu aktivieren (siehe S. 33).

Bauchatmung

In einer Konfliktsituation fällt es einem schwer, klar zu denken und zu analysieren. Ihr Körper muss sich zunächst beruhigen. Stellen Sie sich einen großen Baum vor. Im Sturm zerrt der Wind an den Ästen und Zweigen und wirbelt Blätter durch die Luft. Ähnlich fühlt es sich in unserem Kopf an, wo die Gedanken wild durcheinanderrasen. Doch der Baum besteht nicht nur aus seiner Krone. Er ist über seine Wurzeln tief in der Erde verankert und bleibt trotz des Sturms fest verwurzelt. Bringen Sie Ihre Aufmerksamkeit von Ihrem Kopf hinunter zu Ihrem Bauch und Ihren Füßen, die im Kontakt mit der Erde stehen.

Eine Meditation zur Bauchatmung und Stabilisierung finden Sie hier: ***www.herder.de/extras***

3. Aufräumen

Die dunklen Wolken sind vorbeigezogen. Der Himmel klart langsam auf, und vielleicht können Sie die ersten Sonnenstrahlen sehen. Nun ist es an der Zeit zu überprüfen, ob der Sturm Schäden verursacht hat und Reparaturen notwendig sind. Im Konflikt zeigen wir manchmal eine unschöne Seite von uns, die zu uns gehört und ihre Berechtigung hat. Dennoch verspüren manche Menschen Scham und möchten am liebsten alles unter den Teppich kehren und zur normalen Tagesordnung übergehen. Andere wiederum sind so verletzt, dass sie dazu neigen, den gesamten Konflikt immer wieder aufzurollen und jeden Satz zu wiederholen. Das ist nicht besonders produktiv und hält Sie davon ab, voranzukommen.

3.1 Versöhnungsritual

Nach jedem Streit sollten Sie ein Versöhnungsritual einführen. Das kann eine lange Umarmung sein, ein Kuss oder ein High-Five. Dieses Ritual sollten Sie *immer* durchführen, denn seine Regelmäßigkeit gibt Sicherheit und signalisiert Ihnen auch auf einer körperlichen Ebene, dass der Sturm vorbei ist und Sie wieder in eine sichere Verbindung treten. Ich empfehle Ihnen, zwei Rituale einzuführen: ein kurzes Ritual, das Sie in jedem Fall nach dem Streit durchführen, auch wenn noch nicht alles geklärt ist. Nach der Klärung können Sie das Ritual noch einmal wiederholen, ausdehnen und ausweiten.

3.2 Reflexion

Nachdem Sie sich beruhigt haben, ist es hilfreich, noch einmal über den Konflikt zu reflektieren. Welche Themen wurden berührt? Es ist auch wichtig anzuerkennen, ob Sie Ihren Partner/Ihre Partnerin verletzt haben. Wenn ja, sollten Sie eine aufrichtige Entschuldigung formulieren und sich um Wiedergutmachung bemühen. Die folgende Schreibübung kann Ihnen bei der Reflexion helfen:

Reflexion nach einem Streit

Was habe ich gehört? Das, was wir hören, kann sich sehr von dem unterscheiden, was unser Gegenüber tatsächlich gesagt hat.

Zentrale Botschaften und Sätze: Schreiben Sie die zentralen Sätze auf, die Sie im Streit als besonders verletzend empfunden haben. Beschränken Sie es auf 1 bis 2 Sätze.

Welche Emotionen und Körperempfindungen wurden ausgelöst? Bennen Sie jede einzelne Emotion. Sie sind ein wichtiger Hinweis dafür, welche Bedürfnisse dahinterstehen.

Welche Grundannahmen wurden berührt? Das hängt oft damit zusammen, was wir gehört haben, und kann sich auf Themen beziehen, mit denen wir immer wieder zu tun haben. Es sind sozusagen unsere wunden Punkte.

Was hätte ich eigentlich gebraucht? Was ist mein Bedürfnis?

Selektives Hören: Was wollte mir mein Gegenüber eigentlich sagen? In einem Konflikt hören wir oft nur die Verletzungen und Vorwürfe. Doch was wollte mein Gegenüber mir eigentlich sagen? Gab es neben den schwierigen Botschaften auch wohlwollende, positive Botschaften, denen Sie zu wenig Aufmerksamkeit geschenkt haben? Durch das selektive Hören trainieren Sie auch Ihre Fähigkeit, langfristig in Konflikten bereits wohlwollende Botschaften zu hören.

Auf einen Blick

- Konflikte sind normal und kein Weltuntergang. Betrachten Sie Konflikte als Möglichkeit, unerfüllte Bedürfnisse zu identifizieren.
- Während eines Streits übernimmt die Amygdala (das Alarmzentrum im Gehirn) die Kontrolle und löst eine Kampf-Flucht-Reaktion aus. Das erschwert es uns, klar zu denken, und lässt uns impulsiv reagieren.
- Laut Paartherapeutin Sue Johnson sehnen wir uns alle nach einer sicheren und vertrauensvollen Bindung. Hinter einem lauten Konflikt stellen wir uns eigentlich die Fragen: »Kann ich mich auf dich verlassen?« und »Bist du für mich da?«.
- Konflikte sind vergleichbar mit einem Gewitter, und um achtsamer zu streiten, können wir uns auf drei Phasen konzentrieren: »Vorbereitung«, »Schutz« und »Aufräumen«.
    - **Vorbereitung:** Bereiten Sie ein Time-Out vor, damit Sie sich mitten im Sturm des Konflikts beruhigen können.
    - **Schutz:** Gemäß der Gottman-Konstante sollten im Streit die positiven Momente im Verhältnis von 5 zu 1 überwiegen, um mehr Schaden durch negative Interaktionen zu vermeiden. Gehen Sie in den Time-Out und beruhigen Sie sich.
    - **Aufräumen:** Führen Sie ein Versöhnungsritual ein (z.B. Umarmung oder ein Kuss) und entschuldigen Sie sich aufrichtig für Fehler.

Übungen in diesem Kapitel

- **Bauchatmung.** Sie aktivieren durch eine Atemübung Ihr Beruhigungssystem. Auch als Audioübung.
- **Reflexion nach einem Streit.** Sie reflektieren nach einem Konflikt, was Sie als verletzend empfunden haben und welche Grundannahmen bei Ihnen aktiviert wurden. Sie üben sich auch im selektiven Zuhören und achten auf die wohlwollenden Nachrichten Ihres Gegenübers.

Vertrauen ist gut

Wie würde Ihr Alltag aussehen, wenn Sie in niemanden und nichts Vertrauen hätten? Wenn Ihr Denken von einem tiefen Misstrauen gefärbt wäre. Schließen Sie für einen Moment die Augen und stellen Sie sich einen solchen Tag einmal vor: Ihre Kollegin sagt, dass sie eine Aufgabe abschließen wird, und Sie denken sofort, dass das niemals klappen wird oder dass die Kollegin Sie anlügt, weil sie insgeheim etwas anderes plant. Sie besuchen Ihren Arzt, der Ihnen eine Diagnose und einen Behandlungsplan vorstellt, und Sie glauben kein bisschen an seine Fähigkeiten. Sie steigen ins Flugzeug und sind überzeugt, dass Sie nicht ankommen werden. Wie fühlt sich ein Tag ohne Vertrauen an? Sicherlich sehr anstrengend und belastend! Warum ist Vertrauen so wichtig und wie können wir es stärken und nähren?

Vertrauen und seine Funktion

Wenn wir vertrauen, verzichten wir auf Kontrolle und gehen stattdessen ein Stück weit ein Risiko ein. Wir werden verwundbar oder verletzlich. Wir hoffen auf das Beste, ohne den Ausgang und das Ergebnis zu kennen. Vertrauen beinhaltet also auch Unsicherheit. Es basiert auf unseren vergangenen Erfahrungen und beeinflusst, wie wir eine gegenwärtige Situation und ihren zukünftigen Ausgang einschätzen. Vertrauen ist vergleichbar mit der Luft, die wir atmen: Wenn sie da ist, bemerkt man sie nicht, doch sobald sie fehlt, wird es schnell unangenehm.[34]

Ohne Vertrauen müssten Sie immer alles noch einmal überprüfen, hinterfragen, kontrollieren und wären wahrscheinlich ziemlich einsam, da Sie ständig das Gefühl hätten, sich nicht auf andere verlassen zu können. Vermutlich würden Sie anderen Menschen und Ihrer Umwelt auch grundsätzlich etwas Böswilliges unterstellen. Vertrauen ist die Basis für Harmonie in einer Gruppe und erleichtert die Zusammenarbeit,

34 Dieser Vergleich ist angelehnt an ein Zitat von Warren Buffet.

um gemeinsame Ziele zu erreichen. Zusammenfassend kann man sagen, dass Vertrauen der Klebstoff ist, der uns mit unserer Umwelt verbindet und uns auch dabei hilft, Ressourcen und Energie zu sparen.

Was bedeutet für Sie Vertrauen?

Unsere Vorstellungen von Vertrauen prägen unser Denken, Fühlen, Verhalten und unsere Art, Beziehung einzugehen. Nehmen Sie sich einen Augenblick Zeit, um bewusst zu reflektieren, was Vertrauen für Sie bedeutet.

- Welche Bedeutung hat Vertrauen für mich?
- Wem oder was vertraue ich? Wann fällt es mir schwer, Vertrauen zu haben?
- Was sagen oder tun andere Menschen, damit ich ihnen vertrauen kann?
- Was sage oder tue ich, damit andere Menschen mir vertrauen können?
- Wann habe ich zuletzt das Gefühl gehabt, wirklich vertrauen zu können?

Vertrauen und Ihr innerer Kontrollfreak

»Vertrauen ist gut. Kontrolle ist besser.« Sie kennen sicherlich Menschen, die nach diesem Motto leben (möglicherweise gehören Sie selbst auch zu diesen Menschen ☺). Dahinter verbirgt sich der sehr menschliche Wunsch nach Sicherheit beziehungsweise das Grundbedürfnis nach Orientierung und Kontrolle (siehe S. 105 f.).

Doch eigentlich wissen wir, dass wir nicht alles kontrollieren können. Schon die Stoiker der Antike wie Epiktet betonten, dass unsere wichtigste Entscheidung im Leben darin besteht, ob wir uns mit Dingen außerhalb oder innerhalb unserer Kontrolle beschäftigen. Unsere eigenen Einstellungen, Ziele, Meinungen und Wünsche sind beispielsweise Dinge, die wir verändern, loslassen und somit kontrollieren können. Das Wetter von morgen können wir aber nicht bestimmen, und laut den Stoikern sollten wir uns deshalb auch nicht mit solchen Dingen befassen. Dann gibt es noch jene Dinge, die teilweise unter unserer Kontrolle liegen, wie zum Beispiel der Ausgang eines Tennisspiels. Wir können dafür üben, doch der Ausgang des Spiels wird von vielen weiteren Faktoren mitbestimmt, die wir nicht beeinflussen können (z. B. die Stimmung des Schiedsrichters). Für solche Fälle empfehlen die Stoiker, unsere Ziele sorgfältig zu definieren. Unser Ziel kann es sein, mit ganzem Herzen zu trainieren, anstatt sich nur auf den Spielausgang zu konzentrieren.

Wie würden Sie sich fühlen, wenn andere Menschen Ihnen misstrauten und in Ihrem Bemühen stets ein Risiko für Fehler sähen? Haben Sie schon einmal eine Situation erlebt, in der eine andere Person alles kommentiert, korrigiert und hinterfragt hat, was Sie tun? Insbesondere am Arbeitsplatz oder an anderen Orten, an denen Menschen zusammenkommen und auf ein gemeinsames Ziel hinarbeiten, begegnen einem immer wieder solche *Kontrollfreaks,* die dieses sogenannte *Mikromanagement* betreiben. Viele meiner Patient:innen erzählen, dass ein solches Arbeitsklima eine enorme Belastung für ihre psychische Gesundheit darstellt. Umgekehrt gefragt: Sind Sie schon einmal in den Genuss gekommen, dass eine Person Ihnen eine Aufgabe anvertraut hat? Im Licht des gegenseitigen Vertrauens können wir wachsen und uns verbunden fühlen. Wir fühlen uns gesehen und wertgeschätzt. Deshalb würde ich sagen: »Vertrauen ist gut. Punkt.«

Vertrauen bedeutet nicht, dass man sich blind auf jemanden oder etwas verlassen muss und keine Regeln und Grenzen aufstellt. Denken Sie jedoch immer daran, welche Auswirkungen Zweifel und Misstrauen sowohl auf Sie als auch auf Ihre Mitmenschen haben können.

Wie viel Kontrolle habe ich?

Lassen Sie sich von der Weisheit der Stoiker inspirieren. Ordnen Sie konkrete Situationen aus Ihrem Leben danach, inwieweit sie tatsächlich Ihrer Kontrolle unterliegen.

Ausmaß der Kontrolle	Erläuterung	Eigenes Beispiel
Dinge, über die ich komplette Kontrolle habe.	Werte, Einstellungen oder Ziele, die ich mir setze: z. B. ein Berufswunsch. **Empfehlung der Stoiker:** Ich sollte mich damit beschäftigen.	
Dinge, über die ich keine Kontrolle habe.	Das Wetter oder die Einstellungen einer anderen Person. **Empfehlung der Stoiker:** Ich sollte mich nicht damit beschäftigen.	
Dinge, die teilweise unter meiner Kontrolle liegen.	Ob ich z. B. das Tennisspiel gewinne. Es liegt unter meiner Kontrolle, dafür zu trainieren, doch den finalen Ausgang des Spiels kann ich nicht beeinflussen. **Empfehlung der Stoiker:** Ich sollte mich damit beschäftigen, aber sehr sorgfältig meine Ziele definieren.	

Eine Vorlage dieser Tabelle zum Ausfüllen finden Sie hier:
www.herder.de/extras

Eine Basis schaffen

Gegenseitiges Verständnis und Großzügigkeit im Denken

Wenn ich an vertrauensvolle Beziehungen in meinem Leben denke, zeichnen diese sich vor allem durch ein tiefes gegenseitiges Verständnis und Großzügigkeit aus. Zum Beispiel habe ich großes Vertrauen in meine Schwester. Ich weiß, dass sie, selbst wenn ich einen unachtsamen Fehler begehe und z. B. etwas Ungeschicktes sage, meine Situation und mich versteht und weiß, dass ich sie nicht absichtlich verletzen wollte.

Bei ihr muss ich keine Angst haben, dass aufgrund meiner sehr menschlichen Fehler gleich schwere Vorwürfe oder eine Strafe folgen. Sich immer wieder in die Lage des Gegenübers zu versetzen und versuchen, die Situation aus Sicht dieser Person zu verstehen, stärkt eine Beziehung langfristig, was wiederum ein Gefühl von Sicherheit vermittelt.

Ob wir einander gut verstehen, hängt auch mit der Großzügigkeit unseres Denkens zusammen: Können wir unsere Erwartungen gegenüber der anderen Person loslassen oder halten wir knausrig daran fest? Die Erfahrung, so sein zu dürfen, wie man ist, ist befreiend und schafft tiefes Vertrauen. Es ist wichtig, regelmäßig zu üben, sich immer wieder in die Situation des Gegenübers zu versetzen, Erwartungen zu reflektieren und sie dann loszulassen.

Übrigens gilt das auch für unseren Umgang mit uns selbst: Oft haben wir sehr hohe Erwartungen an uns und geben uns wenig Spielraum für Fehler. Nehmen Sie sich daher bewusst Zeit, um Ihre eigene Lage besser zu verstehen. Welche Bedingungen und Faktoren sind zusammengekommen, die Ihr Denken, Fühlen und Verhalten in dieser konkreten Situation beeinflusst haben? Können Sie etwas großzügiger und nachsichtiger mit sich umgehen?

Eine Meditation, um Ihre Beziehung mit sich selbst und mit anderen zu erfrischen, finden Sie hier:
www.herder.de/extras

Wiedergutmachung und Vergebung

Vertrauen ist nichts, das einfach da ist und bleibt. Wir müssen unser gegenseitiges Vertrauen kontinuierlich pflegen. Doch natürlich passieren uns im Alltag kleine oder auch größere Fehler, die das zarte Vertrauen verletzen können. Fehler sind normal und gehören dazu, doch es ist wichtig, sie bewusst wahrzunehmen, anzuerkennen und sich aufrichtig bei unserem Gegenüber zu entschuldigen. Auf diese Weise können wir zeigen, dass wir zuverlässig sind, was ein wesentliches Element in einer vertrauensvollen Beziehung ist.

Wie sieht eine aufrichtige Entschuldigung aus? Sie sollte vor allem bewusst gemacht werden und spezifisch beschreiben, was man in einer bestimmten Situation getan oder gesagt hat, das einem nun leid tut. Nehmen Sie sich Zeit und reflektieren Sie, welche Wirkung Ihre Handlungen oder Worte auf Ihr Gegenüber hatten. Manchmal kann es für beide sehr befreiend sein, wenn eine Entschuldigung mit den Worten beginnt: »Ich denke, ich habe dich ziemlich verletzt, als ich … getan oder … gesagt habe.«

Zu einer aufrichtigen Entschuldigung, die den Weg für eine vertrauensvolle Beziehung öffnet, gehört auch die Überlegung, was konkret getan werden kann, damit sich der Fehler nicht wiederholt. Vielleicht brauchen Sie bei dieser Frage auch Unterstützung und können es Ihrem Gegenüber auch mitteilen (»Ich weiß, dass ich diese Gewohnheit verändern muss, doch es fällt mir allein noch sehr schwer. Da du mich schon eine Weile kennst, wäre ich dankbar, wenn du eine Idee hättest, die mir helfen könnte. Doch so oder so werde ich mir Hilfe suchen, um aus dieser Erfahrung wirklich zu lernen.«). Eine Entschuldigung kann auch mit einem Wiedergutmachungsritual enden, sei es eine Umarmung, ein gemeinsamer Spaziergang oder eine Kugel Eis.

Sie können aufrichtiges Entschuldigen auch an sich selbst üben. Im Alltag greifen wir uns oft gedanklich für kleine Fehler oder scheinbare Unzulänglichkeiten an. Eine innere Stimme verurteilt uns: »Du bist schuld«, »Du hast dich nicht genug bemüht«, »Wie siehst du wieder aus?«. Wir vergessen, uns bei uns selbst für diese harsche Sprache zu entschuldigen. Nehmen Sie sich auch Zeit für ein Wiedergutmachungsritual mit sich selbst.

Nicht weniger wichtig, als sich aufrichtig entschuldigen zu können, ist die Fähigkeit des Vergebens. Wenn wir nachsichtig sind und leicht verzeihen können, hilft uns das einerseits, weil wir nicht ständig über die Fehler und Unzulänglichkeiten anderer grübeln. Andererseits strahlt diese Nachsichtigkeit nach außen aus und andere fühlen sich in unserer Umgebung wohler und sicherer. Forschende konnten in einer Langzeitstudie einen Zusammenhang zwischen Vergebung und der Lebensdauer zeigen (Toussaint, Owen & Cheadle, 2012). Proband:innen, die angaben, dass sie eher dazu neigten, bedingungslos zu vergeben, also nicht darauf warten, dass andere Menschen etwas Bestimmtes tun oder sagen müssen, hatten ein niedriges Sterberisiko im Vergleich zu denen, die ihre Vergebung an Bedingungen knüpften. Natürlich müssen wir solche Korrelationsstudien immer mit großer Vorsicht genießen, da sie nur einen Zusammenhang aufzeigen und keine Kausalität belegen. Aber man möchte sich gerne vorstellen, dass Vergebung diese weitere positive Wirkung hat.

Vertrauen stärken

Für viele Menschen hört es sich nach einer großen Aufgabe an, Vertrauen zu erlernen, besonders wenn sie in der Vergangenheit enttäuschende und verletzende Erfahrungen gemacht haben. Vielleicht denken sie, dass sie kein bisschen Vertrauen mehr haben und ganz von vorne beginnen müssen. Ähnlich wie beim Schreiben: Wenn Sie auf einer leeren Seite beginnen, ist es viel schwieriger als auf einer Seite, auf der schon zwei Absätze stehen. Bei null anzufangen, ist immer sehr herausfordernd. Doch Sie fangen nicht bei null an!

In Ihrem Alltag gibt es bereits viele kleine Momente, in denen Sie Vertrauen aufbringen, wahrscheinlich ohne dass Sie sich dessen bewusst sind. Es kann hilfreich und ermutigend sein, diese Alltagsmomente mit Achtsamkeit zu betrachten und ihnen mehr Aufmerksamkeit zu schenken.

Vertrauen in die kleinen Dinge

Achten Sie einen ganzen Tag lang auf die einfachen und kleinen Momente, für die Sie ein wenig Vertrauen aufbringen müssen.
Im Alltag vertrauen Sie darauf, dass …

- beim Gehen Ihre Füße jedes Mal den Boden berühren und Sie mit jedem Schritt »aufgefangen« werden.
- an einer roten Ampel die Autos stehen bleiben und Sie die Straße überqueren können.
- jeden Morgen die Sonne aufgeht.
- auch nach einem langen, starken Gewitter die Wolken vorbeiziehen werden.

- Ihr Herz für Sie schlägt, Ihre Lungen für Sie atmen und auch die anderen Organe für Sie arbeiten.

Durch die bewusste Wahrnehmung können Sie das Vertrauen in Ihnen weiter stärken und ein Gefühl von Dankbarkeit kultivieren. Weiten Sie Ihre Beobachtungen nun auf kleine Momente in Interaktionen mit anderen Menschen aus.
Im Alltag vertrauen Sie darauf, dass …

- Ihr Arzt Ihnen eine richtige Behandlung anbietet.
- Ihre Freundin ein Geheimnis, das Sie ihr anvertraut haben, für sich behält.
- Ihre Arbeitskolleg:innen Ihnen die Wahrheit sagen.

Sie können ein Vertrauenstagebuch führen und jeden Abend drei Momente aufschreiben, in denen Sie vertraut haben (vergleiche S. 115).

Vertrauen nähren

Erinnern Sie sich an die Übung *Nahrungsentzug für unheilsame Gewohnheiten* (siehe S. 23)? Dabei ging es darum, dass alles, was auf der Welt existiert Nahrung benötigt, um wachsen zu können. Nähren Sie das Vertrauen in sich selbst (und in Ihre Umwelt), indem Sie es mit seinem »Lieblingsessen« versorgen. Dazu zählen unter anderem Werte wie Mut und Zuversicht, Wertschätzung und Geduld. Indem Sie diese drei Werte regelmäßig stärken, können Sie auch indirekt Ihr Vertrauen vergrößern.

1. Mut und Zuversicht

Vertrauen wird auch als »akzeptierte Verwundbarkeit« beschrieben, da wir im Prozess des Vertrauens immer mit Unsicherheit konfrontiert sind. Es erfordert Mut und Zuversicht in die Zukunft, um trotz aller unbekannten Variablen einen neuen Weg einzuschlagen. Sie können Ihren Mut und Ihre Zuversicht stärken, indem Sie auf die Vergangenheit zurückblicken: Wie oft ist bereits etwas zu Ihren Gunsten ausgegangen? Wie viele Male wurde Ihr Vertrauen in andere Personen oder den Prozess belohnt? Achtsamkeit hilft uns dabei, diese Momente bewusst in der Gegenwart wahrzunehmen. Je detaillierter und bewusster wir diese Erfahrungen erleben, desto leichter können wir sie später abrufen.

Es erfordert großen Mut, die eigene Komfortzone zu verlassen. Doch nur durch neue Erfahrungen können wir falsche Annahmen korrigieren. Wenn Sie z. B. in der Vergangenheit schmerzvolle Erfahrungen in Beziehungen gemacht haben und sich nun einer neuen Partnerschaft verschließen, können Sie natürlich Ihre Annahme nicht korrigieren, dass Beziehungen immer zum Scheitern verurteilt sind. In der Psychotherapie werden solche befürchteten Erwartungen überprüft. Zunächst werden die Befürchtungen gemeinsam gesammelt und dann ein Verhaltensexperiment geplant, bei dem die Patient:innen sich anders als sonst verhalten und ein Verhalten zeigen, durch das sie ihren Zielen und Werten näher kommen. Anschließend wird ausgewertet, ob sich die Befürchtungen bewahrheitet haben. Sehr viele Patient:innen erleben solche konkreten Experimente als riesigen Befreiungsschlag! Warum probieren Sie es nicht auch einmal aus?

2. Wertschätzung

Wenn wir unserem Gegenüber mit Wertschätzung begegnen, erkennen wir dessen Besonderheiten, Bemühungen und Einzigartigkeiten an. Um dies tun zu können, ist es wichtig, präsent zu sein – im Multitasking-Modus funktioniert Zugewandtheit nicht gut. Es gibt verschiedene Möglichkeiten, Ihre Wertschätzung auszudrücken, wie zum Beispiel spezifisches Danken (siehe S. 113). Wenn wir das Gefühl haben, dass unser Gegenüber uns versteht, respektiert und unsere Besonderheiten anerkennt, fällt es uns leichter, uns dieser Person anzuvertrauen.

3. Geduld

In unserer Gesellschaft sind wir schon so an die Schnelllebigkeit und Dauerverfügbarkeit von Dingen gewöhnt, dass wir auch in unseren

Beziehungen dazu neigen, ungeduldig zu sein. Manchmal vergessen wir, dass Dinge Zeit brauchen, um zu reifen. Als Gärtnerin würden Sie sicherlich auch nicht auf die Idee kommen, jeden Tag in Ihrem Blumenbeet nach Sprösslingen zu graben. Stattdessen sähen Sie die Samen und vertrauen geduldig darauf, dass die Pflanzen mit ausreichend Wasser, Licht und Dünger wachsen werden. Erinnern Sie sich daran, geduldig mit sich selbst und Ihrer Umwelt zu sein und zu erkennen, dass vieles komplex ist und seine Zeit benötigt, um gut zu werden.

Vertrauen auf kollektiver Ebene

Bisher haben wir uns darauf konzentriert, Vertrauen in uns selbst und in unseren unmittelbaren Beziehungen aufzubauen. Nun können wir unseren Blick erweitern, denn überall in unserer Gesellschaft sehen wir, wie fragil und verwundbar Vertrauen ist – sei es in der Innen- und Außenpolitik, Wirtschaft, Umwelt, Bildung oder Wissenschaft. Anstatt Misstrauen zu fördern, möchte ich uns alle dazu ermutigen, uns zu fragen, wie wir das kollektive Vertrauen nähren können.

Auf unsere Interaktion mit der Umwelt angewendet stärken Mut und Zuversicht, Wertschätzung und Geduld das kollektive Vertrauen – und damit gesellschaftlichen Zusammenhalt und Solidarität. Betrachten Sie das Teilen von Beiträgen in den sozialen Medien. Tragen Sie durch Ihre Botschaften dazu bei, dass unnötige Angst und Misstrauen geschürt werden? Oder können sie im Gegenteil Vertrauen aufbauen? Bitte verstehen Sie mich nicht falsch: Es ist wichtig, unbequeme Nachrichten zu teilen, zum Beispiel um soziale Ungerechtigkeit zu benennen und eine klare Position zu beziehen. Das Benennen von Diskriminierung kann bei denjenigen, die darunter leiden, tiefes Vertrauen wecken. Vertrauen bedeutet also nicht, wegzuschauen und blind und passiv auf etwas zu hoffen. Doch seien Sie sich bewusst, welchen Beitrag Sie leisten und welche kollektive Wirkung er hat.

Eine Meditation, um Ihr Vertrauen zu nähren – auch auf kollektiver Ebene, finden Sie hier: ***www.herder.de/extras***

Auf einen Blick

- Vertrauen bedeutet, auf Kontrolle zu verzichten und die damit einhergehende Unsicherheit und Verwundbarkeit zu akzeptieren. Vertrauen ist die Basis für ein harmonisches Miteinander und hilft uns dabei, Ressourcen und Energie zu sparen.
- Kontrolle ist ein menschliches Grundbedürfnis. Wenn wir einander vertrauen, erkennen wir an, dass wir nicht alles kontrollieren können. Schon die Stoiker wussten, dass wir uns nicht mit dem befassen sollten, was ohnehin außerhalb unserer Kontrolle liegt.
- Schaffen Sie eine Basis für Vertrauen, indem Sie sich darin üben, Ihr Gegenüber (und sich selbst) zu verstehen. Wechseln Sie die Perspektive und versetzen Sie sich in die Lage der anderen Person. Seien Sie in Ihrem Denken großzügig und lassen Sie unnötige Erwartungen los.
- Wir alle sind fehlerhaft, das ist menschlich und normal. Um langfristig Vertrauen zu schaffen, gehört es dazu, sich für Verfehlungen aufrichtig zu entschuldigen. Trainieren Sie auch Ihre Kapazität, anderen zu vergeben.
- Nähren Sie Ihr Vertrauen langfristig, indem Sie sich in Mut, Zuversicht, Wertschätzung und Geduld üben.
- Auch auf gesellschaftlicher Ebene ist Vertrauen unverzichtbar. Seien Sie sich bewusst, wie Sie durch Ihr eigenes Verhalten zum kollektiven Vertrauen beitragen oder wie Sie vielleicht unnötige Angst und Misstrauen schüren.

Übungen in diesem Kapitel

- **Was bedeutet für Sie Vertrauen?** Sie reflektieren Ihre Vorstellung von Vertrauen.
- **Wie viel Kontrolle habe ich?** Sie lassen sich durch die Stoiker inspirieren und ordnen vergangene Situationen danach, wie viel Kontrolle Sie hatten.
- **Meditation über Beziehungen.** Eine Audioübung, um die Perspektive Ihres Gegenübers besser zu verstehen und großzügiger mit sich selbst und anderen umzugehen.
- **Vertrauen in die kleinen Dinge.** Sie fangen nicht bei null an! Es gibt im Alltag viele kleine Momente, in denen Sie bereits vertrauen.
- **Vertrauensmeditation.** Eine Audioübung, um Ihr Vertrauen und Vertrauen auf kollektiver Ebene zu nähren.

TEIL III

Achtsam mit allem

Eins mit allem: Intersein und Verbundenheit

Lena ist Ende 20 und hat in ihrem Leben schon viele Reisen unternommen. Sie war an wunderschönen Orten auf der ganzen Welt, darunter pulsierende Metropolen wie New York oder Tokyo, absolvierte Tauchkurse auf Bali und besuchte Tempel in Thailand. Auf Social-Media-Apps hat sie über die Jahre Hunderte von Freundschaftsanfragen verschickt und angenommen und sie hat über 1000 Follower:innen, mit denen sie ihre Erinnerungen teilt. Trotzdem fühlt sich Lena alleine und isoliert und spürt eine wachsende Entfremdung von der Natur. Obwohl sie auf ihren Reisen Aufenthalte in atemberaubenden Landschaften am meisten genossen hat, lebt sie in einer Großstadt und verbringt die meiste Zeit in ihrer Einzimmerwohnung oder im Büro. Der vergangene Sommer war der heißteste, den sie erlebt hat. Lena weiß, dass der Klimawandel eine reale Sache ist, doch im Alltag verdrängt sie den Gedanken daran doch oft.

Kommt Ihnen diese Beschreibung bekannt vor? Heutzutage haben wir schier grenzenlose Möglichkeiten – seien es Reiseziele, Berufsperspektiven oder die Partnersuche über Apps. Das große Glück und ein erfülltes Leben scheinen immer nur einen Steinwurf entfernt. Und trotzdem stimmt etwas nicht. Was ist eigentlich das Problem und wie können wir uns wieder *wirklich* verbunden fühlen?

Intersein: unsere tiefe Verbundenheit erfahren

In Lenas kleiner Stadtwohnung fühlt sie eine zunehmende Entfremdung und Abgeschnittenheit von der Natur. Auf den ersten Blick scheint das nur verständlich. Wie soll sie, umgeben von Straßen, Gebäuden und versiegelten Flächen, eine Verbindung zur Natur spüren? Auf einen zweiten Blick sieht man aber, dass Lena eines vergisst: Sie selbst ist ein Teil der Natur und die Natur ein Teil von ihr. Laut der buddhistischen Praxis führt vor allem das Konzept eines *getrennten Selbst* (manche sprechen auch von Ego) zu viel Leid.

Lena leidet, weil sie sich von der Natur getrennt fühlt. Und weil sie sich von der Natur getrennt fühlt, fällt es ihr auch leicht, die Klimakrise zu verdrängen. Darunter leidet wiederum die Natur.

Ein Denken, das von der Trennung des »Ichs« von den »anderen« gekennzeichnet ist, duldet, dass viel Not und Elend fortbestehen. Wenn Menschen denken, dass ein Krieg in einem anderen Land nichts mit ihnen zu tun habe, werden sie nicht helfen, diesen Krieg zu beenden. Wenn Menschen glauben, Tiere seien unterlegene Lebewesen, können sie Tiere eher ausbeuten und quälen, denn sie sind ja »etwas anderes«.

Allein durch die Globalisierung und wirtschaftliche Vernetzung und natürlich auch die weltweite Corona-Pandemie sollten wir eigentlich wissen, wie verbunden wir in Wahrheit sind (wobei das natürlich nicht die alleinigen Gründe sind). Im Buddhismus üben sich Praktizierende immer wieder darin, die wechselseitige Abhängigkeit und tiefe Verbundenheit von *allem* zu vergegenwärtigen und zu erfahren. Der Grundgedanke[35] ist, dass jedes Lebewesen und jeder Gegenstand nicht für sich selbst existieren kann, sondern mit allem anderen verbunden und enthalten ist. Thích Nhất Hạnh (2021)prägte den Begriff *Intersein*[36] (engl. Interbeing), um dieses Phänomen zu beschreiben.

> *»Es ist etwa 30 Jahre her, dass ich ein Wort für unsere tiefe Verbundenheit mit allem anderen gesucht habe. Mir gefiel das Wort ›Miteinander‹, aber schließlich wählte ich ›Intersein‹. Das Wort ›sein‹ ist für sich allein insofern missverständlich, als wir nicht für uns allein sein können. ›Sein‹ ist immer ›Inter-sein‹. Wenn wir das Präfix ›Inter‹ mit dem Verb ›sein‹ kombinieren, erhalten wir ein neues Verb ›inter-sein‹. Intersein bildet die Realität treffender ab. Wir inter-sind miteinander und mit allem Leben.«*

35 https://buddhismus-deutschland.de/buddhismus/allverbundenheit-intersein/

36 Quelle: Avatamsaka-Sutra und Diamat-Sutra

Thích Nhất Hạnh (1926–2022) war buddhistischer Mönch, Friedensaktivist und Vertreter des engagierten Buddhismus. Er hat maßgeblich dazu beigetragen, dass die Achtsamkeitspraxis, so wie wir sie heute praktizieren, in den Westen kam (Mander & Blanck, 2018). Er gründete in Südfrankreich das Praxiszentrum Plum Village und weitere weltweite Praxiszentren sowie die Intersein-Gemeinschaft[37], die sich dazu verpflichtet, in Übereinstimmung mit den 14 Achtsamkeitsübungen zu leben. In den einleitenden Worten zu den Übungen steht:

> *»Die 14 Achtsamkeitsübungen erlauben uns, die Natur des Interseins zu berühren in allem, was ist, und zu sehen, dass unser Glück nicht getrennt ist vom Glück anderer. Intersein ist keine Theorie; es ist eine Realität, die direkt erfahrbar ist für jeden von uns, in jedem Moment unseres Lebens.«*

Das hört sich für Sie noch sehr theoretisch an? Thích Nhất Hạnh nutzte zur Veranschaulichung eine Metapher, deren Ausgangspunkt in diesem Moment in Ihren Händen liegt: dieses Buch mit seinen Seiten. Wenn Sie das Papier ganz nah betrachten oder gegen eine Lichtquelle halten, werden Sie sehen, dass es aus vielen Nicht-Papier-Elementen besteht: aus Zellstofffasern, die aus Holz gewonnen werden, oder Gräsern oder Baumwolle. Überlegen Sie weiter: Das Holz, aus dem die Fasern gewonnen wurden, stammt aus einem Baum, der wiederum Licht, Sonne und Wasser brauchte und so weiter. Es wird deutlich, dass das Papier nicht aus sich selbst heraus entstehen konnte und mit vielem verbunden ist. So ist es auch mit allem anderen.

---

37 Der Intersein-Orden (vietnamesisch: Dòng tu Tiếp Hiện) ist eine Gemeinschaft von Nonnen, Mönchen und Laienpraktizierenden, die sich dazu verpflichtet haben, ihr Leben in Übereinstimmung mit den 14 Achtsamkeitsübungen zu führen. Die 14 Achtsamkeitsübungen sind ein konkreter Ausdruck eines engagierten Buddhismus und eine Zusammenfassung der Bodhisattva-Lehren des Mahayana-Buddhismus. Seit 2022 bin ich Mitglied des Intersein-Ordens.

Achtsamkeit und Intersein

Nur wenn wir in der Lage sind, innezuhalten und wirklich im gegenwärtigen Moment präsent zu sein, können wir sehen, dass das, was vermeindlich außen ist, auch in uns ist – und umgekehrt. Denken Sie einmal an die vier Elemente und wie diese in Ihnen sind: *Wasser* (ca. 60 Prozent unseres Körpers besteht aus Wasser), *Luft* (der Sauerstoff, der über die roten Blutkörperchen in Ihrem Körper transportiert wird), *Erde* (in Form von Mineralien wie z. B. Calcium), *Feuer* (die Energie und Wärme in Ihrem Körper).

Diese Beobachtungen haben nichts mit Esoterik zu tun. In einem wissenschaftlichen Artikel argumentieren Forschende (Rees, Bosch & Douglas, 2018)[38], dass unser biologisches Verständnis des menschlichen Selbst grundlegend infrage gestellt werden müsse. Ähnlich der Vorstellung vom getrennten Selbst galt in den Naturwissenschaften, dass der Mensch von der Natur abgegrenzt sei. Die Forscher argumentierten nun, dass diese Sichtweise im Zeitalter des Mikrobioms überholt sei. Die Funktionen des menschlichen Körpers beruhen auf einer Interaktion zwischen menschlichen und bakteriellen Zellen, dem sogenannten *Mikrobiom*. Die Forschenden stellten fest: »Heute [ist] klar, dass Bakterien essenzielle Komponenten des Immunsystems sind: Das, was traditionell als Teil des menschlichen Selbst betrachtet wurde, ist also stattdessen zu großen Teilen bakteriellen Ursprungs, also Nicht-Selbst.« Diese Arbeit zeigt uns deutlich, dass wir nicht von der Natur zu trennen sind. Wir bestehen aus ihr.

---

38 In dieser interdisziplinären Arbeit wurden u. a. Perspektiven aus der Anthropologie und Biologie zusammengeführt. Die Forschenden hinterfragen drei Systeme, die klassischerweise in der Biologie verwendet werden, um das menschliche Individuum von seiner Umwelt klar abzugrenzen: Immunsystem, Gehirn und Erbinformationen. Neuere Untersuchungen haben allerdings gezeigt, dass der Mensch zu mindestens 50 Prozent aus Mikroorganismen besteht, die alle drei aufgeführten Systeme stark beeinflussen (Rees, Bosch & Douglas, 2018).

Das traditionelle biologische Verständnis des Menschen als von der Natur abgegrenztes Selbst (links). Rechts die Sichtweise im Zeitalter des Mikrobioms: das Selbst besteht aus vielen Teilen des Nicht-Selbst.

Verbundenheit reicht aber noch viel weiter, zum Beispiel innerhalb unserer Familie, wo Eigenschaften und Fertigkeiten durch *Modelllernen* oder Vererbung weitergeben werden. Unsere Liebe zum Kochen kann beispielsweise von unserem Vater auf uns übergehen und unsere Hilfsbereitschaft eine Eigenschaft sein, die wir von unserer Mutter übernehmen. Immer mehr Untersuchungen zu *transgenerationalen Traumata* (Traumata, die von einer Generation auf die folgende weitergegeben werden) zeigen, dass wir auch durch unser Leid innerhalb unserer Familie verbunden sind.

Mit dem Blick des Interseins

Ich möchte Sie gerne einladen, mit dem »Blick des Interseins« auf sich selbst und Ihre Umwelt zu schauen. Betrachten Sie etwas (sich selbst, ein Wesen oder ein Objekt), zum Beispiel:

- Ihren Körper
- Eine Blume, eine Pflanze, einen Baum
- Ein Kleidungsstück
- Einen Gedanken (Ihr Gedanke oder der einer anderen Person)
- Ihre Freund:innen
- Die Natur/Umwelt

Stellen Sie sich bei der Betrachtung folgende Fragen:

- Aus welchen Nicht-Selbst-Elementen bestehst du eigentlich?
- Welche Verbindungen tragen diese Nicht-Selbst-Elemente in sich?
- Wer war beteiligt oder welche Bedingungen haben bestanden, damit du entstehen konntest?

Können Sie sehen, wie diese Elemente auch in Ihnen sind? Indem Sie regelmäßig mit diesem Blick auf sich selbst und die Umwelt schauen, kultivieren Sie Ihre Fähigkeit, in Verbindung zu gehen und »alles in einem – eines in allem« zu sehen.

Gehen Sie für diese Übung auch in die Natur. Für mich ist es einerseits eine sehr heilsame Erfahrung, mich mit der Schönheit und Größe der Natur zu verbinden. Andererseits gibt es Momente, wenn ich im Sommer ausgedörrte Böden sehe, in denen ich Trauer und Schmerz darüber in mir wahrnehme. Durch die Achtsamkeitspraxis kann ich jedoch beides umarmen und für meine Gefühle da sein.

Kollektive und gesellschaftliche Veränderungen

Intersein zu (er-)leben, kann uns dabei unterstützen, uns für gesellschaftlichen Wandel einzusetzen. Wir brauchen mehr denn je mitfühlende Menschen, die sich nicht als getrenntes Selbst erfahren. Indem wir uns darin üben, unsere tiefe Verbundenheit wahrzunehmen, überwinden wir Egoismus und werden motiviert, in Aktion zu treten und Leid zu lindern. Intersein bedeutet vor allem auch, dass Entscheidungsträger:innen sich immer wieder erinnern, welche Konsequenzen ihre Entscheidungen haben, die sie nicht von sich trennen können.

Die Botschaft an Lena lautet also nicht: »Verkrieche dich in deine Einzimmerwohnung, meditiere dich in einen verbundenen Zustand und gut.« Nein. Die Botschaft ist: »Halte inne und gestehe dir ein, dass du dich einsam fühlst. Werde dir bewusst, dass unter dem Gefühl der Einsamkeit noch viele Verbindungen vorhanden sind. Aus dieser Kraft heraus kannst du handeln.«

Vielleicht sind Sie in einer Position, in der Sie Verbindung fördern können? Können Sie als Führungsperson mehr Begegnungsräume schaffen, damit Ihre Mitarbeiter:innen wirklich in Kontakt miteinander kommen? Oder ihnen die Möglichkeit geben, Arbeitszeiten und -orte flexibler zu gestalten, sodass sie leichter Zeit mit der Familie oder in der Natur planen können? Doch auch auf politischer Ebene müssen nachhaltige, gerechte Veränderungen umgesetzt werden, damit Resonanzräume entstehen können. Ich kann an dieser Stelle keine konkreten politischen Lösungen anbieten, doch es gibt so viele kluge Menschen, die dies bereits tun. Lassen Sie uns gemeinsam hinhören und diese Stimmen weiter unterstützen, damit gesellschaftlicher Wandel sowohl im Innen als auch im Außen stattfinden kann.

Resonanz und Weltbeziehungen

2017 hörte ich an der Freien Universität Berlin einen Vortrag des deutschen Soziologen Hartmut Rosa über seine Resonanztheorie. Vieles, was er sagte, erinnerte mich an das buddhistische Konzept des Interseins. Laut Rosa wird die Qualität menschlichen Lebens vor allem durch die Qualität unserer *resonanten Weltbeziehungen* bestimmt (Rosa, 2016). Er meint damit die Erfahrungen und Begegnungen, bei denen Menschen diesen »vibrierenden Draht« zwischen sich und der Welt spüren. Doch durch die beschleunigte und vom ständigen Wachstum getriebene moderne Gesellschaft häufen Menschen Optionen und Ressourcen an, statt sich auf die Qualität der Weltbeziehungen zu besinnen und *wirklich* in tiefe Resonanz und Verbundenheit zu gehen. Was bleibt, ist ein wachsendes Gefühl der Entfremdung.

Der Begriff Resonanz (lat. *resonare* – widerhallen) stammt ursprünglich aus der Physik und bezeichnet das Mitschwingen eines schwingungsfähigen Systems (wie eine Stimmgabel), wenn es einer zeitlich veränderlichen Einwirkung unterliegt. Im soziologischen Sinn ist mit Resonanz[39] eine Form der Beziehung zwischen Menschen und Dingen oder Menschen und ihrer Umwelt gemeint. Resonante Weltbeziehungen zu pflegen, bedeutet also, die Fähigkeit zu trainieren, auf Schwingungen unserer Umwelt zu reagieren – und auch selbst mitzuschwingen (Rosa, 2016).[40]

Dabei gibt es laut Rosa vier Elemente[41], die erfüllt sein müssen, um von Resonanz sprechen zu können. Betrachten Sie diese an einem Gespräch zwischen den Freundinnen Hae-In und An Bin, die sich lange nicht mehr gesehen haben.

1. **Berührt werden:** Hae-In erzählt An Bin, dass sie sich endlich getraut hat, sich in Therapie zu begeben. An Bin hört mit Interesse zu und ist berührt von der Erzählung ihrer Freundin.
   - Es liegt ein intrinsisches Interesse vor, also eigene Motivation, und Menschen lassen sich von ihrem Gegenüber berühren.

2. **Selbstwirksamkeitserleben:** Bei dem Gespräch hört An Bin ihrer Freundin nicht nur zu, sie teilt auch ihre eigenen Erfahrungen und merkt, wie diese eine Wirkung bei Hae-In erzielen.
   - Man nimmt nicht nur passiv etwas auf, sondern erzeugt eine Wirkung bei sich selbst und anderen.

3. **Transformation:** Nach ihrem Gespräch fühlen sich Hae-In und An Bin etwas anders. Sie sind um eine Begegnung reicher, in gewisser Weise nicht mehr dieselben wie vor dem Gespräch.
   - Eine Resonanzerfahrung transformiert.

39 Resonanz ist somit kein Gefühl und auch kein emotionaler Zustand.

40 Als Grundlage für die psychiatrisch-psychotherapeutische Diagnostik wird ein psychopathologischer Befund erstellt. Dabei werden u. a. Bewusstsein, Gedächtnis, Wahrnehmung, Denken und Affekt beurteilt. In der Sektion Affekt geht es u. a. darum, ob die Stimmung der Patient:innen niedergeschlagen ist. Wir beurteilen aber auch, ob Patient:innen *schwingungsfähig* sind. Damit ist die emotionale Modulationsfähigkeit gemeint. Lächeln die Patient:innen z. B. mit, wenn ich auch lächle, oder bleiben sie ganz starr.

41 SRF Sternstunde Religion 05.01.2020 »Wozu nützt eigentlich Religion, Harmut Rosa.«

4. **Unverfügbarkeit:** Im Gespräch mit der Freundin ist für An Bin immer auch ein Fragezeichen dabei, etwas an Hae-In, das sich für An Bin noch nicht erschlossen hat. Auch das ist normal, schließlich kennen wir einen Menschen nie wirklich zu 100 Prozent.
   - Resonanzerfahrungen sind auch immer dadurch geprägt, dass das Gegenüber nicht vollständig kontrollierbar ist. Das Gegenüber hat etwas Unberechenbares, etwas Eigensinniges und Fremdes.

Die vier Resonanzbedingungen, die Rosa beschreibt, können wir bewusst im Alltag aufsuchen und gestalten, um uns mit der Welt verbunden zu fühlen. Im Folgenden möchte ich zeigen, wie wir die vierte Resonanzbedingung »Unverfügbarkeit« mit der Achtsamkeitspraxis verbinden können.

Alles, sofort, immer: Dauerverfügbarkeit

Erdbeeren im tiefsten Winter, Online-Bestellungen, die am nächsten Tag geliefert werden, und auch die Möglichkeit, permanent online und erreichbar zu sein – das sind nur ein paar Beispiele für die Dauerverfügbarkeit, die unsere Gesellschaft prägt. Wenn nun aber *Unverfügbarkeit* ein Merkmal für resonante Weltbeziehungen ist, dann muss man nicht lange nachdenken, um zu verstehen, warum sich so viele Menschen *unverbunden* fühlen.

Ich möchte auf keinen Fall mit erhobenem Zeigefinger predigen, dass »früher alles besser war« und wir auf alle Annehmlichkeiten unserer modernen Lebenswelt verzichten sollten. Diese Sichtweise wäre eindeutig verklärt. Aber ich möchte Sie einladen, die Dauerverfügbarkeit in Ihrem Leben bewusst wahrzunehmen und zu beobachten, was sie mit Ihnen und uns als Gesellschaft macht. Ich finde es auch super, dass ich meine Lieblingsmusik über Streamingdienste hören kann, wo und wann immer ich will. Doch ich erinnere mich auch mit einem Lächeln daran, wie meine Schwester und ich für Stunden in die Musikabteilung eines Kaufhauses abgetaucht sind, die neuesten CDs angehört und uns darüber ausgetauscht haben. Wenn *alles ständig da* ist, gerät auch unsere Geduld aus dem Training und wir entwickeln eine neue Erwartungshaltung (statt ruhig eine Woche auf unsere Buchbestellung zu warten, soll das Päckchen bitte schön morgen im Briefkasten liegen). Nutzen Sie moderne Kommunikation und »Serviceangebote« mit Bedacht. Dies soll eine Einladung an uns alle sein, ein Bewusstsein dafür zu entwickeln, dass eine übermäßige oder unbedachte Nutzung auf Kosten unserer Verbundenheit mit der Welt gehen kann, da Möglichkeiten und Räume der Resonanz beschnitten werden.

Zu viel des Guten: die Masse der Möglichkeiten

Neben der Dauerverfügbarkeit werden wir auch von einer Masse von Möglichkeiten erschlagen. Beim nächsten Einkauf in einem größeren Supermarkt in Ihrer Nähe achten Sie einmal auf Folgendes:

- Wie viele Sorten Obstsaft gibt es (gekühlt und ungekühlt)?
- Wie viele Müsli- und Porridge-Sorten stehen im Regal?
- Wie viele Chips-Variationen gibt es?

Suchen Sie weitere Produktarten (Käse, Schokoladen, Joghurt …) und zählen Sie. Das Ganze können Sie auch in einer Drogerie ausprobieren (Duschgel, Körperlotion, Klopapier) oder im Technikgroßmarkt (Laptopmodelle, Handys, Kaffeemaschinen …). Stehen Sie manchmal vor einem Regal und haben keine Ahnung, für was Sie sich entscheiden sollen? Eigentlich müssten wir doch glücklich sein, wenn wir die Wahl haben. Wir müssten uns autonom und frei fühlen, denn unter 30 Sorten Chips ist bestimmt auch eine, die genau unseren Geschmack trifft (Ziegenkäse-Thymian!). Der amerikanische Psychologe Barry Schwartz forschte zu diesem Phänomen und kam zum Schluss, dass *zu viele* Möglichkeiten das Wohlbefinden von Menschen eher senkt (Schwartz, 2004). Er fand heraus, dass eine zu große Auswahl unter anderem unsere Erwartungen wie auch den Vergleichsdruck steigen lassen kann. Wir vergleichen dann nicht nur Produkte, sondern auch uns selbst mit anderen und haben Angst, etwas zu verpassen (engl. *FOMO – fear of missing out*). Dabei kann man leicht aus dem Blick verlieren, was man bereits hat und was bereits gut ist.

Warum ist all das so wichtig? Machen Sie sich bewusst, dass Ihnen kostbare Augenblicke entgehen können, wenn Sie immerzu allen Möglichkeiten hinterherjagen. Jene Augenblicke, in denen Sie wirklich in Verbindung treten – mit sich selbst, mit ihren Liebsten und mit ihrer Umwelt.

Mach dich rar, sei ein Star!

Fragen Sie sich bei dieser Überschrift, ob Sie jetzt Ihre Liebsten *ghosten* sollen? Nein, das möchte ich natürlich nicht. Doch wie wäre es, wenn Sie sich im Alltag ab und zu bewusst dazu entscheiden, der Dauerverfügbarkeit eine Pause zu geben.

- Lassen Sie Erdbeeren im Dezember einfach im Supermarkt liegen. Planen Sie stattdessen zur Erdbeersaison ein Treffen mit Freund:innen auf einem Beet zum Selberpflücken. Aus den gesammelten Früchten können Sie Marmelade kochen, die Sie im nächsten Winter gemeinsam genießen.
- Gehen Sie offline und seien Sie zu bestimmten Zeiten einfach nicht erreichbar.
- Statt online einen Warenkorb zu füllen, besuchen Sie eine kleine Buchhandlung in Ihrer Nähe und sprechen Sie mit den Inhabern.
- Statt eine schnelle Textnachricht zu verschicken, verfassen Sie doch mal wieder einen handgeschriebenen Brief.

Welche Möglichkeiten fallen Ihnen noch ein? Wichtig ist natürlich, dass Sie Ihre Ideen auch umsetzen (siehe S. 24 ff.)!

Um im Angesicht des Überangebots an Möglichkeiten nicht in Stress zu geraten und entscheidungsunfähig »einzufrieren« (siehe S. 44 ff.), können Sie folgende Übungen ausprobieren:

Was brauche ich wirklich?

Bevor Sie sich lange quälen, um die *beste* Entscheidung zu treffen – zum Beispiel bei der Wahl von Studien- oder Ausbildungsfach, Reisezielen, Kinderwagen, Fahrradhelmmodellen … – sollten Sie innehalten und sich folgende Fragen beantworten:

- Was brauche ich wirklich? (Statt: Was möchte ich?)
- Was ist mir wichtig? (Statt: Was ist anderen wichtig?)

Erfolgreiche Werbung basiert oft darauf, dass sie Ihnen Bedürfnisse aufzwingt, die Sie eigentlich nicht haben. Treffend beschreibt das ein bekanntes Zitat aus dem Film *Fight Club* (1999): »Wir kaufen Dinge, die wir nicht brauchen, mit Geld, das wir nicht haben, um Leute zu beeindrucken, die wir nicht mögen.« Wenn Sie achtsam auf Ihre Bedürfnisse hören und Ihre Werte kennen, werden Sie sich leichter entscheiden können.

Ansprüche überprüfen

Hohe Ansprüche und Erwartungen können dazu führen, dass Sie bei jeder Entscheidung *das Beste* rausholen wollen. Folgende Reflexionsfragen können helfen, diesen Entscheidungsdruck zu verringern:

- Könnte ich auch damit leben, wenn ich nur 70 Prozent meiner Erwartungen erfülle? Wie würde ich in einem Jahr oder in 5 Jahren darüber denken?
- Was würde meine liebste, wohlwollende Freundin zu diesen Erwartungen sagen?

Dankbarkeit

Wenn Sie sich regelmäßig darin üben, dankbar zu sein für das, was da ist, statt sich etwas zu wünschen, was nicht da ist, werden Sie eher in sich ruhen und zufrieden sein (siehe S. 111 f.). Lassen Sie Verführungen unzähliger Kaufoptionen an sich abperlen wie einen Wassertropfen an einem Lotusblatt. (Wenn Sie die Möglichkeit haben, diesen selbstreinigenden Lotuseffekt einmal zu beobachten, schauen Sie genau hin. Es ist magisch.)

Auf einen Blick

- Damit wir uns verbundener fühlen, kann uns die Idee des *Interseins* aus dem Buddhismus helfen. Der Grundgedanke ist, dass jedes Lebewesen und jeder Gegenstand nicht für sich selbst existieren, sondern mit allem anderen verbunden und in jedem anderen enthalten sind.
- Kein Individuum ist ein getrenntes Selbst. Unsere achtsame Verbundenheit praktizieren wir ebenfalls nicht allein. Wir können durch unsere Praxis für uns sorgen und mit dieser Energie an die Entscheidungsträger:innen herantreten, die politisch nachhaltige Veränderungen für wirkliche Begegnungen und Verbindungen durchsetzen können.
- Laut Soziologe Hartmut Rosa fühlen sich Menschen in der modernen Gesellschaft zunehmend entfremdet, weil sie weniger in *Resonanz* gehen. Resonanz ist eine Form der Beziehung, nämlich die Fähigkeit, auf Schwingungen unserer Umwelt zu reagieren und mitzuschwingen.
- Resonanz ist durch vier Merkmale gekennzeichnet: Berührt werden, Selbstwirksamkeitserleben, Transformation und Unverfügbarkeit. Doch wir leben in einer Welt der Dauerverfügbarkeit und Wahlmöglichkeiten. Beides verringert unser Wohlbefinden.

Übungen in diesem Kapitel

- **Mit dem Blick des Interseins.** Sie reflektieren über die Frage: »Aus welchen Nicht-Selbst Elementen bestehst du eigentlich?«
- **Mach dich rar, sei ein Star!** Sie machen eine bewusste Pause von der Dauerverfügbarkeit.
- **Was brauche ich wirklich?** Sie beobachten, ob Ihre Ansprüche zu hoch sind und ob Sie kaufen, was Sie nicht brauchen.
  - Ansprüche überprüfen
  - Dankbarkeit

Mitgefühl: Die Welt durch die Augen anderer

Täglich werden uns auf unseren Bildschirmen Schreckensszenarien präsentiert und wir kommen beinahe in Echtzeit mit dem Leid auf der ganzen Welt in Kontakt. Kriege, Hungersnöte, Krankheiten, Naturkatastrophen – unsere Mitmenschen, alle Arten von Lebewesen und die Erde selbst leiden. Die Bilder sind so lebendig und realistisch, dass es manchmal kaum möglich ist, emotional Abstand zu wahren. Natürlich stellt sich die Frage, wie wir angesichts dieses Schmerzes nicht abstumpfen, mit*fühlen*, jedoch nicht mit*leiden*? Was ist das richtige Maß und wie können wir handlungsfähig bleiben, statt den Kopf in den Sand zu stecken?

Mitgefühl und seine Funktion

Bereits bei kleinen Kindern kann man beobachten, dass sie mitfühlendes und fürsorgliches Verhalten zeigen. Folgende Situation aus meinem Bekanntenkreis fand ich besonders süß: Die Cousins Tâm (zwei Jahre) und Như-Lạc (vier Jahre) spielen miteinander, als Tâms Eltern mit ihm aufbrechen möchten. Tâm weint bitterlich. Như-Lạc geht zu ihm und sagt: »Du musst nicht traurig sein. Du kannst meine Mama haben.« Der kleine Như-Lạc war in der Lage, zu verstehen, dass sein Cousin traurig war, und hatte gleichzeitig den Wunsch, ihn zu trösten. Deshalb bot er ihm seine geliebte Mutter an.

Auch Ihr Mitgefühl umfasst genau diese zwei Komponenten: Einerseits haben Sie ein Bewusstsein dafür, dass Sie selbst oder jemand anderes leidet. Das bedeutet, dass Sie sich dieser Erfahrung zuwenden, statt wegzusehen. Andererseits ist da auch der tiefe, aktive Wunsch und die Absicht, das wahrgenommene Leid zu lindern. In der Sorge um andere liegt eine grundlegende Motivation für Sozialisation und Bindung (Davidov et al., 2013). Mitgefühl ist auch im Tierreich zu finden. Aus einer evolutionären Perspektive stärkt es das soziale Miteinander. Es ist der Kleber, der uns in Not- und Krisensituationen zusammenhält, und deshalb auch ein wesentlicher Teil von vielen religiösen und spirituellen Praktiken sowie Ethik- und Moralsystemen.

Können Sie sich vorstellen, wie unsere Welt ohne Mitgefühl aussehen würde. Ich bin bei diesem Gedankenexperiment bald an den Punkt gekommen, an dem die Menschheit (und auch andere Lebewesen) im Chaos versinken würden.

Mitgefühl ist nicht gleich Mitleid

Haben Sie sich schon einmal gefragt, ob es einen Unterschied zwischen Mit*gefühl* und Mit*leid* gibt? Bevor Sie weiterlesen, halten Sie inne und nehmen Sie sich einen Moment Zeit für diese Fragen.

- Wie fühlt es sich an, Mitgefühl mit jemandem zu haben?
- Wie fühlt es sich an, Mitleid mit jemandem zu haben?

In der Psychologie stehen Mit*leid* und Empathie für das gleiche Erleben: Wir leiden mit und empfinden Emotionen nach. Mit*gefühl* hingehen ist sowohl die Zuwendung und Sensibilität für Leid als auch die Absicht, das Leid verringern zu wollen.

Wenn wir allerdings Mit*gefühl* zeigen, fühlen wir mit und haben die Absicht, helfen zu wollen. In einer Studie konnte gezeigt werden, dass sich die Gehirnaktivität von Teilnehmer:innen unterschied, je nachdem, ob sie Mitleid (Empathie) oder Mitgefühl erlebten. Einige Teilnehmer:innen wurden angeleitet eine Übung durchzuführen, bei der sie das Leid einer anderen Person nachempfinden sollten (Mitleid/Empathie). Die übrigen sollten mit einer Mitgefühlsmeditation (siehe S. 210) fürsorgliche Gedanken auf andere Personen richten (Mitgefühl). Die Ergebnisse zeigten, dass die Übung zum Nachempfinden von Leid (Mitleid/Empathie) bei den Teilnehmer:innen einen negativen Effekt hervorrief: Sie aktivierte Gehirnregionen, die mit Abneigung assoziiert sind. Im Vergleich dazu hatte die Mitgefühlsmeditation einen positiven Effekt: Sie aktivierte bei den Teilnehmer:innen Gehirnregionen, die mit Belohnung, Liebe und Zugehörigkeit assoziiert sind. In weiteren Studien (Lamm, Decety & Singer, 2011) konnte gezeigt werden, dass Mitleid (Empathie) jene Gehirnareale aktiviert, die auch bei der Schmerzverarbeitung eine Rolle spielen. Das heißt, wenn Sie empathisch sind, leiden Sie wirklich mit und empfinden den Schmerz des anderen. Zu viel und zu tiefes Mitleid kann uns deshalb erschöpfen und sogar krank machen.

Empathiemüdigkeit

In Berufen, in denen Menschen immer wieder mit dem Leid von anderen in Berührung kommen, kann das Erleben von Empathie (Mitleid) langfristig zu einer emotionalen Belastung führen. 1992 prägte die Krankenschwester Carla Joinson durch ihre Beobachtungen von Krankenschwestern und -pfleger:innen in Notaufnahmen den Begriff »compassion fatigue«[42] Sie stellte fest, dass diese Berufsgruppen, die täglich mit Krankheit oder Tod in Berührung kommen, ein hohes Risiko für eine Form von Burn-out hatte, der durch Mitleid und nicht durch die Arbeitsbelastung bedingt war. Sie sah, wie Menschen, die ihren Beruf gewählt hatten, um anderen zu helfen – für die Empathie und Mitgefühl wichtige Werte waren –, sich zunehmend hilflos, wütend, emotional distanziert und abgestumpft zeigten.

Ein Artikel im Guardian aus dem Jahr 2018 überträgt dieses Konzept auf unseren Medienkonsum: »Wenn Pflegekräfte gefährdet sind, weil sie sich um traumatisierte Menschen kümmern, dann sind empathische Nachrichtenkonsumenten gefährdet, weil sie die Nachrichten konsumieren.« Können Sie das bei sich beobachten? Wie fühlen Sie sich, wenn Sie die schlimmen Nachrichten lesen oder die Bilder auf Ihrem Bildschirm verfolgen?

Brennt Ihr inneres Licht noch?

Ähnlich wie eine Kerze kann auch Mitgefühl Wärme und Trost spenden. Sie können mit einer Kerze andere Kerzen anzünden, so wie Sie auch Mitgefühl an andere Menschen weitergeben können. Doch

42 Manchmal werden die Begriffe Mitgefühlsmüdigkeit (compassion fatigue) verwendet, was irreführend ist. Passender ist der Begriff Empathiemüdigkeit (empathy fatigue).

unter manchen Bedingungen kann es für eine Kerze schwierig werden, weiterzubrennen, z. B. wenn es regnet oder windig ist. Oder sie erlischt, wenn Sie versuchen, mit der einen Kerze direkt nacheinander viele andere anzuzünden. Damit Sie innerlich nicht ausbrennen, ist es wichtig, die Anzeichen dafür zu erkennen, wann es für Sie zu viel wird. Diese Alarmsignale können individuell unterschiedlich ausfallen. In sozialen Berufen könnte ein Anzeichen sein, dass Sie zunehmend von Ihren Klient:innen oder Patient:innen genervt sind, obwohl Sie die Arbeit mit ihnen eigentlich sehr schätzen. Halten Sie inne und beantworten Sie folgende Fragen:

- Wie geht es Ihnen wirklich? Sind Sie körperlich und geistig gesund?
- Geben Sie mehr, als Sie selbst haben (Liebe, Fürsorge, Energie, Aufmerksamkeit …)?
- Nehme Sie sich genug Zeit für sich und bekommen Sie Unterstützung von anderen, um sich zu erholen und mit nährenden Dingen in Berührung zu kommen?
- Gibt es in Ihrem Leben feste Widersprüche?[43]
- Sie sagen, dass Sie ein Familienmensch sind, und trotzdem haben Sie nie Zeit für Ihre Familie?
- Sie lieben die Natur und verbringen nur Zeit an Ihrem Handy und vor dem Laptop?
- Sie sind eine liebevolle, verständnisvolle und großzügige Person und trotzdem ist es unmöglich für Sie, sich Zeit für sich selbst zu nehmen?

Lieb gemeint – wie Empathie und Mitgefühl wirken

Bislang haben wir beobachtet, wie unterschiedlich sich Mitleid und Mitgefühl bei der Person auswirken können, die sie schenkt. Doch wie empfindet der »Empfänger« diese Zuwendungen? Kanadische Forscher (Sinclair et al., 2017) haben untersucht, wie Palliativpatien-

43 Angelehnt an C. Joinson, 1992

ten Empathie und Mitgefühl wahrnehmen und wie sich dies auf ihr Wohlbefinden auswirkt.

Die Ergebnisse zeigten, dass *Mitgefühl* als am hilfreichsten und wohltuendsten empfunden wurde. Patient:innen beschrieben es als bedingungslose Liebe und Altruismus, die sich durch kleine, selbstlose, freundliche Handlungen zeigten. *Empathie* wurde als positive emotionale Reaktion wahrgenommen, bei der das Leid der Patient:innen anerkannt und verstanden wurde. Ein Patient verdeutlicht die wahrgenommen Unterschiede: »Ich denke, Empathie ist eher eine Gefühlssache, bei der man sich des Leidens eines anderen bewusst ist, und Mitgefühl ist, wenn man auf der Grundlage dieses Wissens handelt.«

Mitgefühlsmeditation

Wir haben gesehen, dass Empathie (Mitleid) und Mitgefühl auf neuronaler Ebene ganz unterschiedlich wirken und Mitleid dazu führen kann, dass wir abstumpfen oder sogar ausbrennen. Lassen Sie uns nun genauer betrachten, wie Mitgefühl wirkt. Dies ist eine Einladung in die wunderschöne Praxis des Mitgefühls. Heutzutage sind Mitgefühlsmeditationen (Neff & Germer, 2020) recht verbreitet. Sie stammen ursprünglich vor allem aus dem Buddhismus, in dem Mitgefühl eine zentrale Tugend und Praxis darstellt. Mitgefühl (pali: *karuna*) ist die Absicht und auch die Fähigkeit, Sorgen und Leiden zu lindern und zu transformieren, und zählt zu den *vier unermesslichen Geisteszuständen* (pali: *Brahmavihara*)[44] (Hanh, 2013). Die klassische Mitgefühlsmeditation wird auch als *Metta*-Meditation oder Liebende-Güte-Meditation bezeichnet. Dabei werden liebevolle Wünsche an eine Person gerichtet, was den Praktizierenden dabei unterstützen soll, Mitgefühl zu kultivieren. Untersuchungen konnten zeigen, dass diese Art der Meditation altruistisches Verhalten und Gefühle von Verbundenheit und Mitgefühl steigern und sozialen Stress reduzieren können (Böckler et al., 2018; Engert et al., 2017; Hutcherson et al., 2008).

44 Zu den vier unermesslichen Geisteszuständen zählen liebevolle Güte (metta), Mitgefühl (karuna), Freude (mudita) und Gleichmut (upeksha).

Metta-Meditation

In der Liebevollen-Güte-Meditation kultivieren Sie eine wohlwollende Haltung, indem Sie in Kontakt mit liebevollen Wünschen sind und diese innerlich wiederholen. Traditionell üben Meditierende unter anderem folgende Wünsche:

- Möge ich glücklich sein.
- Möge ich frei von Gefahr sein.
- Möge ich körperlich gesund sein.
- Möge ich leicht durchs Leben gehen.

Ablauf der Meditation: Wiederholen Sie immer wieder diese Wünsche. Sie brauchen nicht den exakten Wortlaut aufzusagen, wichtiger ist es, mit dem Gefühl des Wohlwollens in Kontakt zu kommen.

1. Zunächst senden Sie die Sätze an sich *selbst*. Ich finde es faszinierend, dass schon vor Tausenden von Jahren Meditationspraktizierende für sich herausgefunden haben, wie wichtig es ist, bei sich selbst zu beginnen, bevor man anderen Menschen hilft und sich wohlmöglich dadurch überfordert.
2. Dann senden Sie das Wohlwollen an eine *nahstehende Person* (z. B. Familie und Freund:innen).
3. Dann an eine *neutrale Person* (z. B. die Busfahrerin oder einen Nachbarn).
4. Dann an eine Person, die Sie aktuell als *schwierig* erleben.

Zum Schluss können Sie Ihre liebevolle Güte auch auf *alle Lebewesen* ausweiten.

Liebende-Güte-Meditation

Zum Einstieg in die Metta-Meditation können Sie zunächst mit den ersten beiden Schritten beginnen (Selbst und nahstehende Person). Wenn Sie sich darin geübt haben und sicher fühlen, können Sie mit den nächsten Schritten weitermachen (neutrale Person). Besonders der vierte Schritt (schwierige Person) wird von vielen zunächst als herausfordernd erlebt. Das ist ganz normal.

Benutzen Sie Ihre Vorstellungskraft: Rufen Sie sich ins Bewusstsein, wie es sich anfühlt, wenn Sie ganz leicht und unbeschwert durchs Leben gehen. Wie fühlt sich Ihr Körper an? Was denken Sie? Mit jedem Satz (z. B. »Möge ich körperlich gesund sein) können Sie nun eine innere Vorstellung verknüpfen und die Wünsche dadurch noch lebendiger werden lassen.

Wünsche anpassen: Sie können die Wünsche auch umformulieren, damit sie sich für Sie stimmig und passend anfühlen. Beispielsweise:

- Ich wünsche mir wahres Glück und Erfüllung.
- Mich umgibt ein Gefühl von Sicherheit und Geborgenheit.
- Ich möchte, dass mein Körper lange gesund bleibt.
- Ich schaffe mir ein Leben voller Fülle und Freude.

Weitere Variationen finden Sie hier: ***www.herder.de/extras***

Ich hoffe, dass diese Übung Sie nährt und Ihnen viel Freude bereitet. Für mich sind die Worte der Metta-Meditation wie eine kuschelige, warme Decke, die mich umhüllt. Je öfter Sie die Übung durchführen, desto vertrauter werden Ihnen die Wünsche sein.

Eine angeleitete Metta-Meditation finden Sie hier: *www.herder.de/extras*

Ins Handeln kommen, ohne auszubrennen

Wenn Sie täglich Ihr Mitgefühl kultivieren, indem Sie zum Beispiel die Metta-Meditation üben, können Sie Ihre *Intention und Motivation,* Leid zu lindern, langfristig stärken und aufrechterhalten. Sich in den anderen hineinzuversetzen, ist eine wichtige Voraussetzung, doch um wirklich etwas zu ändern, müssen wir ins Handeln kommen. Zenmeister Thích Nhất Hạnh schreibt deshalb auch: »Mitgefühl ist ein Verb.«

Ich mache mir dieses Bild davon: Vor mir liegen zwei Wege. Auf dem einen Weg sehe ich das Leid und den Schmerz (z. B. wie unsere Erde unter der menschengemachten Klimakrise leidet). Wenn ich mir überlege, auf diesem Weg zu gehen, fühle ich mich hilflos. Der andere Weg führt durch Mitgefühl (ich stelle mir ganz konkret und lebendig vor und wünsche mir, dass es der Erde besser geht). Wenn ich diesen Weg wähle, stärke und nähre ich meine Intention, wirklich helfen zu wollen (ich werde nicht wegsehen und der Klimaschutz bekommt eine wichtige Priorität in meinem Leben). Der erste Weg droht, mich zu erschöpfen. Der zweite bringt mich ins Handeln, ohne dass ich da ausbrenne. Denn durch die Metta-Meditation lerne ich, immer wieder auf meine Bedürfnisse und Grenzen zu schauen und achtsam mit ihnen umzugehen.

Kleine Schritte

Wir neigen dazu, uns zu überfordern, wenn wir uns zu viel vornehmen oder etwas verändern wollen, das wir nicht verändern können. Eine demütige Haltung, die die eigenen Grenzen akzeptiert und offen demgegenüber ist, dass es für große Veränderung auch viele Menschenhände (und manchmal auch etwas Glück und gute Bedingungen) braucht, hilft dabei, sich langfristig nicht hilflos zu fühlen. Ich weiß beispielsweise über mich, dass es bestimmte Berufe oder Aufgaben gibt, die ich nicht ausüben könnte, z. B. Politikerin zu sein. Doch ich bemühe mich in meiner Arbeit, all jene Menschen zu erreichen und zu unterstützen, die diese Verantwortung übernommen haben.

Auch wenn es wie ein Tropfen auf den heißen Stein wirkt, sind auch die kleinsten Beiträge und Schritte wichtig. Seien Sie kreativ und suchen Sie sich Gleichgesinnte, um gemeinsam ins Handeln zu kommen.

Mitfühlendes People-Watching

Leute schauen – machen Sie das auch gerne? Sich überlegen, wie das Leben von anderen aussieht, welche Geschichten und Erfahrungen sich hinter der äußeren Gestalt verbergen. Das nächste Mal, wenn Sie in einem Café oder in der U-Bahn sitzen und andere beobachten, versuchen Sie Folgendes: Statt Ihre Mitmenschen nur zu betrachten und sich zu fragen, welchen Beruf sie ausüben, ob sie in einer Beziehung sind, welche Charaktereigenschaften sie haben (also »normales« *People-Watching*), lade ich Sie ein, die Menschen durch die Brille des Mitgefühls anzusehen. Nehmen Sie eine einzelne Person in den Blick und wünschen Sie ihr (in Gedanken) etwas Gutes. Die Übung funktioniert aber auch, wenn Sie zu zweit oder mehreren sind. Ich beobachte manchmal, dass Gesprächsgruppen aus Langeweile ins Lästern geraten. Durch mitfühlendes People-Watching können Sie diese unschöne Gewohnheit brechen und werden sich mit Ihren Mitmenschen verbundener fühlen.

Bei meinem letzten Restaurantbesuch hatte ich diese Wünsche für andere:

- **Kellnerin:** »Ich wünsche dir, dass du heute einen angenehmen Arbeitstag hast, deine Kolleg:innen liebevoll mit dir umgehen und deine Kund:innen wertschätzend und freundlich sind.«
- **Pärchen am nächsten Tisch:** »Ich hoffe, dass ihr eine vertrauensvolle Beziehung pflegt und gemeinsam lacht.«
- **Mann, der an mir vorbeiläuft:** »Ich wünsche Ihnen, dass Sie gesund sind und dass auch Ihre Familie gesund ist.«

Achtsam mitfühlen

Achtsamer Medienkonsum

Es ist bedenklich, wie oft, wie lange und wie ungefiltert wir Medien konsumieren. Ich empfehle Ihnen, Ihr »Medienverhalten« genau zu beobachten, zu drosseln und bewusst anzupassen: Wenn

Sie beispielsweise Nachrichten mit Bildern einer Naturkatastrophe schauen, koppeln Sie das an eine Metta-Meditation (»Mögen die Menschen gesund sein und diese Krise überwinden«) und überlegen Sie konkret, wie Sie helfen können. Wie Sie jetzt wissen, können Sie niemandem helfen, wenn Sie selbst an Empathiemüdigkeit leiden.

Mit der Umwelt fühlen

Unsere liebevolle Güte sollten wir nicht nur auf die Menschen richten, sondern auch auf unsere kostbare Erde. Diese Praxis kann Sie dabei unterstützen, die Verbindung mit der Umwelt zu stärken und sich dem Leid der Erde zuzuwenden. Sie schützen sich dadurch selbst davor, angesichts der Klimakrise auszubrennen.

Eine Metta-Meditation für unsere Erde finden Sie hier: *www.herder.de/extras*

Mitgefühlsbriefe

Wenn Sie mit einer Person oder einem Geschöpf Mitgefühl empfinden, verfassen Sie einen Brief, in dem Sie Ihre Emotionen in Worte fassen. Sie können auch offene Fragen stellen, um die Situation besser zu verstehen. Besonders wichtig ist, dass Sie beschreiben, wie es konkret aussehen würde, wenn das Leid Ihres Empfängers verringert würde. Sie können dies auch mit Wünschen liebender Güte verbinden. Sie können den Brief abschicken, müssen aber nicht.

Es ist so wichtig, Wünsche konkret zu formulieren, damit sie überhaupt greifbar und wirksam werden können und uns ins Handeln bringen. Wir neigen dazu, das zu benennen, was wir *nicht* möchten, anstatt auszudrücken, in welche Richtung wir uns bewegen wollen. Das ist, als würden Sie jemandem, der Sie nach dem Weg zum Krankenhaus fragt, antworten: »Bieg bloß nicht links ab, und auch an der nächsten Kreuzung solltest du auf keinen Fall auf der rechten Spur bleiben.« Die Person käme lange nicht am Krankenhaus an. Wenn überhaupt.

Auf einen Blick

- Mit*gefühl* umfasst das Bewusstsein dafür, dass Leid da ist, und den aktiven Wunsch, es lindern zu wollen. Mitgefühl stärkt aus evolutionärer Perspektive das soziale Miteinander.
- Mit*leid* (Empathie) und Mitgefühl sind nicht ein und dasselbe. Untersuchungen zeigen, dass bei Mit*leid* (Empathie) Gehirnareale aktiviert werden, die mit Abneigung und Schmerzverarbeitung assoziiert sind, wohingegen Mit*gefühl* Gehirnareale aktiviert, die mit Belohnung, Liebe und Zugehörigkeit assoziiert sind.
- Wer nur empathisch ist, läuft Gefahr, Empathiemüdigkeit zu entwickeln und abzustumpfen. Menschen, die in ihren Berufen oft mit menschlichem Leid in Berührung kommen, haben ein erhöhtes Risiko, an dieser Form des Burn-out zu erkranken.
- Durch eine regelmäßige Mitgefühlspraxis schützen Sie sich und stärken Ihre Motivation, anderen zu helfen. Bleiben Sie dabei demütig und überfordern Sie sich nicht: Jeder kleine Schritt zählt.

Übungen in diesem Kaptiel

- **Brennt Ihr inneres Licht noch?** Sie beobachten, wie es Ihnen *wirklich* geht und ob Sie vielleicht schon an Empathiemüdigkeit leiden.
- **Metta-Meditation.** Sie richten wohlwollende Wünsche an sich selbst und andere Personen. Auch als Audioübung.
- **Mitfühlendes People-Watching.** Sie schicken im Alltag wohlwollende Wünsche an Ihre Mitmenschen. Ich verspreche Ihnen, es macht viel Freude.
- **Achtsam mitfühlen.** Sie nehmen Ihre mitfühlende Haltung auch im Umgang mit Medien und der Umwelt ein.
  - Achtsamer Medienkonsum
  - Mit der Umwelt fühlen. Auch als Audioübung.
  - Mitgefühlsbriefe

Kann das gehen? Vereinbarkeit von Arbeit und Achtsamkeit

Jeden Morgen, wenn der Wecker klingelt, ringt Nassar damit, überhaupt aufzustehen. Sein Bürojob erfüllt ihn nicht mehr, und wenn er ganz ehrlich mit sich ist, hat es ihn noch nie erfüllt. Sein Werdegang ist nicht unüblich: Nach dem Abitur wusste er nicht recht, wie es weitergehen sollte. Da alle seine Freund:innen studierten, entschied er sich für ein BWL-Studium. Er konnte sich dafür zwar nicht begeistern, doch es schien sicher. Nach dem Abschluss war er erneut ziellos und froh, dass ihn eine Unternehmensberatung einstellte. In seinem Team herrscht seit Langem eine schlechte Arbeitsatmosphäre, geprägt von Konkurrenzdenken, Misstrauen und Konflikten. Die mangelnde Wertschätzung verstärkt bei Nassar das Gefühl der Sinnlosigkeit. Um Kosten zu sparen, hat das Unternehmen beschlossen, dass die meisten Mitarbeiter:innen ins Homeoffice wechseln sollen. Obwohl Nassar diese Möglichkeit schätzt, da die Zeit für den Arbeitsweg wegfällt, bedeutete das auch, dass er die wenigen Kolleg:innen, mit denen er sich gut versteht, nicht mehr sieht. Im Arbeitsalltag ist Nassar im Dauerstress: Die Liste seiner Aufgaben ist endlos und er leistet viele Überstunden. Selbst nach Feierabend kann er kaum abschalten und denkt unentwegt an all die unerledigten Aufgaben.

Am Arbeitsplatz treffen Menschen mit unterschiedlichen Bedürfnissen, Gefühlen, Erwartungen, individuellen Gewohnheiten und Macken aufeinander. Es gibt Besserwisser, Schüchterne, Dominante, *People-Pleaser* und Kämpfer – alles ist dabei und man muss irgendwie miteinander zurechtkommen. Hinzu kommen Ziele des Unternehmens, die manchmal konträr zu den Bedürfnissen der Mitarbeiter:innen laufen. Kann Achtsamkeit in dieser komplexen Gemengelage helfen? Können wir zu einem freundlichen, mitfühlenden Miteinander im Beruf gelangen?

Achtsames Arbeiten

Achtsamkeit am Arbeitsplatz bedeutet, dass wir bewusst und absichtsvoll mit uns selbst, unseren Gedanken, Gefühlen und Verhaltensweisen umgehen. Und es bedeutet, dass wir mit anderen ebenso bewusst umgehen und kommunizieren. Es ist nicht einfach, dieses Gewahrsein im Arbeitsalltag aufrechtzuerhalten. Beispielsweise geraten wir in Druckphasen schnell in den Autopilotmodus. Wir schieben Überstunden, ignorieren Erschöpfungssignale unseres Körpers und funktionieren nur noch. Wenn uns jetzt noch ein Kollege mit einer weiteren Anfrage kommt, reagieren wir abweisend. Wir sind ungeduldig und streng mit anderen.

Reflexion über Arbeit

Bevor wir uns den Möglichkeiten eines achtsamen Arbeitsalltags zuwenden, lassen Sie uns einen Schritt zurückgehen und zunächst überlegen, was Arbeit für Sie überhaupt bedeutet. Welche Funktion nimmt sie in Ihrem Leben ein. Oft sind wir uns dieser persönlichen *Grundannahmen* gar nicht bewusst. Dabei beeinflussen sie vieles, zum Beispiel welchen Beruf wir wählen oder wie wir mit Erfolg und Misserfolg umgehen. Nehmen Sie sich einen ruhigen Moment, um diese Fragen zu beantworten:

- Welche Bedeutung hat Arbeit für Sie? Ist sie eine Möglichkeit, Ihre Werte zu leben? Ist Arbeit ein notwendiges Übel, um die laufenden Rechnungen zu begleichen?
- Wer hat Ihre Vorstellung von Arbeit geprägt? Wurde ein bestimmter Beruf in Ihrer Familie von Generation zu Generation weitergegeben? Hatten Ihre Eltern keine Möglichkeit, eine akademische Ausbildung zu machen, und haben Ihnen diesen Weg als Auftrag mitgegeben?
- Was bedeutet für Sie Erfolg? Was bedeutet für Sie Misserfolg? Welche Ziele müssen Sie erreichen, um sich erfolgreich zu fühlen?

- Wie würden Sie über sich selbst denken, wenn Sie diese Vorstellungen von Erfolg nicht erfüllen? Wie würden andere Menschen über Sie denken? Welche Gefühle würden Sie begleiten (Enttäuschung, Trauer, Schuld, Scham …)?

Der Wunsch nach Sinnhaftigkeit

Viele Menschen wünschen sich heute eine Arbeit, die ihrem Leben Sinn gibt. Insbesondere junge Menschen akzeptieren nicht mehr, dass sie den Großteil ihrer Lebenszeit mit Tätigkeiten verbringen, die sie unglücklich machen oder krank werden lassen. Sie möchten nicht ein weiterer Fall von *Quiet Quitting* werden oder sich in Aussteigerfantasien flüchten müssen.

Was ist Ihnen an Ihrer Arbeit wichtig? Was möchten Sie durch Ihre Arbeit bewirken? Mit diesen Fragen kommen Sie Ihren arbeitsbezogenen Werten auf die Spur. Wenn Sie schon seit längerer Zeit das Gefühl haben, dass Ihre Arbeit sinnlos ist, kann es hilfreich sein, sie mit Ihren Werten abzugleichen (siehe S. 121 f.). Genauso wertvolle Informationen schenken Ihnen diese grundlegenden Fragen auch dann, wenn Sie vor der Berufswahl stehen.

Arbeitsbezogene Werte

Zu den arbeitsbezogenen Werten zählen beispielsweise: Gemeinschaft, Engagement, Autonomie, Neugierde (Neues lernen wollen), Herausforderungen, Wachstum, Gerechtigkeit, Mitgefühl, Hilfsbereitschaft und vieles mehr.
Erstellen Sie eine Liste arbeitsbezogener Werte und bewerten Sie deren Bedeutung und wie häufig diese Werte in der vergangenen Woche realisiert werden konnten auf einer Skala von 0 (unwichtig) bis 10 (sehr wichtig) bzw. (0 = gar nicht, 10 = sehr häufig). Nehmen Sie sich die Übung *Was ist Ihnen im Leben wichtig?* (S. 112) als Vorlage. Basierend auf den Werten, die Sie für sich identifiziert haben, können Sie jeden Morgen eine *Intention* für Ihren Arbeitstag formulieren.

Jack Kornfield, ein US-amerikanischer Meditationslehrer, vergleicht eine Intention mit einem Kompass für das eigene Herz. Die folgenden Fragen können Ihnen dabei helfen, eine Intention festzulegen:

- Wie möchte ich meinen heutigen Arbeitstag verbringen?
- Mit welchem Wert möchte ich heute besonders in Kontakt sein?

Wenn beispielsweise »Gemeinschaft« ein wichtiger arbeitsbezogener Wert für Sie ist, können Sie sich für den Tag vornehmen, Räume der Gemeinschaft aufzusuchen oder zu schaffen. Dies könnte durch eine gemeinsame Teepause mit Kolleg:innen oder ein kurzes Check-In vor einem Meeting geschehen.

Eine Meditation, bei der Sie in Kontakt mit Ihren arbeitsbezogenen Werten kommen und eine Intention für den bevorstehenden Arbeitstag formulieren, finden Sie hier: ***www.herder.de/extras***

Sie sind an Ihrem Arbeitsplatz angekommen. Das E-Mail-Postfach quillt über, die Aufträge stapeln sich, das Telefon klingelt ohne Pause, Kund:innen stehen ungeduldig in der Schlange oder Patient:innen im Wartezimmer …, die Liste der Aufgaben scheint endlos zu sein. Egal, wie genau Ihre Arbeit aussieht, ausgerechnet wenn der Druck hoch ist, kommt oft noch eine besonders unangenehme Sache hinzu. Zum Beispiel müssen Sie bei einem großen Meeting etwas präsentieren, bei dem auch ein Kollege anwesend ist, mit dem Sie aktuell Schwierigkeiten haben. Um solche herausfordernden Situationen, die im Arbeitsumfeld unvermeidbar sind, erfolgreich zu meistern, können Ihnen folgende Achtsamkeitsübungen helfen:

Achtsamkeit im Arbeitsalltag

Präsenz und bewusstes Atmen in schwierigen Situationen:

Wir Menschen neigen dazu, unangenehme Erfahrungen zu vermeiden. Wenn schwierige Situationen am Arbeitsplatz auftreten, ist es verlockend, Emotionen und Gedanken dazu einfach zu verdrängen. Vielleicht sind Sie erschöpft und gestresst, und anstatt sich diesen Empfindungen zuzuwenden, vergraben Sie sich noch tiefer in Ihrer Arbeit.
Achtsamkeit bedeutet zu stoppen und unvoreingenommen zu beobachten, was in Ihnen vorgeht. Dadurch können Sie wirklich für das da sein, was im gegenwärtigen Moment präsent ist. Benennen Sie die belastenden Gedanken, Emotionen und Erfahrungen und erkennen Sie ihre Existenz an. Es mag sich leicht anhören, doch wer das schon einmal ausprobiert hat, wird wissen, dass es keine einfache Übung ist. Ich ermutige Sie dennoch, dranzubleiben. Denn manchmal reichen schon drei bewusste Atemzüge aus, um eine schwierige Situation zu beruhigen:

1. Atemzug
Einatmend nehme ich Wut wahr.
Ausatmend erkenne ich die Wut an.

2. Atemzug
Einatmend nehme ich meinen Körper wahr.
Ausatmend beruhige ich meinen Körper.

3. Atemzug
Einatmend bin ich in Kontakt mit meiner inneren Stabilität.
Ausatmend erinnere ich mich daran, dass jede Emotion kommt und geht.

Nicht verurteilen

Ständig bewertet unser Kopf Situationen und ordnet sie ein. Dies geschieht in nur wenigen Sekunden. In der Achtsamkeitspraxis üben wir uns darin, eine nicht verurteilende Haltung einzunehmen. Wenn Ihre Arbeit Sie beispielsweise erschöpft, ist es nicht hilfreich, auch noch den Gedanken zu haben, dass Sie schwach sind. Unsere Urteile sind oft verzerrte Wahrnehmungen der Realität (siehe S. 66 ff.). Achtsamkeit kann Ihnen helfen, diesen Negativitäts-Bias zu verringern. Wenn Sie zum Beispiel in ein Meeting mit einem Kollegen müssen, mit dem Sie derzeit Schwierigkeiten haben, können Sie sich folgende Fragen stellen:

- **Was passiert jetzt in diesem Moment wirklich?** (Versuchen Sie, nur zu beobachten und weniger zu interpretieren.)
- Was tut die Person, was sagt die Person wirklich?
- Wie könnte ich diese Situation am großzügigsten interpretieren?

Achtsame Pausen

Vor lauter Arbeit vergessen manche Menschen ihre grundlegenden Bedürfnisse wie Trinken und Essen. Pausen sind wichtig, damit Sie immer wieder mit Ihrer Aufmerksamkeit zu sich und Ihrem Körper kommen können. Stellen Sie sich einen sich wiederholenden Alarm, der Sie alle 45 Minuten daran erinnert, aufzustehen, sich kurz zu bewegen oder etwas zu trinken zu holen. Sie können solche Minipausen auch nutzen, um eine Atemübung zu machen.
Ist Ihnen schon einmal aufgefallen, dass Raucher überhaupt kein Problem haben, eine Raucherpause einzulegen, wenn sie eine Zigarette brauchen? Ich will Sie nicht zum Rauchen animieren. Aber schauen Sie sich die Pausenkultur bei den Rauchern ab! Viele kurze Erholungsphasen über den Tag hinweg sind nämlich noch erholsamer als eine große Pause.

Wichtig: Pausen sind nur dann wirkliche Pausen, wenn Sie etwas anderes machen als Ihre Arbeit. Wenn Sie während der Arbeit sitzen und sprechen, dann stehen Sie während der achtsamen Pause auf, genießen Sie die Stille und schauen Sie aus dem Fenster in die Ferne (oder noch besser gehen nach draußen) und spüren Sie Ihren Körper.

Loslassen und liegen lassen:

»Ach, es sind doch nur noch drei E-Mails … ich bleibe etwas länger, und mach es noch fertig.« Gehören Sie auch zu jenen Menschen, die die Arbeit gerne und immer abschließen müssen? Eine Sache unerledigt liegen zu lassen, das ist besonders für die Perfektionisten unter uns schwierig. An sich zeigt es, dass Sie ein sehr zuverlässiger und gewissenhafter Mensch sind. Das Problem ist, dass Arbeitsaufgaben gern wie Pilze aus dem Boden sprießen und kaum hat man eine weg, sind schon drei neue da. Wenn Sie dann nicht gelernt haben, Grenzen zu setzen, stopp zu sagen oder Dinge abzugeben, kann es für Sie langfristig äußerst anstrengend werden. Üben Sie sich also darin, Ihre höchsten Ansprüche loszulassen, und überlegen Sie sich einen Erinnerungssatz, den Sie sich z. B. mit einem Post-it an den Computer kleben: »Es ist genug« oder »Ich erlaube mir loszulassen«.

Hier finden Sie eine angeleitete Tee- bzw. Kaffee-Meditationsübung für Ihre Arbeitspausen: ***www.herder.de/extras***

Achtsame Kommunikation auf der Arbeit

1. Achtsam digital kommunizieren

Jede E-Mail, jede Chat-Nachricht und jeder noch so kurze Anruf bietet uns die Möglichkeit, mit unserem Gesprächspartner in Verbindung zu treten. Allerdings ist ein Austausch über ein Medium immer auch anfällig für Missverständnisse. Beim Telefonieren fehlen uns zwar non-verbale Signale wie ein Gesichtsausdruck, aber wir können immerhin noch den Ton zum Gesagten interpretieren. In der E-Mail- und Chat-Kommunikation müssen wir uns ganz auf das Geschriebene verlassen. Das Risiko, etwas falsch zu verstehen, ist größer.

Schauen Sie sich unten zwei Varianten einer E-Mail an. Beobachten Sie beim Lesen, was die jeweilige E-Mail-Nachricht bei Ihnen auslöst. Was denken Sie? Wie fühlen Sie sich?

New Message

From: caro@firma.com

Subject DRINGEND!!!

Hallo,

es geht um die Präsentation, die ich dir letztens geschickt habe. Ich brauche sie...........................
Kannst du sie mir bitte ASAP schicken?!

MfG

New Message

From: caro@firma.com

Subject Eine Bitte an Dich.

Lieber Markus,

ich hoffe, dass es Dir gutgeht, und dass Du einen angenehmen Wochenstart hattest.
Gerne wollte ich Dich bitten, mir bei einer Angelegenheit zu helfen. Wir haben in der vergangenen Woche über die Präsentation zum Thema „Achtsame Kommunikation am Arbeitsplatz" gesprochen und Du hattest meines Wissens nach die aktuelle Version. Könntest Du mir die aktuelle Version bitte schicken?

Vielen Dank im Voraus für Deine Unterstützung. Ich schätze Deine Hilfe sehr. Ich wünsche Dir noch eine schöne Woche und freue mich, bald von Dir zu hören.

Liebe Grüße,
Caro

Meinen Sie, dass beide Mails übertrieben sind? Denken Sie, so unhöflich oder so freundlich schreibt doch keiner! Ich habe tatsächlich schon »krassere« E-Mails als die erste erhalten, in der noch nicht einmal eine Anrede war. Mit der Übung möchte ich Sie einladen, bei Ihrer Mail-Kommunikation darauf zu achten, wie Ihre Nachrichten auf die Empfänger:innen wirken könnten. Wir alle haben viel zu tun, aber wollen wir wirklich an Freundlichkeit und Herzlichkeit sparen?

Achtsames E-Mail-Lesen und -Schreiben

Nehmen Sie sich immer bewusst Zeit, um Ihre E-Mails zu lesen und zu schreiben. Wechseln Sie dazu unbedingt vom Multitasking zum Singletasking.

Lesen

Anstatt die gesamte Oberfläche Ihres Postfachs zu betrachten, kann es hilfreich sein, eine einzelne E-Mail zu vergrößern, um sich nur auf diese eine Nachricht konzentrieren zu können. Beobachten Sie beim Lesen, welche Gedanken, Gefühle und Verhaltensimpulse in Ihnen auftreten. Im unbewussten »Autopilotmodus« neigen wir dazu, schnell Urteile zu fällen und direkt zu (re-)agieren. Nehmen Sie sich daher etwas Zeit, ehe Sie antworten oder ins Handeln gehen.

Schreiben

Bevor Sie eine E-Mail schreiben, nehmen Sie drei bewusste Atemzüge. Fragen Sie sich, mit welcher Intention Sie diese E-Mail versenden möchten. Soll eine Verbindung hergestellt werden? Wollen Sie Dankbarkeit ausdrücken? Wollen Sie Kontrolle ausüben? Ihre Worte haben Auswirkungen auf Ihr Gegenüber: Sie können Selbstsicherheit und Wertschätzung nähren oder Unsicherheiten und Ängste verstärken. Auch wenn eine E-Mail auf den ersten Blick so klein und bedeutungslos erscheint, kann eine achtsam geschriebene E-Mail einen riesigen Unterschied machen!

Achtsam kritisieren und Kritik annehmen

Den meisten Menschen fällt es schwer, Kritik anzunehmen, da wir alle ein Grundbedürfnis nach Selbstwert und Bindung haben. Wir möchten, dass andere unsere Bemühungen, Stärken und Fähigkeiten sehen und anerkennen und wir sehnen uns danach, von anderen akzeptiert und geliebt zu werden. Wir wollen Teil der Gemeinschaft sein und fürchten uns davor, ausgeschlossen zu werden. Harsche Kritik kann dann schnell als persönliche Ablehnung oder als umfassende Verurteilung interpretiert werden (»Ich bin so nicht o. k.«). Da es nur menschlich ist, Fehler zu machen, und wir eigentlich wissen, dass wir aus ihnen lernen, kann es hilfreich sein zu üben, Kritik achtsam anzunehmen.

Achtsam kritisieren

Wenn wir *achtsam* kritisieren, bedeutet es, dass wir uns unserer Absicht bewusst werden, warum wir Kritik äußern wollen. Möchten wir unser Gegenüber dazu motivieren, sich zu verbessern, oder möchten wir insgeheim, dass die Person sich ein bisschen kleiner fühlt, weil wir sie arrogant finden? Es macht auch einen Unterschied, ob wir die Kritik auf die Person (»Du hast mich enttäuscht«) oder auf den Prozess beziehen (»Die Akten sind etwas durcheinander. Vielleicht kannst du dir ein anderes Ordnungssystem überlegen«). Studien haben gezeigt, dass prozessbezogenes Feedback viel besser aufgenommen wird (Kamins & Dweck, 1999). Wenn Sie sich bei Ihrer Arbeit in einer Position befinden, Kritik zu äußern, erinnern Sie sich immer wieder daran, welche Auswirkungen Kritik haben kann – sowohl positive als auch negative. Folgende Fragen können helfen, achtsam zu kritisieren:

- Ist jetzt der richtige Moment für Kritik?
- Ist dies der richtige Weg, Kritik zu äußern (persönliches Gespräch, Telefonat, Chat-Nachricht …)?
- Welche Art von Kritik würde ich selbst annehmen können?
- Beziehe ich mich mit meiner Kritik auf eine konkrete Situation oder generalisiere ich?
- Habe ich schon möglichst viele Aspekte an der Situation verstanden? Kann ich noch mehr Informationen einholen?
- Ist meine Sprache respektvoll und verbindend oder verletze ich mein Gegenüber?
- Habe ich selbst konkrete Veränderungsvorschläge?

Kritik annehmen

Beim Thema Kritik annehmen ist es meiner Ansicht nach wichtig, demütig zu bleiben und anzuerkennen, dass wir niemals die ganze Wahrheit sehen können. Machen Sie sich bewusst, dass auch Ihr Kritiker aus relativen und subjektiven Eindrücken spricht. Denken Sie nur an das bekannte Gleichnis »Die blinden Männer und der Elefant«. Darin untersucht eine Gruppe von Männern in der Dunkelheit einen Elefanten. Sie wissen nicht, dass es sich um einen Elefanten handelt, und untersuchen unterschiedliche Teile des Tieres. Der eine berührt den Schwanz und ist sich sicher, dass es ein Seil ist. Der andere fasst das Bein und ist fest davon überzeugt, es müsse ein Baum sein.

In einem ruhigen Moment können Sie sich hinsetzen und sich fragen: »Ist vielleicht etwas an der Kritik dran? Was an der Kritik ist hilfreich? Was möchte ich mir noch genauer ansehen?« Wenn wir ehrlich zu uns selbst sind, kennen wir unsere Schwachpunkte. Das muss jedoch nicht bedeuten, dass wir uns von Kritik entmutigen lassen sollten. Folgende Fragen können beim Annehmen von Kritik helfen:

- Habe ich alles an der Kritik verstanden?
- Von wem kommt die Kritik? Kann diese Person überhaupt ein Urteil fällen?
- Welche Emotionen, Gedanken und Körperempfindungen löst die Kritik in mir aus? Kenne ich diese Reaktion schon von einer vergangenen Situation?

Grenzen setzen und respektieren

Vielen Menschen fällt es schwer, klare Grenzen zu kommunizieren oder Nein zu sagen. Sie haben Angst, abgelehnt oder negativ beurteilt zu werden. Das gilt besonders am Arbeitsplatz, wo man nicht als faul oder leistungsschwach gelten möchte oder als unsozial erscheinen, wenn man einen Gefallen ablehnt (»Könntest du bitte kurz noch einmal über diese Sache schauen?«). Am Arbeitsplatz gibt es viele Formen der Grenzüberschreitung: Überstunden, das Erledigen von Arbeiten für andere, Treffen außerhalb der Arbeitszeit oder der Klatsch und Tratsch über Kolleg:innen. Die digitale Arbeit hat zwar Vorteile mit sich gebracht, aber auch dazu geführt, dass Grenzen verschwimmen. Zum Beispiel vermischen sich durch das Homeoffice die Grenzen zwischen Privatleben und Arbeit. Im Büro konnten Sie Ihre Tür schließen, um zu signalisieren, dass Sie nun konzentriert arbeiten müssen. Doch achten Ihre Kolleg:innen darauf, dass Sie Ihren Status auf »beschäftigt« gesetzt haben, oder chatten Sie sie trotzdem an und rufen kurz durch?

Wenn Sie langfristig dulden, dass Ihre Grenzen überschritten werden, gefährden Sie Ihre körperliche und psychische Gesundheit. Wer nicht Nein sagt, wird von anderen immer wieder um Gefallen gebeten oder es werden besondere Leistungen eingefordert. Wenn Sie nicht üben, auf Ihre eigenen Bedürfnisse zu hören, orientieren Sie sich nur noch an den Signalen anderer und erkennen nicht einmal mehr die deutlichsten Zeichen Ihres Körpers.

Machen Sie sich bewusst, dass es Sie schützen kann, Grenzen zu setzen, beispielsweise vor psychischen Erkrankungen wie Depressionen oder bestimmten Syndromen, die als Burn-out bekannt sind.

Reflexion über Grenzen bei der Arbeit

Wenn Sie ein Bewusstsein darüber haben, wann es Ihnen schwerfällt, Grenzen zu setzen, oder wovor Sie sich eigentlich fürchten, können Sie prüfen, ob Ihre Sorgen begründet sind. Oft halten wir an irrationalen Ängsten fest (z. B. »Wenn ich die Anfrage verneine, wird die Person mich nicht mehr mögen«), obwohl es überhaupt keine logischen Hinweise dafür gibt. Manchmal gehen wir auch über unsere Grenzen hinaus, weil wir sie nie hinterfragt haben. So kann es sein, dass Sie beispielsweise oft Überstunden schieben und es zu einer unbewussten Gewohnheit geworden ist. Folgende Fragen können Ihnen dabei helfen:

- In welchen Situationen fällt es Ihnen schwer, Grenzen zu setzen?
- Was, befürchten Sie, wird passieren, wenn Sie Nein sagen?
- Wie viele Stunden arbeiten Sie? Notieren Sie sich Ihre tatsächliche Arbeitszeit.
- Gehen Sie regelmäßig über Ihren Kompetenzbereich hinaus und bringen sich dadurch immer wieder in Überforderungssituationen?

Nein sagen

Um Grenzen setzen zu können, müssen wir lernen, klar und deutlich Nein zu sagen. Wenn Ihnen der Gedanke daran Sorgen macht, wie andere reagieren, denken Sie einmal daran, wie es sich für Sie selbst anfühlen kann: Es ist sehr befreiend, für sich selbst einzustehen, und stärkt langfristig unser Selbstbewusstsein, da wir keine Angst mehr vor anderen haben. Indem wir Nein sagen, schaffen wir auch Klarheit und gewinnen mehr Zeit und Raum für die wirklich wichtigen Dinge. Darüber hinaus dienen wir anderen in unserem Arbeitsumfeld auch als Modell. Diese zwei Mantras erinnern mich im Alltag, dass es okay ist, Nein zu sagen:

- Ein Nein für andere ist ein Ja für mich.
- Nein ist ein vollständiger Satz.

Und nun zur Umsetzung! Bereiten Sie sich vor und überlegen Sie sich vorab zwei oder drei Sätze, die Sie in einer »kritischen Situation« anwenden können. Beispielsweise:

- »Danke für dein Vertrauen in meine Fähigkeiten, aber im Moment muss ich mich auf ein laufendes Projekt kümmern.«
- »Ich würde gerne helfen, doch leider habe ich gerade andere Verpflichtungen, die meine ganze Aufmerksamkeit benötigen.«

Erinnern Sie sich daran, dass es den meisten Menschen schwerfällt, Nein zu sagen, weil Sie Angst haben, nicht mehr gemocht oder ausgeschlossen zu werden. Um Ihren guten Kontakten nicht zu schaden, können Sie Ihre Grenzen auf Beziehungsebene formulieren, z. B.:

- »Deine Idee hört sich super an, doch gerade bin ich sehr eingebunden. Das nächste Mal gerne.«

Eine Patientin erzählte mir, dass sie eine sehr neugierige Kollegin habe, die immer wieder persönliche Themen anspreche. In solchen

Situationen kann man zunächst humorvoll reagieren: »Du bist aber neugierig!« oder »Wer fragt und warum?« (das irritiert die meisten so sehr, dass sie aufhören).

Mitgefühl am Arbeitsplatz

Stellen Sie sich vor, es geht Ihnen gerade nicht gut, möglicherweise ist im Arbeitskontext etwas schiefgegangen. Doch Sie wissen, dass Sie sich Ihren Kolleg:innen oder Ihrem Vorgesetzten anvertrauen können und dass eine Grundstimmung des Wohlwollens und tiefen Verständnisses herrscht. Ihre Kolleg:innen haben ein offenes Ohr und wünschen Ihnen von Herzen, dass es Ihnen bald besser geht. Das ist doch ein Arbeitsplatz, an dem wir gern ein Drittel unserer Lebenszeit verbringen wollen, oder? Und Studien bestätigen diesen Eindruck: Sie haben gezeigt, dass Mitgefühl am Arbeitsplatz mit Wertschätzung, positiven Emotionen und einem stärkeren Gefühl von Verbundenheit assoziiert ist (Dutton, Workman & Hardin, 2014).

Mitgefühl am Arbeitsplatz kultivieren

Im Kapitel *Die Welt durch die Augen andere*r … haben Sie bereits Übungen kennengelernt, die helfen können, Mitgefühl zu erweitern (siehe S. 210 ff.). Sie können diese natürlich auch am Arbeitsplatz anwenden. Z. B.:

- Richten Sie die Metta-Meditation und Ihre liebevolle Güte an Ihre Kolleg:innen.
- Praktizieren Sie beim Mittagessen in der Kantine »mitfühlendes People-Watching«.
- Fügen Sie in E-Mails Wünsche der liebevollen Güte an. (Passen Sie den Wortlaut an, damit es im Arbeitskontext nicht komisch wirkt. Statt »Mögest du gesund sein« eher »Ich hoffe, dass du gesund bleibst«.)
- Werden Sie sich in Meetings bewusst, dass es in der Gruppe vielleicht Menschen gibt, denen es heute nicht gut geht (denken Sie

auch an sich selbst). Senden Sie ihnen Ihre liebevolle Güte.

- Falls es Ihr Arbeitsumfeld erlaubt, bieten Sie an, regelmäßig gemeinsam eine Metta-Meditation durchzuführen.

Minimeditation: Selbstmitgefühl bei Kritik

Oben haben wir über das Thema Kritik gesprochen. Manchmal tut Kritik wirklich weh. Seien Sie in solchen Momenten liebevoll mit sich und reagieren Sie mit Selbstmitgefühl:

Einatmend nehme ich wahr, dass mich diese Worte verletzt haben.
Ausatmend bin ich für den Schmerz da.

Einatmend spüre ich die Kränkung in meinem Körper.
Ausatmend entspanne ich meinen Körper und lasse die Anspannung los.

Einatmend wünsche ich mir, dass ich im Körper und Geist leicht und sorgenfrei bin.
Ausatmend lächle ich mir liebevoll zu.

Auf einen Blick

- Auf der Arbeit treffen viele Menschen mit eigenen Bedürfnissen, Wünschen und Zielen aufeinander. Achtsamkeit kann helfen, ein harmonisches Miteinander zu stärken und besser mit Arbeitsanforderungen umzugehen.
- In der Regel wünschen sich Menschen einen Sinn in Ihrer Arbeit.
- Schon kleine Übungen können dazu beitragen, dass Ihr Arbeitsalltag achtsamer wird: bewusst mit schwierigen Emotionen und Gedanken sein, eine nicht verurteilende Haltung, achtsame Pausen und die Fähigkeit, Dinge liegen zu lassen.
- Für ein freundliches, respektvolles Miteinander lade ich Sie ein zu überprüfen, wie Sie E-Mails schreiben und welche Absicht sich dahinter verbirgt.
- Im Arbeitskontext werden wir immer wieder Kritik erhalten oder aussprechen müssen. Erinnern Sie sich dabei daran, dass wir nie die ganze Wahrheit erfassen können, und versetzen Sie sich in die Lage des Gegenübers.
- Setzen Sie auf der Arbeit Grenzen, um Ihre körperliche und psychische Gesundheit zu schützen. »Ein Nein für andere ist ein Ja für mich« und »Nein ist ein vollständiger Satz«.

Übungen in diesem Kapitel

- **Reflexion über Arbeit.** Sie reflektieren, welche Bedeutung Arbeit für Sie hat und wie Sie Erfolg oder Misserfolg verstehen.
- **Arbeitsbezogene Werte.** Sie identifizieren Ihre Werte und setzen Intentionen, um Ihre Arbeit sinnhaft zu gestalten.
- **Meditationen über arbeitsbezogene Werte und Intentionen für den Arbeitstag formulieren.** Zwei Audioübungen zu Ihren arbeitsbezogenen Werten.
- **Achtsamkeit im Arbeitsalltag.** Sie lernen Strategien für Achtsamkeit in Ihrem Arbeitsalltag.
    - **Präsenz und bewusstes Atmen in schwierigen Situationen**
    - **Nicht verurteilen**
    - **Achtsame Pausen**
    - **Loslassen und liegen lassen.** Auch als Audioübung
- **Achtsames E-Mail-Lesen und -Schreiben.** Sie reflektieren, wie Sie Nachrichten aufnehmen und wie wichtig bewusste Sprache bei der schriftlichen Kommunikation ist.
- **Reflexion über Grenzen bei der Arbeit.** In welchen Bereichen bei der Arbeit fällt es Ihnen schwer, Grenzen zu setzen und warum?
- **Mitgefühl am Arbeitsplatz kultivieren.** Sie nähren eine verständnisvolle Atmosphäre, indem Sie die Liebende-Güte-Meditation praktizieren.
- **Minimeditation: Selbstmitgefühl bei Kritik.** Üben Sie diese Atemmeditation für den liebevollen Umgang mit sich selbst.

Aus der Ohnmacht erwachen: Achtsamkeit angesichts der Klimakrise

Naima ist 30 Jahre alt und in einer stabilen, glücklichen Partnerschaft. Seit einiger Zeit beschäftigt sie sich mit einer quälenden Frage, die sie einfach nicht loslässt: Soll ich angesichts der Klimakrise ein Kind bekommen? Die neusten Klimaberichte, die sie gelesen hat, machen ihr große Sorgen. Die Nachrichten über Dürren, überflutete Städte und das Artensterben erschüttern sie zutiefst. Der vergangene Sommer war unerträglich heiß und zeigte deutlich die Auswirkungen des Klimawandels. Während ihrer letzten Wanderung im Wald fiel Naima auf, dass ganze Baumflächen abgestorben waren. In ihrer Kindheit war sie oft mit ihren Eltern in der gleichen Gegend und hat die frische Waldluft und die Begegnungen mit den Rehen geliebt. Doch das, was sie letztens sah, war ein trostloses, düsteres Bild wie aus einem Film. Naima fühlt sich hilflos und klein wie ein einsames Sandkorn am Strand. Nichts scheint zu passieren – alle schauen zu, wie unser geliebter Planet langsam stirbt. Kann sie es verantworten, ein Kind in diese unsichere Zukunft zu setzen?

Viele Menschen kämpfen mit solchen Ängsten und einem Gefühl der Ohnmacht mit Blick auf die Klimakrise. Wie können wir im Angesicht dieser existenziellen Bedrohung ruhig, handlungsfähig und vor allem hoffnungsvoll bleiben?

Eins mit der bedrohten Natur

Laut dem Weltrisikobericht 2023 des Weltwirtschaftsforums[45] stellt der Klimawandel die größte Bedrohung für die Menschheit dar. Solche beängstigenden Prognosen bestätigen das, was viele von uns schon lange fühlen: Durch unsere tiefe Verbundenheit mit der Natur sind wir zutiefst über den Zustand unserer Erde besorgt. Diese Sorgen betreffen insbesondere junge Menschen, die deshalb auf die Straßen

45 https://www.marsh.com/de/de/risks/global-risk.html

gehen, um sich Gehör zu verschaffen. Bezogen auf die Klimakrise fühlen viele von uns Angst, Verzweiflung oder Hilflosigkeit … alles starke Gefühle, die sehr belastend sind. Mir ist es besonders wichtig, den Umgang mit der Klimakrise im Lichte der Achtsamkeit zu betrachten, weil ich selbst erlebe (und über Feedback von Podcast-Hörer:innen und Bekannten), wie mächtig Achtsamkeit als Kraftquelle sein kann, um mit solchen starken Emotionen umzugehen und hoffnungsvoll zu bleiben.

Die Sorgen um unseren Planeten werden manchmal auch als Klimaangst (oder Öko-Angst, engl. *eco-anxiety*) bezeichnet. Diese Begriffe werden jedoch kontrovers diskutiert, da sie die mit der Klimakrise verbundene Angst pathologisieren, also als krankhaft bewerten könnten. *Krankhafte* Angststörungen umfassen aber vor allem eine übertriebene und irrationale Angst, die in einer Psychotherapie behandelt und korrigiert werden kann. Angst an sich ist ein normales Gefühl, das uns vor Bedrohungen warnt und uns zum Handeln motivieren kann, was grundsätzlich gut und schützend ist. Wenn wir jedoch feststellen, dass Sorgen, Ängste oder andere Gefühle uns lähmen, benötigen wir Strategien, um uns selbst und anderen zu helfen.

Es gibt sehr viele kluge Bücher, Initiativen und Podcasts, die konkrete Maßnahmen zum Umweltschutz vorschlagen. Ein Beispiel dafür ist das Buch *Die Zukunft in unserer Hand* von Christiana Figueres und Tom Rivett-Carnac (2020), das ich Ihnen sehr empfehlen kann. In diesem Buch werden zehn konkrete Maßnahmen beschrieben, die wir alle sofort umsetzen können. In diesem Kapitel soll es jedoch nicht um Klimaschutzmaßnahmen gehen, sondern vielmehr darum, *wie* wir mit den damit verbundenen Gefühlen umgehen können, um weiter handlungsfähig und hoffnungsvoll zu bleiben.

Achtsamkeit und die Klimakrise

Achtsamkeit ist das nicht verurteilende Bewusstsein für alles, was in uns und um uns herum im gegenwärtigen Moment geschieht. Das bedeutet, dass wir ein Bewusstsein für unsere Umwelt kultivieren und uns nicht von ihr abwenden. Es bedeutet auch, dass wir uns unserer

Gefühle, Gedanken und körperlichen Empfindungen bewusst werden, die mit der Klimakrise einhergehen. Indem wir lernen, immer wieder in den gegenwärtigen Moment zurückzukehren, können wir uns mit den erfrischenden und wohltuenden Erfahrungen der Gegenwart nähren (z. B. der Anblick des blauen Himmels) und auch den schwierigen, schmerzhaften Erfahrungen Raum geben (z. B. Nachrichten über weitere Naturkatastrophen).

Achtsamkeit bedeutet nicht, dass wir die Zukunft ignorieren – im Gegenteil. Wenn wir bewusst die Fakten, wissenschaftlichen Erkenntnisse und Vorhersagen betrachten und die spürbaren Veränderungen aufgrund des Klimawandels wahrnehmen, erkennen wir die bevorstehende Bedrohung und verstehen, dass wir handeln müssen. Trotzdem schützen wir uns davor, uns ausschließlich in zukünftigen Katastrophenszenarien zu verlieren (siehe S. 137 ff.). Achtsamkeit kann uns dabei helfen, *wie* wir mit der Klimakrise umgehen. Christiana Figueres und Tom Rivett-Carnac schreiben dazu in ihrem Buch:

> *»Angesichts großer Herausforderungen gehen wir häufig schnell zum ›Tun‹ über, anstatt uns zuvor Gedanken über das ›Sein‹ zu machen – was wir ganz persönlich und vielleicht auch andere mitbringen, um ein bestimmtes Problem zu lösen.«*

Wie wir handeln, hängt von unserem Denken ab. Wenn wir denken, dass alles hoffnungslos und sinnlos ist, verfallen wir in eine Antriebslosigkeit. Wenn wir nicht wissen, wie wir mit unserer Angst umgehen sollen, können unsere Handlungen von Panik getrieben werden, die wenig nachhaltig sind. Wenn wir den Unterschied zwischen Mitgefühl und Mitleid nicht kennen und nicht wissen, wie wir uns trotz der negativen Nachrichten stärken und nähren können, brennen wir langfristig aus. Das gilt auch für unsere unverzichtbaren Umweltaktivist:innen.

Achtsame Betrachtung der Klimakrise

Nehmen Sie sich Raum und Zeit, um zu beobachten, was die Klimakrise in Ihnen auslöst. Diese Fragen können Ihnen dabei helfen:

- Welche Gedanken habe ich bezüglich der Klimakrise?
- Welche Emotionen empfinde ich, wenn ich über dieses Thema nachdenke oder Nachrichten darüber lese und höre?
- Wie reagiert mein Körper bei diesen Gedanken und Emotionen? Wo spüre ich die stärkste körperliche Reaktion?
- Wie sehe ich meine eigene Rolle im Kampf gegen die Klimakrise? Was kann ich beeinflussen? Wo fühle ich mich hilflos, klein oder machtlos?
- Ist mir das Thema vielleicht nicht wichtig? Falls ja, warum?

Unsere tiefe Verbundenheit mit der Erde

Es kann schwerfallen, sich für etwas einzusetzen, wenn man das Gefühl hat, davon getrennt zu sein. Je größer die Distanz, desto geringer ist oft das Engagement und das Bedürfnis, aktiv zu handeln. Deshalb ist es wichtig, diese Sichtweise genauer zu betrachten und zu überprüfen. Bei Thich Nhất Hạnh (2022) heißt es:

> *»Wenn Sie erwachen und erkennen, dass die Erde nicht nur Umwelt ist, sondern, dass Sie die Erde sind, dann berühren Sie die Natur des Interseins, unsere wechselseitige Verbundenheit und Verwobenheit. Und in diesem Moment treten Sie in eine echte Kommunikation mit der Erde ein.«*

Erinnern Sie sich daran, dass Intersein die tiefe Verbundenheit und wechselseitige Abhängigkeit von allem ausdrückt (siehe S. 191 ff.). Ein Beispiel für unsere Verbundenheit mit der Erde ist die wechselseitige Wirkung zwischen unserer Gesundheit mit der planetarischen Gesundheit. Studien zeigen (Fresan & Sabate, 2019), dass eine vegetarisch-pflanzenbasierte Ernährung mit gesundheitlichen Vorteilen einhergeht und gleichzeitig auch die Emission von Treibhausgasen reduziert werden.

Die tiefe, wechselseitige Verbundenheit erinnert uns daran, dass Sie im Einsatz um unseren Planeten sich selbst nicht vergessen dürfen. Wenn Sie sich um die Erde kümmern, kümmern Sie sich auch um Ihr eigenes Wohlbefinden. Aus der gegenseitigen Fürsorge können Sie Kraft schöpfen, um langfristig gesund und handlungsfähig zu bleiben und sich selbst vor dem Ausbrennen zu schützen.

Intersein mit der Erde

In dieser Meditation können Sie sich darin üben, Ihre wechselseitige Beziehung mit der Erde zu betrachten. Sie nehmen dabei die Elemente Wasser, Feuer, Erde und Luft in Ihrem Körper wahr, um sich selbst als Teil der Natur zu erkennen. Indem Sie sich auf diese Weise mit der Erde verbinden, können Sie ein Gefühl von Dankbarkeit entwickeln. Aus dieser Verbundenheit heraus können Sie sowohl für sich selbst als auch für die Erde sorgen.

In einer zweiten Meditation finden Sie eine Atemübung, in der Sie liebevolle Güte für sich selbst und die Erde kultivieren.

Die Meditationen *Intersein und Erde* sowie *Mitgefühl für mich und die Erde* finden Sie hier: *www.herder.de/extras*

Das Eiskristall in sich entdecken

Wir neigen dazu, zu glauben, dass wir alleine nichts Großes verändern können. Hinter dieser Annahme können psychologische Effekte stehen, die uns unbewusst daran hindern, ins Handeln zu kommen. Die gute Nachricht: Wenn wir uns dieser Effekte bewusst sind, können wir unser Verhalten anpassen und wieder aktiv werden. Sehen wir uns dazu den sogenannten *Bystander-Effekt* an. In einer Studie (Latané & Darley, 1968) sollten Proband:innen Fragebögen ausfüllen. Es wurde variiert, ob sie dabei allein oder zu mehreren in einem Raum saßen. Während sie die Fragebögen beantworteten, füllte sich der Raum langsam mit Rauch. Saßen die Proband:innen allein im Raum, standen sie schnell auf und begaben sich in Sicherheit. Waren jedoch mehrere Menschen zusammen, schauten sie erst, wie die anderen mit der Situation umgingen. Wenn niemand aufstand, verweilten sie weiter im Raum, obwohl dieser irgendwann so verqualmt war, dass man kaum noch etwas sehen konnte, und die ersten Proband:innen anfingen zu husten. Dieser Effekt wird in der Sozialpsychologie als *Bystander-Effekt* oder *Zuschauer-Effekt* bezeichnet. Wäre nur eine Person aufgestanden und hätte gesagt: »Das ist hier ganz schön gefährlich. Lasst uns rausgehen«, hätte das die Situation grundlegend verändert. Denken Sie daran, wenn Sie sich klein und unbedeutend fühlen: Es kann einen riesigen Unterschied machen, wenn Sie aufstehen und sagen, dass ein Zustand nicht richtig ist.

Wenn wir davon ausgehen, dass alle Veränderungen auf einer linearen Zeitachse ablaufen, kann uns auch das hoffnungslos stimmen, da wir denken: Es scheint, dass die Zeit für Veränderungen nicht mehr ausreicht. Diese lineare Sicht trifft aber gar nicht unbedingt zu. In der Entwicklungspsychologie gibt es den Begriff der *diskontinuierlichen Veränderung*. Gemeint sind damit Prozesse, die ungleichmäßig verlaufen. Manchmal machen Kinder einen riesigen Entwicklungsschritt, nachdem sie monatelang keinen besonderen Meilenstein erreicht haben, oder aus der Raupe wird in kürzester Zeit ein Schmetterling. Macy und Johnstone (2014) ziehen einen Vergleich zu einer Wasserflasche, die in einem Gefrierschrank liegt. Es dauert eine Weile, bis das Wasser gleichmäßig herunterkühlt. Doch dann erreicht das Wasser einen kritischen Punkt, es bilden sich Eiskristalle und es findet eine »Massenbewegung der Kristallisation« statt. Diese Transformation und Kraft können so stark sein, dass die Flasche im Gefrierschrank explodiert. Machen Sie sich bewusst: Auch Sie sind in Ihrer Absicht und Ihren Handlungen, den Klimawandel aufzuhalten, ein sehr wichtiges Eiskristall!

Von Hilflosigkeit zur Hoffnung

Durch ein Experiment mit Hunden (und später Menschen) konnten die Psychologen Maier und Seligmann (1976) ein Verhalten identifizieren, das sie *erlernte Hilflosigkeit* nannten. Es bedeutet, dass Menschen durch negative Erfahrungen zu der Überzeugung gelangen, ihre eigene Lebenssituation nicht verändern zu können. Sie reagieren deshalb hilflos und passiv. Die Beobachtungen dienen bis heute auch als Erklärungsmodell für depressive Erkrankungen.

Wie Lena, die sich angesichts der Nachrichten und ihrer eigenen Beobachtungen zum Klimawandel zutiefst hilflos fühlt, empfinden viele Menschen. Sie sind überzeugt, dass sie sowieso nichts verändern können, stecken den Kopf in den Sand und bleiben passiv.

Wie können wir aus dieser erlernten Hilflosigkeit herausfinden?

Vielleicht dank dieser überraschenden Wendung: 2016 veröffentlichten Maier und Seligman eine neue Studie. Darin korrigierten sie ihre ersten Befunde zur erlernten Hilflosigkeit und untermauerten das mit neuen Erkenntnissen der Neurowissenschaften. Die Passivität und das Gefühl, die eigene Situation nicht verändern zu können, sind *nicht erlernt*, sondern ganz natürliche Stressreaktionen. Die gute Nachricht: Wir sind zu dieser Reaktion nicht verdammt! Wir können lernen, dass wir sehr wohl Kontrolle haben, nämlich dann, wenn wir *aktiv hoffen*. Ein Blick in unser Gehirn zeigt: Wenn wir hoffen, werden Bahnen im *ventromedialen präfrontalen* Kortex (vmPFC) des Gehirns aktiviert, die die instinktive, hilflose Reaktion ausschalten. »We got the original theory backwards« (Wir haben die ursprüngliche Theorie falsch herum verstanden«), so die Forscher.

Es ist also nicht die erlernte Hilflosigkeit, sondern *die erlernte Hoffnung,* die entscheidend ist.

Hoffnung ist nicht nur das Ergebnis einer Wahrscheinlichkeitsrechnung, ob und wann das erhoffte Ergebnis eintritt. Hoffen, als Verb, bedeutet, dass wir uns einen Wunschzustand aktiv ausmalen und vorstellen und diesen Wunsch nähren und wachsen lassen.

Experiment zur erlernten Hilflosigkeit

1976 führten Steven Maier und Martin Seligman ein psychologisches Experiment zur erlernten Hilflosigkeit an Hunden durch. Die Ergebnisse sind wichtig, jedoch muss gesagt werden: Aus ethischer Sicht ist es ein grausames Experiment, das heute so nicht mehr durchgeführt würde. Das Experiment bestand aus zwei Phasen.

Phase 1: Die Hunde wurden in drei Gruppen eingeteilt. Die Tiere der Gruppe 1 bekamen Elektroschocks, die sie jedoch durch Betätigung eines Hebels abstellen konnten. Gruppe 2 erhielt auch Schocks, konnte sie aber nicht abstellen. Gruppe 3 war eine Kontrollgruppe, in der keine Schocks verabreicht wurden.

Phase 2: Die Hunde wurden in Boxen gesperrt, die in zwei, durch eine Hürde getrennte Kammern geteilt waren. Der Boden der Kammern konnte abwechselnd elektrisch aufgeladen werden. Es zeigte sich nun unterschiedliches Verhalten bei den Hunden. Gruppe 1 und die Kontrollgruppe verstanden den Mechanismus und sprangen über die Hürde auf die andere Seite der Box, um den Stromschlägen zu entgehen. Viele der Hunde aus Gruppe 2 versuchten nicht, sich in Sicherheit zu begeben. Einige legten sich sogar trotz der Elektroschocks hin, um abzuwarten.

Interpretation der Ergebnisse
Die Hunde aus Gruppe 2 hatten schon in Phase 1 gelernt, dass sie mit ihrem Verhalten die Situation nicht ändern können. Maier und Seligman sprachen entsprechend von der *erlernten Hilflosigkeit*.

Hoffnung nähren

In meiner Arbeit mit Patient:innen kann ich immer wieder beobachten, dass sie dazu neigen, stärker auf negative Informationen zu reagieren (siehe S. 67 ff.). Es fällt ihnen leicht zu benennen, was sie *nicht* wollen und was schiefläuft. Doch wenn es darum geht, was sie erreichen wollen und was bereits gut funktioniert, herrscht oft Schweigen. Übertragen auf den Klimawandel heißt das, wir müssen bewusst daran arbeiten, uns nicht in Negativnachrichten zu verlieren, und aktiv werden. Doch wo bleiben die Lösungen und Visionen für eine bessere Welt?

Das schon erwähnte Buch *Die Zukunft in unserer Hand* präsentiert zwei Szenarien: Erstens eine Welt, die wir gerade schaffen, und zweitens eine Welt, die wir schaffen müssten. Ehrlicherweise war mir das erste Szenario, das Umweltkatastrophen, Hitzeperioden und Klimaflüchtlinge beschrieb, vertrauter. Es war beinahe schockierend, wie fremd mir die Vision erschien, die beschrieb, wie wir die Selbstheilungskräfte der Erde erhalten, indem Menschen zusammenarbeiten und einen wahrhaft nachhaltigen Lebensstil pflegen. So dürfte es aber vielen gehen: Wir sind es nicht mehr gewohnt, zu träumen und auf globaler Ebene Hoffnung zu hegen.

In der Psychotherapie verwenden wir den Begriff *Annährungsziele* für Ziele, die wir erreichen möchten. Als Gegensatz gibt es *Vermeidungsziele,* die uns bedrohen und die wir vermeiden wollen. Untersuchungen zeigen, dass wir Annäherungsziele eher erreichen, wenn wir sie zuvor in Worte fassen. Sie auszusprechen motiviert uns, konkrete Schritte in Richtung unserer Wünsche und Werte zu unternehmen. Manchmal sagen mir Patient:innen, dass sie Angst haben, Wünsche laut auszusprechen, weil sie die Enttäuschung fürchten, wenn diese sich nicht erfüllen. Doch wenn wir uns noch nicht einmal trauen, uns *vorzustellen,* was wir möchten, haben wir längst verloren.

Träumen Sie von einem gesunden Planeten

Sie können diese Übung als kreative Schreibübung durchführen oder als Imaginationsübung mit geschlossenen Augen. Stellen Sie sich die Frage, wie die ideale Welt aussieht, in der unser Planet gesund ist. Beziehen Sie dabei alle Ihre Sinneskanäle ein: Was sehen Sie? Was hören Sie? Was schmecken Sie? Wie fühlt sich Ihr Körper an? Was sieht die Erde? Was hört sie? Was schmeckt und fühlt sie? Erlauben Sie sich zu träumen.

Hoffnung durch Handeln

Joanna Macy, eine renommierte Umweltaktivistin, Expertin für Buddhismus, Systemtheorie und Tiefenökologie, stellt in ihrem Buch *Hoffnung durch Handeln* (2014) einen vierstufigen Prozess[46] vor, der uns dabei unterstützt, der Klimakrise mit mehr Resilienz zu begegnen und unsere Absicht für den Klimaschutz zu nähren.

1. Dankbarkeit
2. Unseren Schmerz um die Welt würdigen
3. Die Welt mit neuen Augen sehen
4. Weitergehen und handeln

Diese vier Phasen, die ich als sehr stärkend und praxisnah empfinde, helfen uns dabei, uns aus einem Zustand der Hoffnungslosigkeit zu befreien. Der Prozess kann innerhalb von Minuten, Stunden oder auch über Tage und Wochen durchlaufen werden.

Dankbarkeit

Der Prozess beginnt mit der Kultivierung von Dankbarkeit für all das, was die Erde uns schenkt und ermöglicht. So können wir uns bewusst werden, was uns wirklich wichtig ist, und unsere Verbundenheit mit dem Planeten stärken. Dieser Schritt trägt dazu bei, dass wir uns vertrauensvoller mit den schwierigen Emotionen auseinandersetzen können, die mit der Klimakrise einhergehen.

Unseren Schmerz um die Welt würdigen

Im nächsten Schritt gilt es, den Schmerz über die Klimakrise zu würdigen und ihm Raum zu geben. Achtsam wird sich unangenehmen Gefühlen wie Trauer, Wut und Hoffnungslosigkeit zugewandt. Macy schreibt:

46 Joanna Macy entwickelte die Methode in den 1970er-Jahren und nennt den Prozess »Die Spirale der Arbeit, die wieder verbindet«. In diesem Namen des Prozesses soll zum Ausdruck gebracht werden, dass die Arbeit uns wieder mit dem Netz des Lebens verbinden soll.

»Jeden Tag verlieren wir kostbare Teile unserer Biosphäre, Arten sterben aus und Ökosysteme werden zerstört – aber wo bleibt die Trauerfeier für sie? Wenn unsere Erde Stück für Stück stirbt, ohne dass wir öffentlich und kollektiv unsere Trauer darüber ausdrücken, dann verleitet uns das leicht zu der Annahme, diese Verluste seien nicht so wichtig. Wenn wir unseren Schmerz um die Welt würdigen, ist das ein Weg, unsere Wahrnehmung wertzuschätzen, dass wir erstens bemerkt haben, was geschieht, und dass es uns zweitens etwas ausmacht. Intellektuelles Wissen allein genügt nicht. Wir müssen die schlechten Nachrichten auch verdauen. Erst das bringt uns dazu, auch zu reagieren.«

Die Welt mit neuen Augen sehen
Im dritten Schritt werden alte, festgefahrene Denkmuster bezüglich unseres Selbstverständnisses hinterfragt. Diese neue Sicht stärkt das Gefühl von Verbundenheit und Gemeinschaft. Ein Denken in größeren Zeiträumen und Zusammenhängen soll uns bei der Umsetzung des Klimaschutzes unterstützen.

Weitergehen und handeln
Zuletzt werden konkrete Schritte festgelegt, um einen positiven Wandel herbeizuführen. Um ins Handeln zu kommen, wird beispielsweise in einem *progressiven Brainstorming-Prozess* dazu angeregt, die Frage zu beantworten »Was wäre nötig, damit das geschehen kann?«.

Auf einen Blick

- Sorgen und Ängste in Bezug auf die Klimakrise sind normal und möchten uns vor der bevorstehenden Bedrohung warnen und uns zum Handeln motivieren.
- Achtsamkeit bezogen auf die Klimakrise bedeutet: Wir kultivieren ein Bewusstsein für die bedrohte Umwelt und für schwierige Gedanken, Gefühle und Körperempfindungen, die damit einhergehen. Diese Achtsamkeit lehrt uns, *wie* wir mit der Klimakrise umgehen.
- Wie stehen in Beziehung mit der Erde und sind tief mit ihr verbunden. Unsere Gesundheit steht in direktem Wechsel mit der Gesundheit des Planeten.
- Hoffnungslose Gedanken können mit dem *Bystander*-Effekt zusammenhängen. Veränderungen funktionieren nicht nur linear, sondern auch diskontinuierlich. Aus einer Raupe wird ein Schmetterling, aus einer kühlen Wasserflasche wird ein Eisblock. Dabei zählt jedes Eiskristall – Sie auch!
- Die früheren Experimente zur erlernten Hilflosigkeit wurden revidiert und die Forschenden betonen heute, dass wir lernen müssen, zu hoffen. Das bedeutet, dass wir uns trauen, wieder zu träumen, und eine Vision davon entwickeln, was wir individuell und als Gesellschaft erreichen wollen.
- Tiefenökologin Joanna Macy schlägt einen vierstufigen Prozess vor, mit dem wir der Klimakrise mit mehr Resilienz begegnen können: Dankbarkeit, unseren Schmerz um die Welt würdigen, die Welt mit neuen Augen sehen und weitergehen und handeln.

Übungen in diesem Kapitel

- **Achtsame Betrachtung der Klimakrise.** Sie nehmen sich Zeit und Raum und betrachten, was die Klimakrise in Ihnen auslöst.
- **Intersein mit der Erde**. Sie stärken Ihre Verbindung mit der Erde, indem Sie die vier Elemente in sich sehen, und umgekehrt. Auch als Audiomeditation.
- **Mitgefühl für mich und die Erde.** Träumen Sie von einem gesunden Planeten: je lebendiger, desto besser. Auch als Audiomeditation.

Dank

Dass Sie dieses Buch heute in Ihren Händen halten können, verdanke ich sehr vielen Menschen und glücklichen Bedingungen, die zusammengekommen sind.

Mein tiefster Dank gilt dem Herder Verlag und Anna Egger, meiner Lektorin und Leiterin des Programmbereichs Psychologie & Lebensgestaltung, die mich eines Tages mit einer E-Mail und der Idee für dieses Buch überrascht hat. Vielen Dank für Ihr Vertrauen und die liebevolle Begleitung!

Alles hängt mit allem zusammen: Durch die wichtige Arbeit für die việt-deutsche Community von Vanessa und Minh Thu in ihrem Podcast *Rice and Shine* hat Nilofar mich damals »entdeckt«, wodurch ich nun gemeinsam mit der wundervollen Diane Hielscher und dem Team von Deutschlandfunk Nova jede Woche unseren *Achtsam*-Podcast produzieren darf. Ich danke Euch allen sehr!

Mein herzlicher Dank gilt auch Denise Muna und meinen anderen Kolleg:innen in der Praxisgemeinschaft in der Domstraße: danke für jedes Lächeln und Eure Fürsorge! Vielen Dank an Louisa für Deine Unterstützung mit der Literaturrecherche in diesem Buch.

Danke an meine treuen Freund:innen, die stets an meiner Seite sind und mir Halt geben, vor allem Julia. Danke an Nora für die vielen motivierenden Worte am Küchentisch! Danke an Thanh und ihre Familie für Eure Unterstützung!

Ich danke all meinen Patient:innen und *Achtsam*-Hörer:innen: danke, dass ich Sie begleiten darf und so viel von Ihnen lerne.

Ich verbeuge mich in tiefer Dankbarkeit vor meinem Lehrer Zenmeister Thích Nhất Hạnh, dessen Leben, Lehre und tiefes Mitgefühl mein Nordstern sind. Ebenso danke ich der Plum Village Gemeinschaft und den monastischen Brüdern und Schwestern für ihre bedingungslose Liebe. Vielen Dank an die Wake-Up-Sangha Frankfurt, und Bettina, meiner Dharma-Schwester und Mentorin, und all meinen anderen geliebten Sangha-Geschwistern.

Unendlicher Dank gilt meinem Vater Nguyễn Thanh Lương, der mir Hilfsbereitschaft und Engagement lehrt, meiner Mutter, Nguyễn Thị Tuyết Mai, für ihre Kraft und bedingungslose Liebe und meiner Schwester, Nguyễn Hồng Anh, die mich mit ihrem Mut und ihrem tiefen Verstehen inspiriert.

Danke an meinen Freund Việt für Deine ansteckende Leichtigkeit, dass Du das Dharma lebst und mich immer daran erinnerst, dass wir nicht viel brauchen, um glücklich zu sein.

Literatur

TEIL I

Tut es mir gut? Unheilsame Gewohnheiten ablegen

Eysenck, M. W. & Keane, M. T. (2020). *Cognitive Psychology: A Student's Handbook*. Taylor & Francis Group.

Hanh, T. N. (2013). *Die Heilkraft buddhistischer Psychologie*. Goldmann.

Keller, J., Kwasnicka, D., Klaiber, P., Sichert, L., Lally, P. & Fleig, L. (2021). Habit formation following routine-based versus time-based cue planning: A randomized controlled trial. *British journal of health psychology, 26*(3), 807–824.

Lally, P., Van Jaarsveld, C. H., Potts, H. W. & Wardle, J. (2010). How are habits formed: Modelling habit formation in the real world. *European journal of social psychology, 40*(6), 998–1009.

Neal, D. T., Wood, W. & Quinn, J. M. (2006). Habits – A repeat performance. *Current directions in psychological science, 15*(4), 198–202.

Thaler, R. H., & Sunstein, C. R. (2009). *Nudge: wie man kluge Entscheidungen anstößt*. Ullstein.

Kennen wir uns? Die Sache mit der Körperwahrnehmung

Craig, A. D. (2003). Interoception: the sense of the physiological condition of the body. Current opinion in neurobiology, 13(4), 500–505.

Farb, N. A., Segal, Z. V. & Anderson, A. K. (2013). Mindfulness meditation training alters cortical representations of interoceptive attention. *Social cognitive and affective neuroscience, 8*(1), 15–26.

Fischer, D., Messner, M., & Pollatos, O. (2017). Improvement of interoceptive processes after an 8-week body scan intervention. Frontiers in human neuroscience, 11, 452.

Hạnh, T. N. & Nguyen, A. H. (2008). *Geh-Meditation [Walking meditation]*. Goldmann.

Jo, S. H. (2019). How to sit in sitting meditation. *Mindfulness, 10*(11), 2468–2471.

Li, Q. (2010). Effect of forest bathing trips on human immune function. *Environmental health and preventive medicine, 15*, 9–17.

Nestor, J. (2021). *Breath–Atem. Neues Wissen über die vergessene Kunst des Atmens*. Piper.

O'Mara, S. (2020). *Das Glück des Gehens*. Rowohlt.

Robertson, R., Robertson, A., Jepson, R. & Maxwell, M. (2012). Walking for depression or depressive symptoms: a systematic review and meta-analysis. *Mental health and physical activity*, 5(1), 66–75.

Schultchen, D., Messner, M., Karabatsiakis, A., Schillings, C. & Pollatos, O. (2019). Effects of an 8-week body scan intervention on individually perceived psychological stress and related steroid hormones in hair. Mindfulness, 10, 2532–2543.

Zaccaro, A., Piarulli, A., Laurino, M., Garbella, E., Menicucci, D., Neri, B. & Gemignani, A. (2018). How breath-control can change your life: a systematic review on psycho-physiological correlates of slow breathing. *Frontiers in human neuroscience, 12*, 353.

Stress lass nach! Achtsamkeit bei Dauerbelastung und Druck

Ahmadi, M. N., Clare, P. J., Katzmarzyk, P. T., del Pozo Cruz, B., Lee, I. M. & Stamatakis, E. (2022). Vigorous physical activity, incident heart disease, and cancer: how little is enough?. *European Heart Journal.*

Khoury, B., Sharma, M., Rush, S. E. & Fournier, C. (2015). Mindfulness-based stress reduction for healthy individuals: A meta-analysis. *Journal of psychosomatic research, 78*(6), 519–528.

Puhlmann, L. M., Vrtička, P., Linz, R., Stalder, T., Kirschbaum, C., Engert, V. & Singer, T. (2021). Contemplative mental training reduces hair glucocorticoid levels in a randomized clinical trial. *Psychosomatic Medicine, 83*(8), 894.

Du bist, *wie* du isst: Essen freudvoll genießen

Hawton, K., Ferriday, D., Rogers, P., Toner, P., Brooks, J., Holly, J. et al. (2019) Slow down: behavioural and physiological effects of reducing eating rate. Nutrients, 11(1), 50.

Michalsen, A. (2019). *Mit Ernährung heilen: Besser essen – einfach fasten – länger leben. Neuestes Wissen aus Forschung und Praxis.* Insel.

Peitz, D., Schulze, J. & Warschburger, P. (2021). Getting a deeper understanding of mindfulness in the context of eating behavior: Development and validation of the Mindful Eating Inventory. *Appetite, 159*, 105039.

Robinson, E., Almiron-Roig, E., Rutters, F., de Graaf, C., Forde, C. G., Tudur Smith, C. et al. (2014) A systematic review and meta-analysis examining the effect of eating rate on energy in- take and hunger. *American Journal of Clinical Nutrition*, 100(1), 123–151.

Halb so wild? Unsere Wahrnehmung und die Wahrheit

Beck, A. T., Rush, A., Shaw, B. & Emery, G. (1979). *Cognitive Therapy of Depression.* The Guilford Press.

Gara, M. A., Woolfolk, R. L., Cohen, B. D., Goldston, R. B., Allen, L. A. & Novalany, J. (1993). Perception of self and other in major depression. *Journal of Abnormal Psychology*, 102(1), 93–186.

Heider, F. (1958). *The psychology of interpersonal relations.* Wiley.

Hell, W. (1993). *Kognitive Täuschungen: Fehl-Leistungen und Mechanismen des Urteilens, Denkens und Erinnerns* (W. Hell, Hrsg. & Übers.). Spektrum.

Hergovich, A. (2021). *Allgemeine Psychologie: Denken und Lernen.* UTB.

Kiken, L. G. & Shook, N. J. (2011). Looking up: Mindfulness increases positive judgments and reduces negativity bias. Social Psychological and Personality Science, 2(4), 425–431.

Neal, T. M. S., Lienert, P., Denne, E. & Singh, J. P. (2022). A general model of cognitive bias in human judgment and systematic review specific to forensic mental health. *Law and Human Behavior, 46*(2), 99–120.

Seligman, M. E., Abramson, L. Y., Semmel, A. & Von Baeyer, C. (1979). Depressive attributional style. *Journal of abnormal psychology, 88*(3), 242.

Tseng, J. & Poppenk, J. (2020). Brain meta-state transitions demarcate thoughts across task contexts exposing the mental noise of trait neuroticism. *Nat Commun* 11, 3480.

Tversky, A. & Kahneman, D. (1974). Judgment under Uncertainty: Heuristics and Biases. *Science, 185*(4157), 1124–1131.

Wenski, G. (2022). *Das kleine Handbuch kognitiver Irrtümer: Denkfehler vermeiden – mit Psychologie & Verhaltensökonomik.* Springer.

Grübeln – wie sich das Gedankenkarussell stoppen lässt

Addis, M. E. & Martell, C. R. (2004). Overcoming depression one step at a time: The new behavioral activation approach to getting your life back. New York: New Harbinger Press.

Kaiser, B. N., Haroz, E. E., Kohrt, B. A., Bolton, P. A., Bass, J. K. & Hinton, D. E. (2015). »Thinking too much« A systematic review of a common idiom of distress. *Social science & medicine, 147*, 170–183.

Michalak, J., Hölz, A. & Teismann, T. (2011). Rumination as a predictor of relapse in mindfulness-based cognitive therapy for depression. *Psychology and psychotherapy, 84*(2), 230–236.

Nolen-Hoeksema, S., Wisco, B. E. & Lyubomirsky, S. (2008). Rethinking rumination. *Perspectives on psychological science, 3*(5), 400–424.

Teismann, T., Hanning, S., Von Brachel, R. & Willutzki, U. (2017). *Kognitive Verhaltenstherapie depressiven Grübelns*. Springer.

Tseng, J. & Poppenk, J. (2020). Brain meta-state transitions demarcate thoughts across task contexts exposing the mental noise of trait neuroticism. *Nat Commun* 11, 3480. https://doi.org/10.1038/s41467-020-17255-9

Wegner, D. M., Schneider, D. J., Carter, S. R. & White, T. L. (1987). Paradoxical effects of thought suppression. *Journal of personality and social psychology*, 53(1), 5.

Wells, A. (2005). Detached mindfulness in cognitive therapy: A metacognitive analysis and ten techniques. *Journal of rational-emotive and cognitive-behavior therapy*, 23, 337–355.

Alles nur geblufft? Das Imposter-Erleben

Clance, P. R. & Imes, S. A. (1978). The imposter phenomenon in high achieving women: Dynamics and therapeutic intervention. *Psychotherapy: Theory, Research & Practice, 15*(3), 241.

Hewertson, H. & Tissa, F. (2022). Intersectional Imposter Syndrome: How Imposterism Affects Marginalised Groups. In: Addison, M., Breeze, M., Taylor, Y. (eds) *The Palgrave Handbook of Imposter Syndrome in Higher Education*. Cham: Palgrave Macmillan.

Le, L. (2019). Unpacking the imposter syndrome and mental health as a person of color first generation college student within institutions of higher education. *McNair Research Journal SJSU, 15*(1), 5.

Parkinson, B. (2014). Soziale Wahrnehmung und Attribution. In: Jonas, K., Stroebe, W., Hewstone, M. (eds) *Sozialpsychologie. Springer-Lehrbuch*. Springer.

Emotionen und Bedürfnisse: was brauche ich wirklich?

Auszra, L., Herrmann, I. & Greenberg, L. S. (2016). *Emotionsfokussierte Therapie: Ein Praxismanual*. Hogrefe.

Frijda, N. H. (1986). *The emotions*. Cambridge University Press.

Glasenapp, J. (2013). *Emotionen als Ressourcen: Manual für Psychotherapie, Coaching und Beratung. Mit Online-Materialien*. Beltz.

Grawe, K. (1998). *Psychologische Therapie*. Hogrefe

mansi jikadara b. Illustration auf Seite 103 inspiriert von: @thetypewriterdaily, www.instagram.com/p/CmwjmkLou7f/?hl=de

Quoidbach, J., Gruber, J., Mikolajczak, M., Kogan, A., Kotsou, I. & Norton, M. I. (2014). Emodiversity and the emotional ecosystem. *Journal of experimental psychology: General, 143*(6), 2057.

Roemer, L., Williston, S. K. & Rollins, L. G. (2015). Mindfulness and emotion regulation. *Current Opinion in Psychology*, 3, 52–57.

Stangl, W. (2023, 1. Mai). Bedürfnis – Online Lexikon für Psychologie & Pädagogik. https://lexikon.stangl.eu/13476/beduerfnis.

Dankbarkeit: Bewusst wertschätzen, was ist

Emmons, R. A. & McCullough, M. E. (2003). Counting blessings versus burdens: An experimental investigation of gratitude and subjective well-being in daily life. *Journal of Personality and Social Psychology*, 84(2), 377–389.

Emmons, R. A. & Stern, R. (2013). Gratitude as a psychotherapeutic intervention. *Journal of clinical psychology*, 69(8), 846–855. Zitat Übersetzt von Main Huong Nguyen.

Fox, G. R., Kaplan, J., Damasio, H. & Damasio, A. (2015). Neural correlates of gratitude. *Frontiers in psychology*, 1

Glücklichsein ist nicht nur Glückssache

Festinger, L. (1962). *A theory of cognitive dissonance* (Vol. 2). Stanford University Press.

Harris, R. (2014). *ACT leicht gemacht. Ein grundlegender Leitfaden für die Praxis der Akzeptanz- und Commitment-Therapie* (2. Aufl.). Arbor.

Hofheinz, C., Michalak, J. & Heidenreich, T. (2017). Werteorientierte Verhaltensaktivierung bei depressiven Störungen: Therapiemanual. Beltz.

Hanh, T. N. & Cheung, L. (2012). *Achtsam Essen Achtsam Leben*. O.W. Barth.

Hanh, T. N. (2015). *Achtsamkeits-Survival-Kit: fünf grundlegende Übungen*. O. W. Barth.

Ogette, T. (2018). *exit RACISM*. Unrast, Zitat S. 70.

Simmons, P. (2003). *Learning to fall: The blessings of an imperfect life*. Bantam. Zitat S. 146, Übersetzung von Main Huong Nguyen.

Was, wenn ...? Ängste und Sorgen

Ganis, G., Thompson, W. L. & Kosslyn, S. M. (2004). Brain areas underlying visual mental imagery and visual perception: an fMRI study. *Cognitive Brain Research, 20*(2), 226–241.

Lazar, S. W., Kerr, C. E., Wasserman, R. H., Gray, J. R., Greve, D. N., Treadway, M. T., Fischl, B. et al. (2005). Meditation experience is associated with increased cortical thickness. *neuroreport, 16*(17), 1893.

Reddemann, L. (2016). Imagination als heilsame Kraft. Ressourcen und Mitgefühl in der Behandlung von Traumafolgen. Klett-Cotta.

Schmidt, B., Schneider, J., Deffner, T. & Rosendahl, J. (2021). Hypnotic suggestions of safety improve well-being in non-invasively ventilated patients in the intensive care unit. *Intensive care medicine, 47*, 485–486.

Teil II

Verstehen und verstanden werden: achtsam kommunizieren

Boroditsky, L., Schmidt, L. A., & Phillips, W. (2003). Sex, syntax, and semantics. Language in mind: Advances in the study of language and thought, 22, 61–79.

Geller, S. M. & Greenberg, L. S. (2012). *Therapeutic presence: A mindful approach to effective therapy*. American Psychological Association.

Kaiser-Greenland, S. (2018). Achtsame Spiele: Achtsamkeit mit Kindern, Jugendlichen und Familien. Arbor.

Winawer, J., Witthoft, N., Frank, M. C., Wu, L., Wade, A. R. & Boroditsky, L. (2007). Russian blues reveal effects of language on color discrimination. *Proceedings of the national academy of sciences, 104*(19), 7780–7785.

Dicke Luft: Achtsamkeit bei Konflikten

Eisenberger, N. I., Lieberman, M. D., & Williams, K. D. (2003). Does rejection hurt? An fMRI study of social exclusion. *Science*, 302(5643), 290–292.

Johnson, S. (2019). *Halt mich fest: Sieben Gespräche über lebenslange Liebe.* Junfermann.

Levenson, R. W., & Gottman, J. M. (1985). Physiological and affective predictors of change in relationship satisfaction. *Journal of personality and social psychology*, 49(1), 85.

Vertrauen ist gut

Grawe, K. (1998). *Psychologische Therapie.* Hogrefe.

Toussaint, L. L., Owen, A. D. & Cheadle, A. (2012). Forgive to live: Forgiveness, health, and longevity. *Journal of Behavioral Medicine, 35*, 375–386.

Teil III

Eins mit allem: Intersein und Verbundenheit

Hanh, T. N. (2021). *Leben ist, was jetzt passiert. Das Geheimnis der Achtsamkeit.* Lotos.

Mander, J. & Blanck, P. (2018). Achtsamkeit in der Psychotherapie: Anwendungen in Forschung und Praxis. *Psychotherapeut, 63*(3), 251–264.

Rees, T., Bosch, T. & Douglas, A. E. (2018). How the microbiome challenges our concept of self. *PLoS biology*, 16(2), e2005358.

Rosa, H. (2016). Resonanz: Eine Soziologie der Weltbeziehung. Suhrkamp Verlag.

Schwartz, B. (2004). Anleitung zur Unzufriedenheit Warum weniger glücklicher macht. Ullstein.

Die Welt durch die Augen anderer: Mitgefühl

Böckler, A., Tusche, A., Schmidt, P. & Singer, T. (2018). Distinct mental trainings differentially affect altruistically motivated, norm motivated, and self-reported prosocial behaviour. *Scientific Reports, 8*(1), 13560.

Davidov, M., Zahn-Waxler, C., Roth-Hanania, R. & Knafo, A. (2013). Concern for others in the first year of life: Theory, evidence, and avenues for research. *Child Development Perspectives*, 7(2), 126–131.

Engert, V., Kok, B. E., Papassotiriou, I., Chrousos, G. P. & Singer, T. (2017). Specific reduction in cortisol stress reactivity after social but not attention-based mental training. *Science Advances, 3*(10), e1700495.

Hanh, T. N. (2013). *Die Heilkraft buddhistischer Psychologie.* Goldmann.

Hutcherson, C. A., Seppala, E. M., & Gross, J. J. (2008). Loving-kindness meditation increases social connectedness. Emotion, 8(5), 720.

Joinson, C. (1992). Coping with compassion fatigue. *Nursing, 22*(4), 116–118.

Lamm, C., Decety, J. & Singer, T. (2011). Meta-analytic evidence for common and distinct neural networks associated with directly experienced pain and empathy for pain. *Neuroimage, 54*(3), 2492–2502.

Neff, K. & Germer, C. (2020). *Selbstmitgefühl – das Übungsbuch: ein bewährter Weg zu Selbstakzeptanz, innerer Stärke und Freundschaft mit sich selbst.* Arbor.

Sinclair, S., Beamer, K., Hack, T. F., McClement, S., Raffin Bouchal, S., Chochinov, H. M. & Hagen, N. A. (2017). Sympathy, empathy, and compassion: A grounded theory study of palliative care patients' understandings, experiences, and preferences. *Palliative medicine, 31*(5), 437–447.

The Guardian. (2018). Is compassion fatigue inevitable in an age of 24-hour news? Abgerufen von https://www.theguardian.com/news/2018/aug/02/is-compassion-fatigue-inevitable-in-an-age-of-24-hour-news.

Kann das gehen? Vereinbarkeit von Arbeit und Achtsamkeit

Dutton, J. E., Workman, K. M., & Hardin, A. E. (2014). Compassion at work. *Annu. Rev. Organ. Psychol. Organ. Behav.*, 1(1), 277-304.

Kamins, M. L., & Dweck, C. S. (1999). Person versus process praise and criticism: implications for contingent self-worth and coping. *Developmental psychology,* 35(3), 835.

Aus der Ohnmacht erwachen: Achtsamkeit angesichts der Klimakrise

Figueres, C. & Rivett-Carnac, T. (2020). *Die Zukunft in unserer Hand.* C.H. Beck.

Fresan, U., & Sabate, J. (2019). Vegetarian diets: planetary health and its alignment with human health. *Advances in nutrition,* 10(Supplement_4), S380-S388.

Latane, B., & Darley, J. M. (1968). Group inhibition of bystander intervention in emergencies. *Journal of personality and social psychology,* 10(3), 215.

Macy, J. & Johnstone, C. (2014). *Hoffnung durch Handeln: Dem Chaos standhalten, ohne verrückt zu werden.* Junfermann.

Maier, S. F., & Seligman, M. E. (1976). Learned helplessness: theory and evidence. *Journal of experimental psychology: general,* 105(1), 3.

Maier, S. F., & Seligman, M. E. (2016). Learned helplessness at fifty: Insights from neuroscience. *Psychological Review,* 123(4), 349.

Hanh, T. N. (2022). *Zen und die Kunst, die Welt zu retten. Heilung und Harmonie für uns selbst und die Erde.* Lotos.

Namensverzeichnis

Die Namen, die in diesem Buch verwendet werden, wurden von Freund:innen und Bekannten vorgeschlagen. Als Zeichen der Wertschätzung möchte ich den Ursprung und die Bedeutung dieser vielfältigen, wunderschönen Namen teilen. Denn auch die genaue Betrachtung eines Namens kann eine Achtsamkeitsübung sein.

Name	Ursprung Bedeutung
Allie	aus dem Altfranzösischen eine Koseform von Alice »die Adlige«, »die Vornehme«
An Bin	aus dem Koreanischen: (An) »Rein«, »Klarheit«, (Bin) »strahlend«, »Licht«
Andrej	aus dem Slawischen: »mutig«, »der Tapfere«
Emilia	aus dem Römischen: »die Eifrige«, »die Fleißige«; »die Nachahmende«
Felix	aus dem Lateinischen: »der Glückliche«, »der Erfolgreiche«, »der vom Glück Begünstigte«
Hae-In	aus dem Koreanischen: (Hae) »Meer«, (In) »Weisheit« oder »alle Dinge im Universum durch die Weisheit Buddhas zu betrachten«
Lena	aus dem Griechischen: »die Leuchtende«
Mai	aus dem Sino-Vietnamesischen: »Pflaume, Aprikose«
Mila	aus dem Slawischen eine Kurzform von Ludmilla; »die Angenehme«, »die Liebe«, »die Frieden Bringende«
Naima	aus dem Arabischen; »sorglos«, »glücklich«, »gelassen« oder »zufrieden«
Nassar	aus dem Arabischen; »Krieger, Beschützer«, »Sieger«
Như-Lạc	aus dem Sino-Vietnamesischen: (như) »wahr«, (lạc) »Glück«
Noah	aus dem Hebräischen: »Trost schaffen«, »Ruhe schaffen«
Tâm	aus dem Sino-Vietnamesischen: »Herz«, »Seele«
Thảo Tiên	aus dem Sino-Vietnamesischen: (thảo) »Gras, Kräuter« (tiên) »unsterblich«, »transzendentes«, »himmlisches Wesen«, »Fee«